显微镜下的全唐史

第三部

日月星辰

北溟玉 著

中国文史出版社

武氏门著勋庸,地华缨黻,往以才行选入后庭,誉重椒闱,德光兰掖。朕昔在储贰,特荷先慈,常得侍从,弗离朝夕。宫壶之内,恒自饬躬;嫔嫱之间,未尝迕目。圣情鉴悉,每垂赏叹,遂以武氏赐朕,事同政君。可立为皇后。

——唐高宗李治

第一章 永徽之治

01. 贞观遗风 /002

02. 曲线护后 /007

03. 老婆坑汉子 /010

04. 清洗政敌 /013

第二章 从小尼姑到大皇后

01. 小尼姑回宫 /018

02. 火箭式崛起 /022

03. 推动废后 /026

04. 长孙无忌的阻击 /029

05. 李猫破局 /032

06. 废王立武 /038

07. 骨醉之刑 /041

第三章 击降十箭

01. 初战牢山 /046

02. 再战鹰娑川 /049

03. 三战曳咥河 /053

04. 击降西突厥 /057

第四章　长孙无忌冤死

01. 剪除羽翼　　　　/062

02. 国舅含冤　　　　/068

03. 编制《姓氏录》　　/073

第五章　再征高句丽

01. 半岛风云再起　　　/080

02. 定方奇计灭百济　　/086

03. 刘仁轨的转机　　　/090

04. 二讨高句丽　　　　/093

05. 北定铁勒南压百济　/097

06. 唐倭白江口之战　　/102

07. 稳固百济　　　　/105

第六章　二圣临朝

01. 帝后矛盾　　/112

02. 李猫倒台　　/117

03. 废后风波　　/121

04. 封禅泰山　　/124

05. 辣手屠亲　　/129

第七章　高句丽的末日

01. 丧钟东鸣　　/134

02. 辽东战事　　/138

03. 高句丽覆灭　/142

第八章　唐蕃初战

01. 蚕食青海　　　/150
02. 北上南下　　　/154
03. 薛仁贵挂帅　　/158
04. 大非川之战　　/161

第九章　渔翁新罗

01. 唐罗反目　　　/168
02. 做了嫁衣　　　/173

第十章　二易储君

01. 太后 PK 太子　/180
02. 建言十二事　　/183
03. 李弘暴毙　　　/187
04. 神童王勃　　　/191

第十一章　再战青海

01. 第二次大非川之战　/202
02. 败战之问　　　/208

第十二章　突厥克星裴行俭

01. 波斯王子　　　/216
02. 假途灭虢　　　/220
03. 突厥反叛　　　/223
04. 三换太子　　　/227
05. 将星陨落　　　/232

第十三章　天皇没了

01. 文成公主病殁　　　/238
02. 册立皇太孙　　　　/242
03. 高宗驾崩　　　　　/246
04. 日月下的星辰　　　/249

第十四章　临朝称制

01. 罢黜李显　　　　　/256
02. 扶植李旦　　　　　/261
03. 雷霆举措　　　　　/264
04. 扬州兵变　　　　　/269
05. 裴炎之死　　　　　/276
06. 徐敬业兵败　　　　/280

附录

附录一　唐朝十四代二十一帝（含武则天）概况　　/290
附录二　唐朝世系表　　　/295
附录三　六大强敌世系表　　/296

参考文献　　　/300

第一章　永徽之治

01. 贞观遗风

高宗李治执政34年，是唐朝在位时间第二长的皇帝。第一名是他的孙子玄宗李隆基，在位43年。但高宗有一个纪录无人能及，他是历史上使用年号数量最多的皇帝，达到了空前绝后的14个。

除非有极重大、极特殊的情况，一般皇帝在位期间不会轻易更改年号，通常就用一个。比如，高祖李渊只用"武德"，太宗李世民只用"贞观"。即便改元，通行的做法也是从翌年正月改起，比如李隆基"开元"改"天宝"就是从第二年正月改起。但高宗不同，他是想换就换，想什么时候换就什么时候换，想换成什么就换成什么。

他之所以如此疯狂，完全是受了老婆武媚娘的影响。武媚娘这个人简直就是改名狂魔，心情好要改名，心情不好也要改名，给别人改名，给自己改名，给子女改名，给地方州县改名，给官位改名，给年号改名，乃至最后给国家改名。

高宗刚即位时的年号叫"永徽"，用了六年。因为摆脱了舅舅的控制，让媚娘当上了皇后，要显摆地庆祝一下，所以第二年正月改元"显庆"，用了五年。这两个年号用的时长还是可以的，但紧接着就让人眼花缭乱、目不暇接了。"显庆"改"龙朔"，用了不到三年改"麟德"；"麟德"用了二年，因为封了泰山，又改为"乾封"；"乾封"用了不到二年，改"总章"；"总章"用了二年，改为"咸亨"；"咸亨"

用了三年多点儿，不叫皇帝皇后了，叫天皇天后，又改"上元"；"上元"用了将近三年，改"仪凤"；"仪凤"用到第四年六月，改"调露"。"调露"以后更加疯狂，几乎达到了一年一换，"调露"改"永隆"，"永隆"改"开耀"，"开耀"改"永淳"，"永淳"改"弘道"。"弘道"最短，仅用了一个月，这是因为人没了，没得改了。中间有一次最离谱，头一年四月下诏说第二年要改元"通乾"，最后忘了这茬了，没改。

频繁地更改年号，势必会给官民生活和工作带来极大不便。

高宗疯狂改年号，还直接影响到了你，没错，就是正在看这本书的你。我们看高祖和太宗时期的历史，时间坐标非常清晰，武德七年就是李渊在位的第七年，贞观二十三年和贞观元年之间隔了21年，妥妥的，没毛病。但看高宗时期的历史，估计非专业人士都会蒙圈。不信我问大家几个问题：总章元年是高宗在位的第几年？开耀元年和上元元年哪个在前、哪个在后？"永隆"是他的年号吗，确定吗？

为了让大家能对这段历史看得清爽，不至于晕头转向，我别出心裁地设计了一种"北溟纪年"：取李治的庙号"高宗"加上在位年数，统一表述为"高宗××年"①。这里郑重声明：首先，这种纪年方式在

---

① 高宗元年＝永徽元年（650年），高宗二年＝永徽二年（651年），高宗三年＝永徽三年（652年），高宗四年＝永徽四年（653年），高宗五年＝永徽五年（654年），高宗六年＝永徽六年（655年），高宗七年＝显庆元年（656年），高宗八年＝显庆二年（657年），高宗九年＝显庆三年（658年），高宗十年＝显庆四年（659年），高宗十一年＝显庆五年（660年），高宗十二年＝龙朔元年（661年），高宗十三年＝龙朔二年（662年），高宗十四年＝龙朔三年（663年），高宗十五年＝**麟德元年**（664年），高宗十六年＝**麟德二年**（665年），高宗十七年＝乾封元年（666年），高宗十八年＝乾封二年（667年），高宗十九年＝总章元年（668年），高宗二十年＝总章二年（669年），高宗二十一年＝咸亨元年（670年），高宗二十二年＝咸亨二年（671年），高宗二十三年＝咸亨三年（672年），高宗二十四年＝咸亨四年（673年），高宗二十五年＝上元元年（674年），高宗二十六

历史学上是错误的，纯粹是为了大家看着方便。其次，在时间学上也是错误的，因为古代纪年用农历，公元纪年用公历，两者之间通常有个把月的时差。最后，本书除情节需要外，不再出现"显庆三年""仪凤四年"等表述方式。

新君践祚，但唐廷最高权力实际把持在长孙无忌和褚遂良的手中。

高宗对老舅的信任是百分之百的，没有半点儿杂质，不掺一丝儿水分。就在改元"永徽"的当月，有一个叫李弘泰的洛阳人状告长孙无忌谋反。高宗连调查都没启动，直接将此人处死。他是个仁善的人，这辈子狠下心杀人，就那么数得着的几次，至于毫不犹豫地取人性命，更是只有这一回。在他看来，舅舅对大唐王朝、对他本人的忠诚，犹如太阳东升西落一般，是毋庸置疑的绝对真理。所以，长孙无忌"凡有所言"，他"无不嘉纳"。

长孙无忌隐忍蛰伏了那么多年，如今才真的感觉人生达到了高潮和巅峰，这种感觉就像鸟儿自由自在地飞翔在天空。"大唐号"的船长当然是皇帝高宗，可实际掌舵的却是大副长孙无忌。

不过，对于二号人物褚遂良，高宗就不那么感冒了，甚至可以说他非常讨厌褚遂良。这是有原因的，高宗还是太子时，对刘洎十分欣赏。刘洎含冤横死，朝中皆知系褚遂良所诬。高宗就觉得褚遂良这个人为了上位不惜谗害同僚，太下作了。

老板对你不满意，遭遇职场危机是迟早的事。很快，褚遂良就出事了。时任中书令的他从本省一名翻译官手上买了一块地，但成交价

年＝上元二年（675年），高宗二十七年＝仪凤元年（676年），高宗二十八年＝仪凤二年（677年），高宗二十九年＝仪凤三年（678年），高宗三十年＝调露元年（679年），高宗三十一年＝永隆元年（680年），高宗三十二年＝开耀元年（681年），高宗三十三年＝永淳元年（682年），高宗三十四年＝弘道元年（683年）。

远远低于市场价。然后,监察御史韦思谦不知怎么就知道了,这是一个敢摸老虎屁股的正直之士,立即上疏弹劾褚遂良受贿。

先前,李弘泰状告长孙无忌谋反,注意,可是谋反呢,高宗连调查都没调查。现在,朝廷命官韦思谦只是检举褚遂良受贿,高宗马上就让大理少卿张睿册牵头调查。真是人比人得死,货比货得扔啊!

张睿册哪敢得罪褚遂良,调查结论当然是"无罪"。没想到韦思谦是个牛脾气,倔得很,一看张睿册和褚遂良穿一条裤子,气坏了,好,连你一起弹,又弹劾张睿册"附下罔上"。这回高宗可就不客气了,新君上任三把火,第一把火杀了李弘泰,第二把火就烧向了褚遂良和张睿册,将二人分别贬为外州刺史。

以为这样就可以让褚遂良出局了吗?怎么可能?有老大哥长孙无忌做工作,仅仅过了一年多,褚遂良就回朝了,依旧是宰相,并且还兼任吏部尚书,专管官员人事工作。韦思谦还能有好?被贬到甘肃天水清水当县令去了。

不过,塞翁失马,焉知非福?韦思谦一战成名,积累下了丰厚的政治资本,特别是立稳了不畏强权、中正直谏的人设,这为他后来受到反长孙无忌势力带头大姐的重用打下了基础。他的两道奏疏、一时贬官,换来的却是父子三人同朝为相的殊荣。

长孙无忌和褚遂良都是太宗一手用起来的人。长孙无忌更狠,三十多年来除了吃饭睡觉,几乎与太宗形影不离,天天琢磨太宗的心思,领会领导意图准确得要要的。二人执行的路线还是太宗的路线,打法也依旧是太宗的打法。因此,高宗即位的头六年——也就是永徽时代,唐廷的施政纲领基本就是贞观时代的2.0版本。

按太宗的路线来当然是没问题的,再加上高宗现在身体很好,干劲又足,刚即位就改太宗时代的三日一朝为每日一朝,勤勉得不得了;并且,他本人脾气好,耳朵根子软,显得能纳谏。所以,史书对永徽时代的评价很高："永徽之政，百姓阜安，有贞观之遗风。"

不过，我们也可以这么理解，"永徽之治"主要是贞观遗臣长孙无忌和褚遂良的功劳，高宗本人的烙印微乎其微。

其实，在长孙无忌和褚遂良之外，除去于志宁、张行成、高季辅等几个前朝旧臣外，高宗也陆续用了韩瑗、来济、崔敦礼、宇文节和柳奭[①]等几个新宰相。但这几个人，要么是长孙无忌和褚遂良的门生，要么就是和他们同一战壕的。韩瑗，前刑部尚书韩仲良之子，贞观朝兵部侍郎。来济，前隋名将来护儿之子，武德年间的进士，贞观朝中书舍人。崔敦礼，贞观朝兵部尚书。柳奭，出自关陇一等豪门河东柳氏，当朝皇后王皇后的亲舅舅。以上四人都是长孙无忌那边的。只有没根没底的宇文节是高宗用起来的。

长孙无忌、褚遂良大权独揽，权势熏天，一众文武即便不和他们穿一条裤子，起码也不敢和人家对着干。

就连功劳卓著、年高德劭的李勣都不敢招惹他们。虽然高宗登基后没几天，就遵照老父生前定好的套路，将李勣从叠州召了回来，然后又一路火速提拔至左仆射。但李勣已然看出长孙无忌迟早专权，心知如果占据高位恋恋不去，迟早会遭到长孙无忌的迫害，与其暮年翻船，不如急流勇退。所以，当年十月他就提出辞职养老。高宗虽然无奈，却也不好夺情，只得解除了李勣左仆射的实职，仅保留了开府仪同三司的虚衔。他要求李勣参知政事，有大事还得出主意。但李勣出工不出力，实际上很少发表意见。三年后，高宗又册拜李勣为三公之一的司空。

从后来惨烈的政事变故来看，李勣提前避险，以避位求避祸，实在是太明智了！

[①] 奭，音是。

果不其然，从高宗三年开始，长孙无忌专权的倾向越来越明显了，接连办成两件大事，完全彻底地把持了朝政。

02. 曲线护后

虽然贵为一国之母，但王皇后的日子过得并不顺心。

她和高宗的结合是彻头彻尾的政治联姻。王皇后出自关陇一等豪门——太原王氏。这一支王氏是东汉大司徒王允——就是用貂蝉离间董卓、吕布的那个老头儿——的后代。王、李两家早有联姻。李渊的妹妹同安长公主就是嫁给了太原王氏。同安的丈夫有个堂侄叫王仁祐，王皇后就是王仁祐的女儿。贞观十七年，在同安的介绍、推动下，王氏成为李治的太子妃，提前锁定了皇后之位。

王家的政治投资获得了丰厚的回报。李治登基改元后，坤闱正位，乾德当阳，王氏顺顺利利地坐上了皇后宝座。高宗加封老丈人王仁祐为魏国公，老丈母娘柳氏为魏国夫人。王仁祐虽不久去世，但仍被追赠为三公之一的司空，可以说是极尽哀荣了。跟着沾光的不仅有王家，还有王家的姻亲柳家。高宗二年，王皇后的舅舅，就是上文提及的柳奭，被册拜为宰相。

按理说王皇后应该满足了，但她是个女人，她还想要丈夫的爱。这就比较扯淡了，一来他们之间毫无感情基础，二来王皇后的颜值并不突出，高宗对她爱不起来。

有人表示怀疑，皇后的颜值不得冠绝后宫、艳压群芳呀？错了，皇后这个位置不同于其他嫔妃，是皇帝之妻、万民之母。能不能当皇后，一看家庭背景，二看性格品行，至于颜值，反而是个三流指标。因此，王皇后的颜值只能说是不丑，肯定也高不到哪里去，高宗对她没感觉也在情理之中。

更何况王皇后还有一个致命缺陷——患有不育症，尽管已经结婚许多年了，她却从未给高宗生下一男半女。一个不能生育的皇后，想想都觉得瘆得慌。王皇后自己也觉着瘆得慌，因此万分焦虑。她的焦虑是有缘由有指向的，因为后宫中已经出现了一个足以威胁到她地位的强有力竞争者——萧淑妃。

聪明的同学可能已经反应过来了，这位萧淑妃多半出自孕育了南朝齐梁两代帝王的兰陵萧氏。没错，萧淑妃确实出自兰陵萧氏。王皇后的靠山是舅舅柳奭，萧淑妃的靠山则是萧瑀。贞观十七年，就在王氏成为太子妃后不久，萧氏也当上了太子的头号侍妾——良娣①。两人的竞争从那时起就开始了。王氏当上皇后，萧氏也晋升为淑妃。

萧淑妃除了地位没有王皇后高以外，其余哪项指标都比她强，要模样有模样，要身材有身材，要风情有风情，要子女有子女。短短数年间，她就给高宗生了三个孩子，其中一个是男孩儿，并且还是个聪明伶俐的男孩儿！高宗宠她们母子宠得上了天。尤其是萧淑妃的儿子李素节，不仅被封为雍王，还挂着首都特别行政区最高长官——雍州牧的职务。

前朝流言四起，说皇帝已经动了废后的心思，想改立萧淑妃为后，还说不久的将来雍王素节就会成为太子。这些流言传到王皇后耳中，让她的焦虑之火烧得更旺了。

好在她不是一个人在战斗。王皇后的事儿从来都不是她个人的

---

① 良娣是太子侍妾中仅次于妃的存在。《旧唐书·后妃传》中载："太子有良娣、良媛、承徽、昭训、奉仪。"

事儿，而是王、柳两大家族共同的事儿。她要是被废了，两大家族就得给兰陵萧氏腾地儿了。作为两大家族扛把子的柳奭急坏了，内朝使不上劲，他就在外朝活动。别说，他还真就想出了一个曲线救国的办法。

彼时高宗有四个儿子，长子燕王李忠，宫人刘氏所生；次子许王李孝，宫人郑氏所生；三子泽王李上金，宫人杨氏所生；四子雍王李素节，萧淑妃所生。就法理而言，四王都是庶出，如果非要择一个做太子，长子李忠的赢面要大些。

柳奭就在李忠的身上动起了心思。他想到的办法是这样的：先让王皇后收李忠为义子，如此李忠的法理身份就由庶子变成了嫡子；然后，组织朝臣发起立储动议，将李忠送上太子宝座。母以子贵，"儿子"都当上太子了，试问王皇后的后位还有谁能动摇？！

讲真，确实高招儿！

第一步很容易就办到了。首先，王皇后很乐意；其次，李忠的母亲刘氏也很乐意；最后，李忠本人更乐意。他们三个都乐意了，高宗自然没有反对的道理。

关键是第二步，如何让高宗和朝臣们支持李忠做太子。别看柳奭是个宰相，但以他的能力和影响力，既左右不了朝臣，也左右不了皇帝，但他知道有人具备这样的能量。是谁呢？当然是长孙无忌！外朝的事儿，只要长孙无忌点个头，就没有办不成的。

柳奭就跑去找长孙无忌了。长孙无忌听了他的想法，没有分毫的犹豫，当场就答应了。他为什么如此痛快呢？我以为主要原因有两个：第一，关陇豪门同气连枝，在如此重大的利益问题上，没必要便宜了非关陇家族。再说了，一旦玉成此事，王、柳两家就会越发紧密地站到他这边儿了。第二，他帮的这个忙含金量太高了，如果连高宗的继任者都安排好了，对长孙家族的基业是绝大利好，这种抄底性的长期投资，长孙无忌没有理由拒绝，也不会拒绝。

举凡储君之争，都是若干利益集团力量的大PK，哪个集团的能量大，哪个集团推出来的利益代言人就能上位。萧淑妃的靠山是萧瑀，而萧瑀已经作古，她再厉害也只能在后宫的一亩三分地里抖威风，前朝这潭水她蹚不了。长孙无忌一出面，萧淑妃和李素节立马就靠边站了。

三年（652年）七月，高宗正式立储，册拜燕王李忠为太子。

03. 老婆坑汉子

立了个太子，稳了个皇后，这事大不大？大！但长孙无忌办的第二件事更大，他借着房遗爱谋反案大做文章、大肆株连，将朝中所有异己势力一扫而空。

房遗爱谋反，搞错了吧？没搞错，他的的确确谋反了。而房遗爱之所以会走上这条断头路，全都是拜老婆高阳公主所赐。

在分家产的问题上，高阳格外执着。哥哥刚即位，她就老调重弹，怂恿丈夫和大伯分家。这一次连老三房遗则也掺和了进来，和二哥二嫂一起向大哥房遗直叫板。房家的这点事儿闹得朝野皆知、满城风雨，把一代贤相房玄龄的脸面丢了个精光。房玄龄在政治上几乎可以拿满分，但在教育子女方面连及格线都没够到，这真是一个莫大的讽刺！

高宗气坏了，宰相之家应该是全国人民的道德典范呀，现如今却搞得乌烟瘴气、铜臭满满，岂止是有辱门楣，简直是败坏国风！所以，他不仅驳了妹妹的面子，还各打五十大板，将房遗爱贬官至湖北十堰房县，房遗直贬官至山西临汾隰①县。

没想到此举弄巧成拙，又成全了高阳的百僧斩计划。她正嫌丈夫在身边有碍她狩猎出家人呢，哥哥就把丈夫踢走了，开心开得简直可以开立方了。世间和尚千千万，死了辩机还没完。很快，僧道智勖、惠弘、李晃等人均成为高阳的裙下之臣。高阳迅速晋升为大唐头号网红，淫荡之名举国皆知。

帝王楷模李世民培养出个高阳，人臣楷模房玄龄培养出个房遗爱，怎么说呢，或许是冥冥之中自有天意吧！你们都太优秀了，老天爷给你们往回找补找补！

老爸都管不了，当哥哥的又能怎样？高宗虽然听说了，却也只能装聋作哑。按理说，高阳对哥哥的沉默应该领情，但实际的情况恰恰相反，她觉得和谁睡、和几个人睡完全是她的自由，谁也管不着。并且，对于这位懦弱的哥哥，她不仅轻视，而且仇视，因为哥哥不支持她分财产的诉求。

她恨高宗，她丈夫房遗爱也恨高宗。高宗三年（652年），房遗爱休假回京，宅在家里生闷气。

这日，另一位被贬官的驸马——已故丹阳公主（高祖第十五女）之夫薛万彻来串门了。贞观二十一年，太宗将薛万彻流放广西来宾象州。高宗即位，大赦天下，薛万彻得以还朝。但他还是管不住自己的嘴巴，私下里对高宗和长孙无忌口出不逊，所以在这一年初又被外放到甘肃庆阳宁县。

两个失意的驸马聚在一起，自然是借酒浇愁，吐槽发泄。吐着吐着，就找到了共同话题：抨击长孙无忌，抨击当今圣上。当年，房家

---

① 隰，音习。

和薛家可都是李承乾那边的，本就看不上懦弱的李治，如今在李治手上吃了亏，自然更加憎恨他。骂着骂着，话题就变味儿了，渐渐转到造反的意思上来了。说到这里，两个失意的人一拍即合。薛万彻就说了："别看我腿脚有毛病，但只要我坐镇京师，那些鼠辈绝对不敢轻举妄动。"二人合计一番，最终商定：干脆反了，事后就推荆王李元景为帝。

为什么抬出荆王李元景呢？一来李元景是高祖李渊健存诸子中年纪最长的一个，在宗室中资历最老、地位最尊。二来他的女儿是房遗则的老婆，李元景支持房二、房三与房大分家。三来李元景对二房说过，他梦见过自己"手把日月"。普通人只有资格手把肉，能手把日月的只能是天子啊！

然后，二人就去找李元景商量。李元景既然能说出"手把日月"的话，就说明他对帝位也是有野心的，有人推他，何乐而不为？三人继续勾连聚合，又把驸马都尉柴令武（柴绍次子、太宗第七女巴陵公主之夫）拉入伙，组成了一个以一王（荆王李元景）、二公主（高阳和巴陵）、三驸马（房遗爱、薛万彻、柴令武）为骨干成员的阴谋集团。

说实话，如果搁在太宗时代，借他们十个胆也不敢造反。但现在不同了，在位的是懦弱的李治，他们觉得李治好欺负，扳倒他易如反掌。是的，高宗可能确实有些弱，但他们忘了一点，站在高宗背后的长孙无忌可不是省油的灯。

阴谋归阴谋，但计划还是很周密的，并且因为他们几个的存在感很低，根本没人注意到他们，所以成功概率还是很高的！只可惜他们有一个猪队友——高阳。为了扳倒大伯子，她又想出了一个损招，诬陷房遗直非礼自己。房遗直够老实了，一直忍气吞声，但这一次他真是被气到了。弟弟他们在干啥，当哥哥的还不清楚嘛？！为了自保，高宗三年十一月，房遗直向朝廷检举了他们的阴谋："罪盈恶稔，恐累臣私门。"

这可是一个天大的瓜。高宗十分震惊，命长孙无忌全权调查，一查，确有其事。既然属实，那就好办了，法典在那儿摆着呢，该自尽的自尽，该弃市的弃市，该灭族的灭族，该流放的流放。

但长孙无忌却动起了歪心思，他想，如此千载良机，若不善加利用，岂非绝大浪费？不如借着这起谋反大案，将朝中所有异己势力一网打尽！

04. 清洗政敌

长孙无忌的政敌都有谁呢？

首先，排第一的就是房玄龄。长孙无忌这一生中，最让他难受和痛恨的敌人就是房玄龄。贞观元年七月，长孙无忌当上了右仆射，转年正月就有人密表太宗，说他权宠过盛，逼得长孙无忌主动请辞。告状的这个人就是房玄龄。此后直到太宗去世，长孙无忌都只能挂着开府仪同三司、司空、司徒、太子太师之类的虚衔，一直未能掌握实权。所以，他真是恨死了房玄龄。

宗室中和长孙无忌不对付的是李承乾、李泰、李恪、李道宗四人。李承乾早在贞观十八年就病死了，但当年支持他的那些家族，比如柴家、薛家、房家还在。就在房遗爱谋反案发前几天，李泰病逝于湖北十堰郧阳，算他走运。他的党羽岑文本、刘洎都已经死了，所以李泰一伙没什么可让长孙无忌担心的了。吴王李恪是太宗诸子中比较成器的一个,在朝野的威望和呼声直到现在都很高,不能再留着他了。还有一个李道宗,功劳卓著,声望隆重,资历又老,而且一贯看不惯长孙无忌,这次也把他带上吧!

此外,还有高祖李渊的八驸马、九江公主之夫执失思力和侍中宇文节,也是长孙无忌的政敌。

正好借着房遗爱谋反做做文章,把这些人都牵连进来,斩草除根,永绝后患。

于是,长孙无忌就以纥干承基检举李承乾立功的旧事,暗示房遗爱把上面这些人都牵连进来,将功补过。房遗爱哪怕有他爹万分之一的智商,都不会上当。但很可惜,他没有,他是个愚蠢透顶的家伙,还真就信了,诬说以上诸人也参与了阴谋。

高宗看完调查结论既震惊又悲痛,他自问是个大善人,没有为难过谁,没有迫害过谁,可这些亲人为什么要造他的反呢?!

他很是想不开,特地召见房遗爱,我和你是亲戚,你为什么要造反?房遗爱是这么解释的,我看到贞观年间纥干承基检举李承乾、侯君集,不仅没被降罪,还得到了官爵,所以才检举了李恪他们。高宗不胜悲痛,你个傻子,你是驸马,怎么能和纥干承基相提并论呢?现在告发李恪谋反已经太迟了。皇帝都把话说到这个份儿上了,房遗爱都没提长孙无忌指使诬告这茬儿,真是愚蠢到家了!

事已至此,高宗哭着问大臣们:"荆王是朕的皇叔,吴王是朕的哥哥,朕想免他们一死,可不可以呀?"

长孙无忌的门生、兵部尚书崔敦礼马上出班反对:"周公诛管叔蔡叔,汉景帝平七国之乱,汉昭帝杀燕王和盖长公主,这些前事都不远,陛下怎么能为了施舍恩情而改动法律呢?"

高宗大哭,尘埃落定。

高宗四年(653年)二月,处理结果出台:撤除太宗庙里供奉的房玄龄牌位，赐李元景、李恪、高阳公主、巴陵公主自尽；斩房遗爱、薛万彻；柴令武尽管畏罪自杀，但还是被戮尸；其余如李道宗、李恪四子、李恪同母弟蜀王李愔、房遗直、房遗则、房遗义（房家老四）、宇文节、执失思力、薛万彻的弟弟薛万备、柴令武的哥哥谯国公柴哲威等，均被流放边陲。

这么多人倒霉，推原祸始都是因为房遗爱娶了高阳公主。太宗将高阳嫁给房遗爱，真不知道对房玄龄究竟是爱还是恨？

薛万彻临刑前大呼："我薛万彻堂堂健儿，留下我为国家效力不好吗？"李恪则痛骂长孙无忌："长孙无忌窃弄威权，构害良善，宗社有灵，当族灭不久！"当时谁都没对他的这句话认真，不承想短短六年后，这话就应验了。

长孙无忌这一网下去，废掉了一个宰相（宇文节）、两个公主（高阳公主和巴陵公主），拔掉了房氏、柴氏、薛氏三大豪门，除去了房遗爱、薛万彻、柴令武、执失思力四位驸马和荆王李元景、吴王李恪、江夏王李道宗、蜀王李愔四个藩王。从此，朝廷之上再无异己。

后世史家普遍认为，长孙无忌和褚遂良出于排斥异己的政治目的，将谋反案扩大成了冤案，"衔不协之素，致千载之冤"。他们的大清洗，把李唐宗室中的牛人都干掉了，以至于后来武媚娘崛起时，宗室中已无能人站出来抗拒了。这是很有道理的。

九月，右仆射张行成病殁，长孙无忌马上就把褚遂良推了上去。二人联手，权倾朝野。长孙无忌他是得意地笑，且看今日之天下，谁敢和老夫作对？

十月，睦州（今浙江杭州淳安县）发生了一场民变，规模虽然不大，持续时间也不长，但很有特点：首先，这是唐朝历史上因为阶级矛盾而爆发的第一次农民起义。当时，清溪地区（现今已是千岛湖区）暴发了洪涝灾害，政府非但不开仓赈灾，还不豁免各类赋税，逼得百姓走投无路，才酿成了民变。其次，打头的陈硕贞居然是一个女人，而且她在起义之初打出了"文佳皇帝"的旗号。中国古代的女性起义领袖不在少数，但陈硕贞是自称皇帝的第一人，比武则天还早了37年。就此意义而言，她才应该是中国的第一位"女皇帝"。顺便说一句，有唐一代浙江地区冒出了三个民变领袖，除了杭州人陈硕贞，还有台州人袁晁和绍兴人裘甫。另外，北宋时期的民变领袖方腊（《水浒传》中方腊的历史原型）也是陈硕贞的同乡。

长孙无忌嗤之以鼻，自盘古开天辟地以来，就没有女人当皇帝这档子邪事儿，牝鸡司晨，公鸡孵蛋，纲常何在，伦理何在，乱弹琴嘛！他火速调集军队，用时一月平定了这场民变。

不过，世事无常，有些事此前没有，不代表永远没有。谁说女人不能当皇帝的，偏要当给你看！

啊，她来啦，她来啦，她蓄起头发回来啦！

第二章

从小尼姑到大皇后

01. 小尼姑回宫

费了九牛二虎之力，兜了那么大一个圈子，总算摁住了萧淑妃，既立了太子，又稳了后位，王皇后理应感到满足。她也的确满足了，但这份满足只维持了很短的时间，因为她拿出宜将剩勇追穷寇的架势，想在另一个战场——情场上也赢得胜利，将丈夫的爱从萧淑妃那个贱人手里夺回来。

后来，她死就死在了这个念头上。因为，正是这个念头将本已出局的她的掘墓人乃至大唐王朝的掘墓人又拉了回来。

感业寺就在长安城里，据考证，其地在今西安未央区六村堡街道感业寺村，距离大兴宫不算远，甚至可以说是近在咫尺。但当下武媚娘和高宗的"距离"却生动地诠释了什么叫作咫尺天涯。他们一个在世内，冠冕称尊，手握乾坤，口衔日月，左拥右抱；一个在世外，剃去青丝，吃斋衣麻，念经礼佛，孤枕难眠。

当今的影视文学作品对武媚娘的感业寺生活大加渲染，一会儿安排个坏上司各种花样地虐待她，一会儿安排个妙尼姑各种机会地骚扰她。实事求是地讲，这是不可能的，瘦死的骆驼毕竟比马大。一来武媚娘好歹是先帝遗妃，身份和地位还是有的，一般人不敢欺负她；二来武媚娘家里也是有些势力的，即便杨家人说不上话，还有燕德妃罩着她呢！因此，你要说武媚娘在感业寺里空虚寂寞冷是有的，但要说她挨收拾、被欺负那不可能。但感业寺上上下下都确定无误地知道一点：这个如花似玉的女人这辈子也就这样了，完了！

大好人生不过刚起了个头就结束了，甘心吗？当然不甘心！但现实是如此残酷且不可阻挡，她一个弱女子既无奈又无助，至少就目前来看，除了认命，她别无选择。春花秋月，处处恼人，良夜孤衾，时时惹恨，她无数次在心底呐喊，祈求佛祖网开生路，却得不到一丝回应。这是武媚娘一生中最柔软、最无奈、最颓丧的阶段。

在冗长的黑暗里，李治是她唯一的光。无数个不眠的夜晚，她辗转反侧，太子，哦不，现在应该叫陛下了，陛下是不是把我忘了？一定是的！他现在是皇帝了，有那么多的女人环绕着她，哪里还记得我一个小尼姑呢？不，他不会忘记的，他说过的动听情话、表过的铮铮誓言，那么认真，那么决绝，一定没有忘记我。忐忑的煎熬，煎熬的忐忑，就这样夜以继日、日复一日。

现实越是苦闷，她对李治的思念就越是强烈。在无比复杂与痛苦的心绪下，武媚娘写下了她这一生中最有名、同时也是唯一一首柔软的诗歌——《如意娘》：

> 看朱成碧思纷纷，憔悴支离为忆君。
> 不信比来长下泪，开箱验取石榴裙。

现在我的状态太糟糕了，心绪纷乱，精神恍惚，长期失眠导致色盲，红的都能看成绿的，憔悴到不行。我怎么变成这个样了呢？你还问，都赖你，都赖你，小拳拳捶你胸口，就是因为每天都想着你、念着你。一想起你呀，我的眼泪就跟西湖的水一样，止不住地往下流。什么，你不信?! 好，那就打开箱子，看看我送你的那条石榴裙吧，上面斑斑点点都是我的泪痕呢！

到底是女杰，撩汉一绝，试问世间哪个男人看了这样的诗篇能坐得住？

此诗不知怎的就从感业寺里传了出来，迅速风靡长安。酒肆里醉汉谈论的，青楼里妓女弹唱的，坊间孩童吟诵的，都是这首不如意的《如意娘》。很快，这首男默女泪的诗就传到了宫中，传进了高宗的耳朵里。

高宗听罢，坐不住了，他当然没有忘记千娇百媚的媚娘，他也知道可人儿已经在感业寺剃度了，他很想去看她。可是，没有合适的机会和正当的理由，堂堂帝王去到一座小小的寺庙，这是极为不妥的。他在等一个合适的机会，找一个恰当的理由。

机会终于来了，高宗元年五月二十六日是先帝太宗的周年忌日。高宗提出到感业寺行香，为先帝祈福。这个理由冠冕堂皇，正当合理，因此无人阻挡。

于是，分别一年的两人终于再度聚首了。媚娘少了一头凤髻两鬓鸦鬟，身体也清减了，但桃花如旧，人面依然，在妩媚妖娆之外，又添了几分楚楚可怜，让高宗更加心动。虽然史书上只留下"武氏泣，上亦泣"六个字，但想来二人相见的场面必定是"执手相看泪眼，竟无语凝噎"。还说什么呢，一切都在泪水里了……

如此感人的场景被一个人看在了眼里。谁呢？正是久旱不得甘霖的王皇后。有那么一瞬间，她是愤怒的，是嫉妒的，哎呀，陛下的口味怎么那么重啊，放着我这样的名门闺秀不爱，偏偏惦记一个秃头尼姑！不过，倏忽间灵台一点清明，她的心头猛然生出了一个念头：何不将此女引入宫中，以分萧贱人得宠之势？

一念起，整个世界都变了。她越想越觉得这个办法好。一来遂了圣上的心愿，圣上势必对自己好感倍增；二来武媚娘能脱离苦海重归宫中，肯定对自己感恩戴德，俯首帖耳；三来能够狠狠地打击萧贱人，看圣上对武媚娘的这个腻歪劲儿，估计武媚娘一回宫，萧贱人就要凉凉了。

有人问了，她就不怕武媚娘回宫后反她吗？王皇后还真不怕！一来武媚娘出身低微，父亲是个不入流的商人，萤火焉能比月轮？！二来她历史不清白，伺候过先帝。三来她现在又是一个尼姑，不论怎么得宠，也不可能对万民之母的皇后构成威胁。以威胁系数几乎为零的武媚娘，扳倒威胁系数九十九的萧贱人，顺带还能俘获君心，是不是很合适？！

想到此处，王皇后果断向高宗提出：让武媚娘重归宫中。

她的话令高宗倍感意外又大喜过望。高宗早有迎回媚娘的意思，但他的顾虑很多，媚娘毕竟是先帝的才人，又出家为尼，若要入宫，前朝和后宫都会有非议。前朝暂且不论，如果后宫的王皇后反对，这事儿也不好办呢！他万万没想到，嫉妒心一向很重的皇后居然也有明大理识大体的时候，真是难能可贵！

夫妻二人破天荒地一拍即合了。面对丈夫难得认真的注视与喜上眉梢的笑容，王皇后这个傻女人心里简直要美死了，卖力地张罗起来。

她考虑得很周到，武媚娘顶着一颗光头，此时回宫太扎眼了，分分钟就会引来前朝的非议和抨击；不如先让她在感业寺静养蓄发，到明年先帝忌日时，头发肯定长得差不多了。届时，再借着行香之机，将她夹藏在宫女队伍中带回宫中。如此，即便过段时间前朝知道了，生米也已经煮成熟饭了。

高宗听了，连连称赞。

但任何计划不管考虑得多周密，总有兼顾不到的地方。比如，王皇后就没料到，在蓄发的一年中，按捺不住的高宗频频微服私访感业寺。按理说，武媚娘是先帝的才人，又是出家之人，是不能动的。他可倒好，不仅动了，还动了一下又一下。动久了就出事了：武媚娘怀孕了！

没错，伺候了太宗12年之久都没怀孕的武媚娘现在怀孕了！

当然，这事儿高宗和武媚娘都没敢告诉王皇后。

高宗二年（651年）五月二十六日，一年期满。高宗借着到感业寺行香之机，将武媚娘夹带在宫女当中，踏上了回宫的路途⋯⋯

这一路上武媚娘究竟想了些什么，我们无从得知。但有一点我无比确定，那就是当她穿过玄武门时，心中一定发出了这样的呐喊：

大兴宫，我又回来了！

02. 火箭式崛起

在中国历史上，由宫人变成尼姑的女人不在少数，但出家后又水逆回宫的只有武媚娘一人。

毕竟只是离开了两年多一点儿的时间，宫中认识武媚娘的人还是很多的，上自皇帝皇后，下到宫女宦官，看到依旧丰神俊秀的武媚娘，都觉得她还是当初那个才人，没有一丝丝改变。

当年初入宫时，武媚娘孑然一身；如今二进宫，她还是孑然一身。但不变的只是外在，这个女人的灵魂已经发生了翻天覆地的改变。从后事来看，我们尽可以断言，在感业寺的两年里，武媚娘彻底地黑化了。之所以这么说，是因为从早年的狮子骢事件（见《贞观之治》）就可以看出，她天生带着为达目的不择手段的基因，只不过早年际遇比较顺遂，没什么坎坷，这种基因呈隐性状态，但感业寺几近绝望的两年煎熬将这个隐性基因彻底激活了。

武媚娘向死而生，凤凰涅槃了。伺候太宗的12年，让她完成了从女孩儿到女人的转变。感业寺的两年炼狱，让她完成了从女人到大女人的转变。怀孕则让她的自主意识彻底觉醒了。她不想再由别人决定自己的命运，她要将命运牢牢地掌握在自己手中，在无人走过的荒野中开辟出一条独一无二的通天大道。为此，她会毫不留情地扫除一切障碍，人挡杀人，神挡杀神。

一切似乎都在按着王皇后的预想推进。

武媚娘回宫的速度有多快，萧淑妃凉凉的速度就有多快。先前高宗恨不得一天去萧淑妃那里八趟，现在好了，她的寝宫门可罗雀。整个大兴宫中，最忙碌最热闹的就是武媚娘的寝宫了，别看人家没品，但人家得宠呀！

即便如此受宠，但武媚娘并没有恃宠而骄，而是对王皇后恭谨有加。王皇后既要褒奖她击垮萧淑妃的功劳，又陶醉于被武媚娘奉承取悦的感觉，经常在高宗面前为她说好话。

一切尽在掌握！王皇后得意地笑，但很快就笑不起来了。因为武媚娘崛起的势头太猛了！打个比方，先前在得宠度上，她和萧淑妃是二八开，她二，萧淑妃八。引入武媚娘后，她想着哪怕武媚娘占七成，她还是占两成，也大过萧淑妃的一成。没想到最终的结果却是个零和局面，武媚娘一个人占了十成，她和萧淑妃的床榻全空了。虽然很不高兴，但也是自找的，怪不得别人，况且只要武媚娘依旧对自己恭顺，就忍了吧！

紧接着，现实又给了她一记重击：武媚娘的肚子以肉眼可见的速度大了起来。她这才知道，早在蓄发期间武媚娘就已经怀孕了，而这个贱人居然只字不提，圣上居然守口如瓶。王皇后隐隐有种被算计的感觉，她开始后悔了。

高宗三年（652年），武媚娘生下了她的第一个孩子，还是个男孩儿，你们说气人不气人！这个男孩儿是高宗的第五个儿子，高宗很开心，取名为弘，加封武媚娘为二品昭仪。武媚娘一下子就由一个没品的宫人直接跃升至二品昭仪，比三品宰相还高一阶。

王皇后这才意识到，萧淑妃是狼，武媚娘却是虎，她是前门驱狼后门入虎，搬起石头砸了自己的脚；如不阻击武媚娘，只怕连后位都得被夺了去。于是，她转而又去拉拢萧淑妃，想联手扳回局面。现在的萧淑妃哪儿还顾得上恨她，对付武媚娘要紧。两人一拍即合，一起跑到高宗面前编派武媚娘。

但一切为时已晚！武媚娘在高宗心目中的位置，从来就不是她们所能企及的。面对她们的指摘和搬弄，高宗充耳不闻。王皇后叫苦不已，悔不当初。

武媚娘远比她想象的要聪明得多得多，就她和萧淑妃那点儿智商，加起来都不够给人家提鞋的。从回宫的那一刻起，武媚娘就在心中立下宏愿，她不要再居于人下，她要成为后宫之主——皇后。其他人她根本没放在眼里，她眼中的敌人只有两个，萧淑妃和王皇后。对付萧淑妃，她用的是上交策，走上层路线，内固君心，外结皇后，利用大老板和二老板由上至下降维打击萧淑妃。效果大家已经看到了，好得很。现在要对付王皇后了，她换了一种打法——下交策。

王皇后和她的母亲柳氏都是大户人家出身，自恃高人一等，对待宫人宦官们的态度十分恶劣。细心的武媚娘注意到了这一点，反其道而行之，大走群众路线，只要是对皇后有微词的人，哪怕是一个宫女一个宦官，她都放下身段，与他们结交。高宗给她的赏赐，她都分给了这些人。

这样做的好处显而易见：一方面，整个后宫除了王皇后和萧淑妃，其他人都说武昭仪怎么怎么好，高宗无论走到后宫哪个角落，听到的都是对武昭仪的颂扬之词。这样，王皇后和萧淑妃越是告武媚娘，高宗就越是反感她们，大家都说媚娘好，就你俩看她不顺眼，我看你们是脱离群众、心怀鬼胎。另一方面，宫里到处都是武媚娘的眼线，连王皇后和萧淑妃身边都有她的人。她们俩说了啥、想干啥、干了啥，武媚娘一清二楚，都告诉了高宗。高宗对王、萧二女越发疏离，你们啊，心胸太过狭窄，尤其皇后，哪有一点儿国母的气度！朕很失望！

王皇后的遭遇告诉我们一个道理：有些时候，敌人的敌人未必是朋友，也有可能是更强大的敌人。

高宗的经历也告诉我们一个道理：当领导的，一定要警惕那种时时处处都让你感到特别舒服的下属。人与人没有严丝合缝的，如果有人让你感到完美，那你就得小心了，因为他在用脑琢磨你。

武媚娘的经历也告诉我们一个道理：虽然人人憎恨坠落谷底，但有时候这未必是一件坏事，换个角度想，不触底怎么反弹呢？有些机会就隐藏在绝望的谷底。

从先皇的嫔妃一下子堕落成寺庙里的女尼，武媚娘这跤摔得惨不惨？惨，太惨了！换一般人，就彻底完蛋了！武媚娘虽然有过抑郁和彷徨，却始终没有灰心绝望，而是努力把一个个不可能变成了可能，又把一个个可能变成了现实。

宫人出家还能还宫吗？不可能！她做到了！

没品的宫人能直接当二品昭仪吗？不可能！她也做到了！

她是触了底，但她反弹了，坠得越深，她弹得越高，一个不小心，弹出了中国历史上唯一的女皇帝。

03. 推动废后

后宫不是遗世而独立的，从来都与前朝紧密相连。武媚娘火箭般的崛起速度，迅速引起了前朝一众大佬的瞩目。

一查她的底细，大佬们大跌眼镜，这个横空出世的武昭仪集商人的女儿、先帝的才人、寺庙的女尼三种角色于一身，悖逆了阶级，悖逆了伦理，悖逆了宗教，首开华夏先例，实属离经叛道、灭绝纲常。陛下，这成何体统?! 但生米已经煮成了熟饭，现下这个女人已经回了宫，而且二品昭仪已经坐得稳稳的，赶是赶不走了，只能小心提防，静观其变。

大佬中，最寝食难安的要数柳奭，武昭仪风头日盛，只怕外甥女的后位不保呀！

五年（654年）三月，高宗突然下敕，加赠武德功臣屈突通等13人官爵。

缅怀先烈，无可厚非，所以没人阻挠。只有柳奭注意到了一个微弱的信号，名单里有一个人的名字。谁? 正是武昭仪的父亲武士彟。武士彟当然也是功臣，而且是高祖钦定的17名太原元勋之一，但是与名单里的其他人比起来，他的身份太弱了——人家都是世家子弟、豪门后裔，再不济也是平民，只有他是商人出身。

柳奭就想了，从面儿上看似乎是武士彟沾了屈突通等人的光，但实际上有可能反倒是屈突通等人沾了武士彟的光。武昭仪想为亡父谋福利，又不好单独做文章，所以借口褒奖老臣，拉屈突通等人来陪榜。如果这种可能性成立的话，那么就引出了一个新的疑问：武昭仪抬高自己的父亲，居心何在?

柳奭是个聪明人，一想就想通了，想通了就吓得后背发麻、浑身冒汗。他想试探下皇帝的态度，便主动请求辞去宰相一职。果不其然，高宗都没有装模作样地挽留，顺势就将他罢为吏部尚书。柳奭姐弟急坏了，频频入宫，与王皇后商量应对之策。

他们紧张是可以理解的，但的确紧张过了头。没错，武昭仪是有了窃据后位的想法，而且已经向高宗吹过枕边风，吹了还不止一次。高宗当然考虑过这个问题，要不然也不会解除柳奭的宰相职务。但总的来说，他现在倾向于不易后。首先，皇后与一般嫔妃不同，是一国之母，国母能是随便换的吗？其次，王皇后是有一些小毛病，但没什么大的过错，没有理由废她。最后，最关键的一条，高宗知道舅舅长孙无忌铁定会反对。

高宗的犹豫，武媚娘看在眼里，她明白，当务之急是坚定高宗废后的心思。

在为父亲谋完福利后不久，武昭仪又生了，这次生了个女儿，因为还没满月，所以还未册封公主。

孩子满月时，出于礼节，王皇后前来探视。不能生育的女人忽然见到可爱的婴孩，出于母性本能，王皇后分分钟就把和武昭仪的仇怨忘记了，只顾着逗弄小女孩儿，浑然不觉屋内只剩下她们两个了。良久，她才意犹未尽地离开。

然而，就在她走后不久，小女孩儿就暴毙了。这可就捅了天啦！

《资治通鉴》的记载既详细，又生动："会昭仪生女，后怜而弄之，后出，昭仪潜扼杀之，覆之以被。上至，昭仪阳欢笑，发被观之，女已死矣，即惊啼。问左右，左右皆曰：'皇后适来此。'上大怒曰：'后杀吾女！'昭仪因泣诉其罪。"明白无误地指出，武昭仪为了嫁祸王皇后，亲手扼杀了自己的女儿。

但我以为，正因为记载太过生动，反而失了真。咋的，当时你司马光在现场啊，亲眼看到了？况且，唐史三大典中成书最早的《旧唐书》只记载了公主暴卒，并未言明其死因。可能的原因有两个：第一，根本就没探视这档子事，王皇后压根儿就没去，公主夭折和人家八竿子打不着；第二，即便王皇后去了，即便她和公主也单独相处了，《旧唐书》的作者也不认为武昭仪会干出扼杀亲女的禽兽之举。

事实上，出于对伦理纲常的维护，史书对武则天及其家族的抨击抹黑，从唐代开始就有了，而且越是后面的朝代，黑她就黑得越厉害。武则天再怎么狠辣，那也是冲外人，我相信她干不出亲手扼死女儿的事。

《资治通鉴》认为，促使高宗决心易后的，就是安定公主夭折事件，"后无以自明，上由是有废立之志"。但实际上，真正让高宗下决心废后的是巫蛊事件。

王皇后和舅舅、母亲商量了很久，也想不出什么好办法，最后利令智昏，居然偷偷引入巫师，在宫中行厌胜之术。后宫中的事还能瞒得了武昭仪？她立即向高宗打了小报告。高宗带人赶到皇后的寝宫，果然撞了个正着。这下王皇后就算浑身是嘴，也说不清了。她当然只会厌胜武昭仪，可高宗就不这么认为了，你这个悍妒的女人，是不是连朕也一块儿诅咒了？

高宗不愿易后，多少还是顾念结发之情的，王皇后毕竟是他的妻子，虽然爱吃醋，但总的来说还称得上是贤良淑德。但经此一事，王皇后在他心中的人设彻底崩了，原来她竟然是一个心狠手辣、仇视丈夫的怨妇。这样的坏皇后如不废掉，对不起列祖列宗，对不起江山社稷，对不起黎民百姓！高宗立即下令，严禁柳老太太入宫，并将柳奭外放为州刺史。王皇后彻底成了孤家寡人。

高宗打算向舅舅摊牌了，他要废后！

04. 长孙无忌的阻击

只要舅舅点了头，啥事儿都好办！

经过一番合计，这日高宗带着武昭仪，拉着整整10车的金银珠宝、绫罗绸缎，亲临长孙无忌的府邸。天子下来走基层了，长孙无忌当然得好好接待！宴会气氛很好，酒至半酣，高宗当场册拜长孙无忌的三个庶子为从五品朝散大夫。长孙无忌依礼谢恩。然后，高宗就以闲聊的口吻说起王皇后不能生育的问题，做痛苦状。他希望舅舅能听出他的弦外之音，主动提请废后。没想到长孙无忌充耳不闻，哼哼哈哈总是打岔，就是不接这茬儿。一来二去，高宗明白了，舅舅这是不同意啊！

宴会不欢而散。

长孙无忌当然不同意：第一，武氏既是先皇侍妾，又是佛门女尼，纳她为昭仪已然有违伦理纲常，怎么还能让她当皇后呢？第二，他已经看出武氏对高宗有着强大的影响力和控制力，他不容许有这样的劲敌来与他争夺对高宗的控制权。

长孙无忌的拒绝令高宗十分不爽。其实，即位这几年来，他对长孙无忌、褚遂良大权独揽已经渐怀不满了。任何一个皇帝，只要不是傻子，都不可能容忍老臣长期把持朝政。这次示好被拒，让高宗对舅舅很是不满。这些年来舅舅你说啥是啥，朕言听计从，朕不过是想废掉无德无子的皇后而已，都这么低声下气来求你了，你还不买账，这大唐到底谁说了算？

不过，不满归不满，高宗还不想因此和舅舅翻脸。

武昭仪还不甘心，就让母亲杨牡丹出面劝说长孙无忌。杨牡丹也是豁出老脸了，隔三岔五就往长孙无忌府上跑。长孙无忌看她一把年纪了，没好意思撅她，但就是不松口。武昭仪又想到了一个人，卫尉卿许敬宗。

别看许敬宗官职不高，但资历却一点儿也不比长孙无忌、褚遂良差，也是三朝元老。许敬宗祖籍杭州富阳，父亲是隋朝著名宰相许善心。许敬宗非常有才华，大业年间凭真本事考上了秀才，成为隋炀帝的贴身秘书。江都政变后，他投在李密麾下，与魏征一道掌管文书，又在童山之战后追随李密降唐。当时还是秦王的李世民久闻许敬宗的才名，征辟他为十八学士之一。与他同为学士的有杜如晦、房玄龄、虞世南以及褚遂良的父亲褚亮等，也就是说，褚遂良其实还是许敬宗的后学晚辈呢！

出身好，资历高，又有才华，为何官运如此不顺达？原因倒也不复杂，许敬宗的人品有问题，道德水平不高。他让人诟病的地方很多：

第一个，亲情淡薄。

江都政变时，虞世南的哥哥虞世基和许敬宗的父亲许善心一同被判死刑。虞世南跪在地上向宇文化及求情，还说如果宇文化及不同意，他就和哥哥一道受死。而许敬宗呢，磕头如捣蒜，要杀你就杀我爹，和我没关系。在场的封德彝看在眼里、记在心上，从此逢人就吐槽许敬宗的为人，一度让许敬宗很是抬不起头来。后来，许敬宗监修国史时趁机报复，强行把封德彝"漂黑"成了一个奸臣。

许敬宗非常疼爱孙子许彦伯，这小子有文采，很像他。一次，他半开玩笑半认真地对儿子许昂（许彦伯的父亲）说："我儿子不如你儿子。"许昂当即回道："他父亲不如我父亲。"这么来看，爷孙三代人的感情还是很不错的。但不久后，许昂和许敬宗的侍妾通奸事发。许敬宗竟然奏请太宗，将儿子、孙子流放岭南。

贞观十年（636年）六月，长孙皇后去世，百官都在为皇后服丧。

许敬宗初识率更令、大书法家欧阳询。欧阳询虽然有才，但人长得极其砢碜。许敬宗没想到名满天下的大书法家居然这么丑，忍俊不禁，竟不顾场合地放肆大笑。结果可想而知，太宗不高兴，长孙无忌也不高兴，怎么我老婆、妹妹死了，你这么开心？御史上表弹劾，许敬宗由中书舍人被外放为州府司马。

但许敬宗确实有才华，不仅文笔极佳，而且精通历史，自贞观朝以来长期担任著作郎，监修国史。朝廷所撰修的《五代史》《晋书》《东殿新书》《西域图志》《文思博要》《文馆词林》《累壁》《瑶山玉彩》《新礼》等，均由他牵头编纂。太宗爱才惜才，不久就将他召回朝中，任给事中，仍旧监修国史。贞观十七年，因为出色地完成了《高祖实录》《太宗实录》的编纂工作，许敬宗受到太宗褒奖，升任检校黄门侍郎。两年后，中书令岑文本死于东征途中，太宗让许敬宗代理了中书侍郎。

第二个，篡改国史。

监修国史可是大事，但许敬宗不地道，把编史这么严肃的事情当成了写报告文学，要么根据个人好恶随意篡改，要么就是收受相关人员的贿赂，对个别人美化拔高。比如，因为个人恩怨，他百般诋毁封德彝，硬是把人家写成了一个首鼠两端的奸臣。他把出身奴隶的亲家公钱九陇写成世家子弟，并与刘文静、长孙顺德列为一卷。在给另一个亲家公尉迟敬德作传时，他完全隐去了尉迟敬德早年犯下的各种过失罪过。许敬宗还收了蛮酋庞孝泰家人的钱财，把一个鲁莽的武夫写成了与薛仁贵齐名的将帅之才。

第三个，贪财好色。

许敬宗安排子女婚事时，甚至不看对方的门第出身，只看一个指标：他家有没有钱。因为贪图高额聘礼，他不惜自降身份，将一个女儿嫁给了奴隶出身的钱九陇的儿子，将另一个女儿远嫁给岭南蛮酋冯盎的儿子。特别是与冯盎结亲的事情，在朝中引起了轩然大波。因为许敬宗当时的官职是礼部尚书，主抓全国人民的思想教育和道德建设。堂堂大唐礼部尚书，为了点钱财，竟将女儿远嫁蛮夷，这丢的可不仅仅是他个人的脸面了。御史上书弹劾，许敬宗又被降为郑州刺史，两年后才得以回朝。

许敬宗平日里的生活也十分奢侈放荡，府邸建得豪华至极，不仅占地面积大，而且楼与楼之间还有天桥相连，闲时就让诸妓在上面跑马，他则纵酒奏乐，鼓噪取乐。

就因为德行、人品极其不堪，所以三朝元老许敬宗的仕途一直都不怎么顺遂。半生起伏，早已把他锻炼成了一个官场油子。此前他有过很多很多的机会，但每一次他都选错了。这次他又碰到了一个千载难逢的机会——易后。许敬宗看出皇帝和武昭仪急需支持，如果他肯出手相助、玉成此事，何愁不能显达？于是，他主动站到了武昭仪一边，为推动易后积极奔走。

武昭仪请许敬宗出面去做长孙无忌的思想工作，但这一次她又落空了。长孙无忌根本不把许敬宗放在眼里，对杨牡丹他多少还是客气的，但对许敬宗他是一点儿都没给面子，骂得许敬宗灰头土脸，好不狼狈。长孙无忌如果有未卜先知的本领，估计就不会把话撂得这么狠了。

05. 李猫破局

既然当不上皇后，那就先当个妃子吧！

我们知道，唐朝后宫妃的编制只有四个，依次是贵妃、淑妃、德妃、贤妃。现在，这四个妃位都是满编的。高宗采纳许敬宗的建议，想创设一个"宸妃"的编制给武昭仪。这个名字真的是炫酷至极，日月之下的星辰，摆明了就是仅次于皇帝和皇后的存在。

《旧唐书》和《资治通鉴》的记载又冲突了。前者说这事搞成了，武昭仪顺利晋升宸妃。后者说没搞成，韩瑗和来济说没有先例，这事不能搞，高宗就放弃了。

到底搞没搞成，现在看来意义不大，最关键的是武昭仪通过这一番折腾，成功激起了高宗要和舅舅掰腕子的决心。对于高宗来说，谁当皇后其实没那么重要，媚娘能当自是最好，实在当不上，不立皇后就是了。然而，舅舅明里装聋作哑、暗里阻挠破坏的举动，令他震怒非常。国家大事都是你和褚遂良拍板，朕不过想换个皇后，你们都不同意，你们想干啥?! 在高宗看来，事到如今已经不是媚娘个人的进退问题了，而是皇权和相权到底谁大谁硬的问题了。这个劲必须得较，皇后必须得换！

所以，本来是武昭仪和长孙无忌一对一的PK，现在变成了杨过、小龙女双剑合璧力斗金轮法王的局面。

并不是说只要长孙无忌反对，这事就办不成！关键在于高宗不能冒天下之大不韪，强行推动易后，他的想法必须得到前朝大臣的呼应才行，哪怕只有一个大臣公然表请易后，这事儿就算个事儿了，他就可以名正言顺地回应了。可长孙无忌牢牢把控着前朝，大部分朝臣想法和他一致，少部分即便内心拥护易后，也不敢表露出来。比如许敬宗，他倒是赞同易后，但也只敢在私底下表表态、吹吹风，不敢冒头做"第一人"。高宗在前朝极端孤立，急需支持。

正当他一筹莫展之际，有人却主动贴了上来。

此人名叫李义府，河北衡水饶阳人氏，平民出身，时任中书舍人。能从平民干到中书舍人，当然不是泛泛之辈。李义府相当有才，诗歌文章样样都行，和朝中的另一个大笔杆子来济并称"来李"。他最著名的作品是《和边城秋气早》：

金微凝素节，玉律应清葭。
边马秋声急，征鸿晓阵斜。
关树凋凉叶，塞草落寒花。
雾暗长川景，云昏大漠沙。
溪深路难越，川平望超忽。
极望断烟飘，遥落惊蓬没。
霜结龙城吹，水照龟林月。
日色夏犹冷，霜华春未歇。
睿作高紫宸，分明映玄阙。

是不是很有才？尤其"关树凋凉叶，塞草落寒花。雾暗长川景，云昏大漠沙"两句，不比王维的"大漠孤烟直，长河落日圆"差，闻之如在眼前，极为写意。

因为诗文写得好，李义府入仕后得到了刘洎、马周、李大亮等人的赏识，并被举荐给太宗。太宗初次召见，命他以"乌"题诗。李义府略一思索便吟诵道：

日里飏[①]朝彩，琴中伴夜啼。
上林如许树，不借一枝栖。

上林苑是汉代的皇家园林。李义府的意思是说，上林苑里有那

---

① 飏，音扬。

么多的树，都不能借一枝给我栖身，其实是在要官。虽然是要官，但人家会要，要得委婉，要得动听，把个太宗开心得要要的，当场就说了："我当全林借汝，岂独一枝耶？"朕把上林苑的所有树都借给你，还差一枝吗？会见之后，李义府即被拜为门下省典仪，不久升任监察御史，服侍晋王李治。

所以，李义府其实是高宗的人，而且很早就跟随他了。李治成为太子后，李义府跟着也成了太子舍人。

李义府长得很暖，一副谦谦君子的模样，与人说话永远都是笑眯眯的。这样的外表极具迷惑性，实际上此人德行极其不堪，阴险狡诈，睚眦必报。时人都说他笑中有刀，又因为他看似温柔实则凶残，所以给他起了个外号叫"李猫"。

细心的朋友可能也发现了，早年提携李义府的刘洎、李大亮等人都是李泰一党，且李义府本人又是高宗的人，自然就不是长孙无忌那条线上的。所以，进入高宗朝后，大权独揽的长孙无忌就不断打压李义府。这不，就在几天前，他找了个由头将李义府外放为壁州（今四川巴中通江县）司马。命令虽已签署，但还未下达，李义府探知惶恐万分，便问计于同为中书舍人的王德俭。

王德俭是许敬宗的外甥，政治立场自然和舅舅一致，他不仅知道舅舅正在为武昭仪当皇后的事儿想办法，还知道高宗现在正愁什么、需要什么。王德俭太了解李义府的为人了，他现在身处绝境，只要能逆风翻盘，他啥都肯干，于是出言教唆道："上欲立武昭仪为后，犹豫未决者，直恐宰臣异议耳。君能建策立之，则转祸为福矣。"兄弟，哥们儿给你指一条明路！当今圣上想立武昭仪为后，之所以犹豫未决，是因为有宰相大臣反对。如果兄弟你能想想办法，帮助圣上达成心愿，不就转祸为福了吗？

如果不是因为政治生命即将终结，以李义府的机敏，断然不会做这个出头鸟。但今时不同往日，形势紧迫，他不过稍稍犹豫了一下，就拿定了主意：干！

当天夜里，他干了一件出大格的事情：孤身一人跑到宫门外"叩阁上表"。一般人决不会这么干，一个是没必要，有事要么在朝会上说，要么就写成奏表；另一个是不敢干，万一皇帝已经睡下了呢，万一皇帝翻武昭仪的牌子翻得正起劲儿呢，你说皇帝你别翻了，我有话要跟你说，是不是全家想一块儿上路了？

高宗当然很不高兴，但念及李义府是东宫旧部，强忍着性子接了他的奏表。不看不得了，一看吓一跳，高宗顿时喜出望外，只见李义府写的是："请废皇后王氏，立武昭仪，以厌兆庶之心。"什么叫久旱逢甘霖，这就是！高宗立即接见了李义府，一番长谈过后，赏赐李义府珍珠一斗，并撤销其外放的命令，让他仍旧留居旧职。武昭仪也有表示，私下里派人送给李义府一堆金银珠宝。

李义府的上表，无异于在朝中投下了一枚重磅炸弹。朝廷大臣正式表请易后，这事儿就算由幕后走向台前，要进入程序了。事后没几天，李义府就被提拔为中书侍郎。一个本已确定贬官的人，仅仅因为表请易后，非但没有出贬，还被升了官。那么，皇帝的意思就很清晰了……

事到如今，支持还是反对，已经是一个严肃的、严重的政治立场问题了。支持易后，那就是支持皇帝，反对长孙无忌；反对易后，那就是反对皇帝，支持长孙无忌。天平的一边压着皇权，另一边压着相权，就看衮衮诸公怎么选了。

高层的褚遂良、韩瑗、来济等人肯定是与长孙无忌共进退的，但广大中下层官员可就蠢蠢欲动了。明摆着的，选择武昭仪就是选择皇帝，就能加官晋爵。况且，还是那个老道理，不把这几个老葱拔掉，年轻官员熬到啥时候是个头啊！很快，以卫尉卿许敬宗、御史大夫崔义玄、御史中丞袁公瑜为代表的一大批中层官员，都站到了拥护易后的队伍中，易后的支持面越来越大了。

高宗的腰杆儿就硬了，这么多官员支持易后，说明群众的眼睛还是雪亮雪亮的嘛，就你们几个宰相，针扎不进，油泼不进，沆瀣一气，罔顾是非。为了进一步引导舆论走向，他还亲自抓了一个反面典型——长安令裴行俭。

此人是隋朝名将裴仁基的儿子。北邙山之战（见《李唐开国》）后，裴仁基归降王世充，后因策划发动反对王世充的政变而遭到诛杀。当时，裴行俭还只是一名刚出生的婴孩。父兄虽已亡故，但裴家的政治地位和历史地位还在那儿摆着呢，成年后裴行俭以门荫入仕，充任弘文生。太宗贞观年间，他以明经及第，授任左屯卫仓曹参军。

裴行俭的家族是赫赫有名的河东裴氏，又称闻喜裴氏。裴氏家族"自秦汉以来，历六朝而盛，至隋唐而盛极，五代以后，余芳犹存"。在唐代，别的家族出宰相论个数，裴家出宰相论窝数。后面的暂且不说，武德第一重臣裴寂就是这个家族的。

既然是世家子弟，必然和长孙无忌走得比较近。易后之争僵持不下，年轻气盛的裴行俭十分愤慨，主动找到长孙无忌、褚遂良，商谈应对之策。他义愤填膺地指出，皇帝若立武昭仪为后，"国家之祸必由此始"。从后事发展来看，当时能说出这样的话，裴行俭确实很有见识。

然而，他们谁都没想到，一群人当中的袁公瑜早已暗中投靠了武昭仪。谈话结束后，袁公瑜就跑到杨牡丹那里打了小报告。没过几天，一纸敕书下达，裴行俭被远远地踢到西域，当西州都督府长史去了。

06. 废王立武

裴行俭挨了收拾，很多原先支持长孙无忌的中下层官员就动摇了，迅速转换了立场，长孙无忌一伙儿空前孤立。这时，主张易后已经成了朝廷的主流意见。许敬宗的胆子马上肥了起来，公然在朝堂上宣称："田舍翁多收十斛麦，尚欲易妇；况天子欲立一后，何豫诸人事而妄生异议乎！"哎呀，一个普通农民多收了十斛麦子，还想换个老婆呢！圣上不过是想立个皇后而已，这有什么大不了的，用得着别人说三道四吗？百官群臣翕然同声。

高宗决定和老臣们摊牌了，召长孙无忌、李勣、于志宁、褚遂良四人入内殿议事。

褚遂良已有预感，决定胜负的最后一刻到了。四人中就数他年纪最小、资历最浅，打头阵这事也只能是他了，因此他主动对其余三老说道："今日圣上召见，多半是为了易后的事。圣上已经拿定了主意，忤逆他决然没有好下场。长孙太尉是国舅，司空李大人是功臣，决不能让圣上背上杀害国舅和功臣的骂名。我褚遂良一介草民，于国家没有什么大的贡献，居然也成了宰相。先帝驾崩前一再嘱托我，要尽心辅佐圣上，保护好国舅，我今天如果不出头，将来哪有脸去见先帝？！"褚遂良虽然人品有瑕疵，但这番话说得还是很有些顾命大臣的担当。他对不起刘洎，但他真对得起长孙无忌、对得起太宗。

李勣不问政事已有多年，要不是皇帝非要他来，他都不肯来。他本来不清楚今天要谈啥，一听褚遂良这么说，知道要被迫表态了。老狐狸毕竟是老狐狸，行至半路，他谎称病发，就打道回府了。长孙无忌三人心里把李勣的祖宗十八代都问候遍了，但人家就是有病，能咋的，只得把心一横，硬着头皮入见。

果然，高宗连铺垫都省了，一见三人便说："皇后无子，武昭仪有子，今欲立昭仪为后，何如？"

褚遂良马上顶了回去："皇后出身名门，且又是先帝为陛下娶的正妻。先帝临崩前握着臣的手，对臣说：'朕佳儿佳妇，今以付卿。'当时陛下也在现场。皇后没有什么过错，怎么能轻易废掉她呢？臣不敢曲从陛下，上违先帝之命！"

高宗没想到褚遂良会用先帝来压他，给整不会了，一时也想不好咋说，"不悦而罢"。但经过武昭仪一夜的加油打气，第二天高宗又召几人入见。李勣依旧托疾不来。

褚遂良已经豁出去了："陛下如果非要易后的话，选谁不行，非得选武氏？！武氏伺候过先帝，天下人都知道，您不怕别人背后指指戳戳您？！臣也知道今天忤逆陛下了，罪该当死！"说着他就把笏板①放到地上，解下头巾，咚咚地磕头，一边磕得鲜血四溅，一边说："还陛下笏，乞放归田里。"褚遂良是决绝的，换谁都行，就她不行；另外，哥们儿不伺候了，拜拜了您嘞！

高宗饶是好脾气，也受不了这个啊，破天荒地大发雷霆，当场就要人把褚遂良拖出去。这时，忽听殿后传来一声娇斥："何不扑杀此獠！"长孙无忌等人面面相觑，原来武昭仪一直躲在帘子后面听着呢！既然都这样了，长孙无忌也豁出去了，挺身而出为老伙计褚遂良说话："遂良受先朝顾命，有罪不可加刑！"

现场火药味十足，于志宁吓得连大气都不敢出一口。

这次谈话又不欢而散。

---

① 笏，音户。笏板是古代大臣上朝时拿着的手板，上面可以记事。唐朝时，五品以上才能用象牙制成的笏板，六品以下只能用竹笏。

拢共四位重臣，到场三人，两人反对，一人沉默，沉默也是表态，起码说明并不支持。高宗压力山大，一筹莫展。还是武昭仪有办法，何不问问李勣？此人避而不见，或许另有主张。于是，高宗单独召见李勣，开门见山地问："朕想立武昭仪为后，褚遂良这个老顽固坚决不同意，他是顾命大臣，难道这事儿就真办不成了吗？"

大家还记得吧，当年武士彟遗体归葬老家文水，组织操办其丧事的正是时任并州大都督府长史的李勣。因此，李勣和武家的关系其实是很不错的。此外，李勣对长孙无忌、褚遂良独揽朝政早就不满了，见皇帝探他的口风，便悠悠说道："此乃陛下家事，何必更问外人！"这句话对高宗、对武昭仪而言，太重要了！朝廷一大半的中层以下官员加一个元老级重臣支持，易后必成。

长孙无忌知道事情要坏，但还想做最后一搏，就让韩瑗、来济上奏谏止。可是高宗决心已定，腰杆贼硬，并立即将褚遂良贬到湖南长沙任都督。紧接着，他正式下诏废后，还捎带上了萧淑妃："王皇后、萧淑妃谋行鸩毒，废为庶人，母及兄弟，并除名，流岭南。"许敬宗提醒他："废后之父王仁祐还享受着司空的待遇呢，这不合适啊，一并削除得了！"高宗诏准。

百官一看朝廷的政治风向变了，皇帝要雄起，长孙无忌要完，纷纷改换阵营，"请立中宫"。高宗六年（655年）十月十九日，高宗册拜武昭仪为后，称："武氏门著勋庸，地华缨黻①，往以才行选入后庭，誉重椒闱，德光兰掖。朕昔在储贰，特荷先慈，常得侍从，弗离朝夕。宫壸之内，恒自饬躬；嫔嫱之间，未尝迕目。圣情鉴悉，每垂赏叹，遂以武氏赐朕，事同政君。可立为皇后。"

这道诏书内容虽短，但字字珠玑，对两个很重要的问题给出了官

---

① 黻，音服。

方解释：一个是武媚娘的品德问题。媚娘不是你们传的那样，媚娘很好很温柔，配得上"母仪天下"四个字。另一个是他和武媚娘的关系问题。诏书提到了一个古人，汉元帝的皇后王政君。王政君是元帝的父亲宣帝赐给他的。高宗的意思是说，媚娘和王政君一样，也是先帝赐给我的。你们不是要内幕、要真相吗？这就是，以后不要再嚼舌根了！

07. 骨醉之刑

为了昭告天下，为了扬眉吐气，六年十一月，高宗还破格举行了隆重的封后大典，让司空李勣赍玺绶，代表朝廷代表他，册封武媚娘为皇后。典礼规模很大，所有在京文武官员、所有属国及友邦代表都来了。高宗通过这种方式告诉全世界：朕的媚娘当上皇后了！他对武媚娘的爱不算多，只比太平洋的海水多一点儿；对武媚娘的宠也不算高，只比喜马拉雅山高一点儿。

商人的女儿、先皇的侍女、佛门的女尼——武媚娘，就这样登上了皇后之位，成为大唐万民的国母。

武家人理所当然地沾了光。朝廷追赠武后之父武士彟为司徒、周国公，后来又加赠太尉，其母杨牡丹初封代国夫人，后改荣国夫人，大姐武顺封韩国夫人，大哥武元庆升宗正少卿，二哥武元爽升少府少监，堂兄武惟良升司卫少卿，另一堂兄武怀运升淄州（今山东淄博淄川区）刺史。俗语说，一人得道，鸡犬升天，却不知鸡鸣天上，犬吠云间。

易后之争以武后全胜、长孙无忌全败而告终。也正是从这一刻起，长孙无忌完全失去了对高宗的控制。他苦心孤诣三十年，小心谨慎，机关算尽，实际把持权柄也就四五年。

长孙无忌起码还可以再苟活几年，但被囚禁在后宫别院里的王、萧二女可就没这份幸运了。原本她们是可以多活一阵子的，但有人跑来看了她们一眼，直接把她们看死了。

谁啊？正是高宗！

有人说，高宗是不是犯贱，你把人家废了，现在又跑来刺激人家？没办法，高宗这个人最大的优点和最大的缺点是一样的：心软。没过几天，他就念起二女的好了，跑来看人家。这一看不要紧，把他惊呆了，二女所居的院子被封得死死的，只留下一个送饭的小洞口。高宗黯然神伤，趴下来对着洞口喊："皇后、淑妃安在？"

高宗是大领导，大领导的通病就是以为下面的人会不搞变通地落实他的指示。他以为王、萧二女只是失去了自由，衣食住所还是有保障的，却不知她们的处境连猪狗也不如。

王、萧二女隔着小孔哭诉："陛下，你可别埋汰我们了，这里只有两个犯罪的可怜女人，哪有什么皇后、淑妃呀？"

高宗除了沉默哽咽，还能说什么？事儿的确是他办的，而且是他急赤白脸办的。

他不爱王皇后和萧淑妃，但王皇后和萧淑妃却深深爱着他。二女既没有请他给换个好点儿的住所，也没有索要衣食，只是提了一个小小的要求："陛下如果念及往日旧情，能让我们重见天日，就请赐此院名为回心院吧！"

高宗不争气的眼泪又出来了："朕即有处置。"

后宫中的风吹草动还能瞒得了武后？很快，她就知道了，高宗什么时候去见的两个贱婢，都说了什么，一清二楚。她勃然大怒，逼着高宗处死二女。许诺回心的高宗连个屁都没有放，犹犹豫豫，最终还是同意了。他从来都不是一个狠心的人，但他的确办了很多狠心的事。

按照《旧唐书》的说法，武后立即派人缢杀二女，将两族流放岭表，并改王氏为蟒氏，萧氏为枭氏，都是畜生。但《资治通鉴》的记载就戏剧化多了，也残忍得多了：

武后风风火火带着一帮人来到回心院。王皇后已经怕了，磕头如捣蒜："皇帝陛下万岁万万岁，昭仪娘娘恩泽万方，罪女该死！"萧淑妃就硬多了，破口大骂："阿武，你这个狡猾的女人，来世我要托生为一只猫，你这个贱人托生为鼠，我见你一次杀你一次！"

武后大怒，立即命人"杖王氏及萧氏各一百"。王、萧二女身娇肉贵，吃了这一百杖，已经是去了半条命。但武后还不解恨，又命人斩去她们的四肢，将残躯放入大酒瓮当中，还恶狠狠地说："令二妪骨醉！"王、萧二女的伤口创面大，且为酒水所浸泡，其痛苦无法想象，日夜号哭，几天后才死去。就这，武后还嫌不解气，又命人砍掉她们的首级。

武后由此创设了中国历史上独一无二的骨醉之刑。当年吕后残害戚夫人，也不过只是砍了戚夫人的四肢而已，还没想到泡在酒缸里的法子。看来，后人的确能在前人的基础上开拓创新。

我建议大家还是采纳《旧唐书》的说法。后世黑武媚娘黑得太厉害了，她再残忍，也不会刚当上皇后就如此狠辣地虐杀对手。是个聪明人，就不会这么干！

关于后事，有两处见诸史书且为后世所广知的记载。一个是说武后时常梦见二女的鬼魂前来索命，所以她远远地躲到了洛阳，"多在洛阳，终身不归长安"。另一个是说她从此怕上了猫，"由是宫中不畜猫"。

这显然是讹传污蔑。武后杀的人多了去，如果仅仅因为杀了两个女人就怕得不得了，也活不了82岁。搬到洛阳倒是真的，但那已经是两年以后的事情了。高宗八年（657年），李治颁布《建东都诏》，改洛阳为东都、长安为西京，从此唐帝国实行两京制。此后直到武则天下线，皇帝和中央政府都在洛阳，这是区别于其他唐皇的一个显著特点。终身不归长安更是扯淡。准确的说法应该是长期在洛阳，偶尔回长安。另外，怕猫这个事也是假的。因为《资治通鉴》明确记载："太后习猫，使与鹦鹉共处。出示百官，传观未遍，猫饥，搏鹦鹉食之，太后甚惭。"

皇后的问题解决了，太子的问题跟着就来了。

十一月三日，许敬宗奏请易储："永徽爰始，国本（指李弘）未生，权引彗星，越升明两。近者元妃载诞，正胤降神，重光日融，爝晖宜息。安可反植枝干，久易位于天庭；倒袭裳衣，使违方于震位！又，父子之际，人所难言，事或犯鳞，必婴严宪，煎膏染鼎，臣亦甘心。"嫡子取代庶子，名正言顺。在义母王皇后被废之后，太子李忠即已提出，愿将储君之位让出。所以，高宗就说了："忠已自让。"许敬宗对曰："能为太伯，愿速从之。"

七年（656年）正月，高宗下敕，将皇太子李忠降为梁王，外放为州刺史；同时，改立武后长子、年仅四岁的代王李弘为皇太子。数日后，又大赦天下，改元"显庆"。不久后，萧淑妃之子李素节也被外放。

李忠是大唐第三朝的太子，但这个太子依然没立住。曾几何时，他是一匹黑马，但这匹黑马没能跑到最后，下场还非常惨。他的母亲刘氏若有先见之明，当年绝对不会答应王皇后。历朝历代的太子都不好当，但唐朝的太子们无疑是最难的。在后面的故事里，大家对此会有非常深的体会。

被舅舅控制了这么多年，总算能独立自主了，高宗就想办点事儿了。立威之道，莫过于军功，他想在外事上搞点大动作。高宗这么一想，有人就要倒霉了。这个人就是西突厥可汗阿史那贺鲁。

第二章 击降十箭

01. 初战牢山

我在《贞观之治》里讲过，贞观二十三年（649年）正月，太宗派高侃发回纥、仆固二部，攻打突厥北面小可汗车鼻。东突厥人早就被唐人打怕了。唐军突入漠北，车鼻属下诸部纷纷前来归降。车鼻连一场像样的抵抗都组织不起来，一路溃退。到高宗元年六月，高侃在金山（阿尔泰山）击破突厥主力，生擒了车鼻。至此，原东突厥之地全部纳入唐朝版图。

随后，唐廷对塞外两大民族——突厥人和铁勒人——的管理体制进行了一次大调整：设单于都护府管辖突厥人，领三都督府十四州；设瀚海都护府管辖铁勒人，领七都督府八州。除都护由汉人担任外，各都督府都督、各州刺史均为突厥、铁勒酋长。

这一番操作下来，东突厥汗国似乎变成了一个历史概念。不过，也仅仅是似乎而已。

紧接着，西突厥又出事了，搞事情的正是当年太宗颇为宠信的阿史那贺鲁。

高宗刚即位时，对贺鲁也是极力笼络，但他很快感到，他那英明一世的老父亲可能看错人了。

此时的贺鲁早已不是三年前那个低眉顺眼的贺鲁了，他在西突厥内原本就有很扎实的群众基础，又得到了大唐加持，在三年时间内

"招集离散，庐帐渐盛"，羽翼日益丰满。太宗健在时，贺鲁就有不臣之心，只是忌惮太宗英武，不敢轻举妄动罢了。待到太宗去世后，他可能觉得新皇帝仁弱好欺负，就动了袭取西（今新疆吐鲁番市东南高昌故城）、庭（今新疆昌吉州吉木萨尔县）二州的念头。

庭州刺史骆弘义侦知，立即上奏朝廷。高宗很重视，派通事舍人桥宝明出使安抚贺鲁。贺鲁当时还未准备妥当，只得虚与委蛇。桥宝明说服贺鲁，让其长子咥[①]运入宫宿卫，以示忠诚。贺鲁很聪明，马上照办。高宗看他表忠心的力度这么大，还以为他真无二心，没多久就把咥运放归了。

入京一圈，咥运对大唐的强大有了直观感受，深知以他们父子目前的实力，尚不足以与唐廷抗衡，所以回来后就劝说父亲，暂时不要东向与大唐为敌，而应向西经略，先整合十箭再说。贺鲁遂专力向西，于高宗二年击破乙毗射匮可汗，并征服了西域诸国。他建牙于双河（即今新疆博尔塔拉州精河县内的精河和博尔塔拉河）及千泉（中亚塔拉斯河以东），自称沙钵罗可汗，有兵数十万。自统叶护以后，这是西突厥历史上最强大的时期了。

一个不小心，西突厥居然逆袭了。唐廷的注意力"唰"一下就转了过来。为了稳住贺鲁、争取时间，高宗先后将龟兹王诃黎布失毕、焉耆王突骑支放归，并册封咥运为叶护。

但阔起来的贺鲁已经坐不住了，于七月发兵进犯庭州，"杀略数千人"。

高宗不得不出手了，以左武候大将军梁建方、右骁卫大将军契苾何力为主帅，右骁卫将军高德逸、右武候将军薛孤吴仁为副帅，发唐军三万及回纥五万精骑讨伐贺鲁。

[①] 咥，音迭。

这个阵容显然不够强大。梁建方是尉迟敬德的部将，薛孤吴仁是李靖的部将，虽然都是军中的高级将领，但并不具备独当一面的能力。契苾何力勇决有余，才智不足，同样非统帅之才。高德逸更是寂寂无闻。这也是没办法的事情。彼时，李靖去世，李勣退休，朝中帅才凋零，正处于青黄不接的阶段。番将里阿史那社尔倒是还可以，但他原本就是西突厥的可汗，不敢用。顺便说一句，社尔在高宗朝一直没有得到重用，于高宗六年去世。

高宗三年（652年）正月，捷报传来：梁建方和契苾何力于牢山（即今新疆博格达山①）大破西突厥别部处月。

讲到处月，我得多说几句。别看这个部落现在不起眼，但在晚唐时代他们可是一支谁都不敢忽视的强大力量，只不过那时他们换了一个马甲叫沙陀。处月②本是北匈奴所建之悦般国的后裔，游牧于今新疆准噶尔盆地西南巴里坤一带，归庭州轮台县管辖。处月的当权者是朱邪家族，当时的酋长叫朱邪孤注。这个朱邪孤注不仅名字有意思，人也有意思，还真就孤注一掷了，杀了唐招慰使，与贺鲁暗通款曲。枪打出头鸟，梁建方和契苾何力就拿处月开刀，斩首九千级，追踪五百余里，生擒了朱邪孤注。

然后，可能是因为天气，他们就撤军了。

御史们可能已经习惯了太宗时代的打法，谁统兵就弹谁，这一次照样弹劾梁建方，弹劾他兵力足够却没有继续前进，功亏一篑；又弹劾副总管高德逸，说他买马的时候给自己挑好的。难不成应该挑次的？真是鸡蛋里挑骨头！

就在大家都以为梁建方和高德逸要凉凉的时候，高宗却表态，这

---

① 博格达山，准噶尔盆地和吐鲁番盆地的界山。
② 处月连同处木昆、处半、处密，原为匈奴后裔所建之悦般国。

都不是事儿，居然没有追究。

在这方面，高宗和太宗形成了鲜明的对比。太宗驭将近乎苛刻，把将帅们震得死死的。但高宗不一样，他是一个宽容的人，将士们为大唐流血疆场，一点小过失，犯不着大动肝火，寒了将士们的心。再说了，前车之鉴摆着呢，吐谷浑之战后弹李靖，结果把李靖弹得撂挑子了；高昌之役后弹侯君集，结果更严重，把人家弹反了。所以，高宗的态度是：能不弹就不弹，只要问题不严重，即便弹了，朕也不会怪罪。

牢山之战，虽然被击败的不是西突厥本部，但贺鲁也见识到了唐军的武力，暂时有所收敛。并且，这时高宗的主要精力放到推动易后上了，没有再继续用兵。所以，两国相安无事了几年。

02. 再战鹰娑川

本该是贺鲁继续有所作为的时候，西突厥的内讧又开始了。高宗四年（653年），乙毗咄陆病死于吐火罗，其子真珠叶护不甘屈事贺鲁，笼络五弩失毕之众，与贺鲁分庭抗礼。

这样的好机会如不抓住，和狍子有什么分别！六年（655年）五月，高宗决定再讨贺鲁。但他面临的还是老困难，无将可用！实在没办法，只得搬出了一个老将——程知节。

程知节是三朝元老。当年的凌烟阁二十四功臣，还活着的只有他和长孙无忌、尉迟敬德、李勣四人。程知节虽然资格老，但只是一个猛将，并无帅才，所以在军中长期处于二流地位。贞观十七年图形凌烟阁后，他转任左屯卫大将军，负责镇守玄武门。太宗驾崩后，护送高宗回朝即位的就是他。

高宗对程知节的忠诚很认可，这一次就点了他的将，任命为葱山道行军大总管，以王文度、周智度为副总管，讨伐沙钵罗可汗阿史那贺鲁。

高宗七年（656年）八月，唐军兵分两路进入西域。程知节与西突厥别部葛逻禄①和处月战于今新疆昌吉州吉木萨尔县北的榆慕谷，"大破之，斩首千余级"。周智度则与西突厥本部中的突骑施和处木昆二部战于今新疆博尔塔拉州的咽城，"斩首三万级"。

转年十二月，唐军推进至今新疆巴音郭楞州和静县裕勒都斯河谷一带的鹰娑川，遭遇西突厥鼠尼施处半部两万骑兵。前军总管苏海政与敌接战数场，均不能胜。连同主帅程知节在内，唐军诸将皆束手无策。

关键时刻，一个老熟人闪亮登场，打开了僵局。此人便是苏定方。

大家还记得苏定方吧？贞观四年铁山之战大破颉利，他是头功，按理说应该加以重用。但上天决心要给苏定方更多磨砺，如果李靖没有被弹劾，以他对人才的欣赏和器重，苏定方可能早就用起来了。可惜李靖被弹了，退居了二线，朝廷的事一句话都不说，更何况是人事这么敏感的问题?! 于是，苏定方就一直闲着，到高宗五年时，已经62岁的他还是中郎将。朝中像他这个年纪的，不是官居宰相，就是在家抱孙子，而他还在仕途上苦苦挣扎。

高宗六年正月，苏定方的仕途才得到了转机。当时，高句丽联合

---

① 葛逻禄有三姓，一曰谋落（或谋剌），二曰炽俟（或婆匐），三曰踏实力，故史料文献中通常称之为三姓葛逻禄。其首领号叶护，故又号三姓叶护。

百济、靺鞨连下新罗三十三城。新罗国遣使求援。高宗立派营州都督程名振和苏定方出兵攻打高句丽。程、苏二人在贵端水（今浑河）大破高句丽军，"杀获千余人"。高句丽人坚壁清野，避战不出。唐军深入敌境，补给线过长，求战不得，只得"焚其外郭及村落而还"。总的来说，高宗对这一战还比较满意，所以提拔苏定方为右屯卫将军，封临清县公。

这次西讨贺鲁，高宗又把他派到前线来了，任前军总管。除了主帅程知节，诸将都比他年轻，即便大老程也不过才大他三岁而已，已经申请退休的李勣还比他小两岁。廉颇老矣，尚能饭否？

有些人，上天就是要让他少年得志，比如李勣。还有一些人，上天就是要让他大器晚成，比如苏定方。

这天，苏定方率五百骑兵在外休整。恰在这时，西突厥整军来攻。隔着十余里，苏定方远远瞧见唐军大营尘土扬起。正常人会怎么办？当然是整军回营助战了。但苏定方的不同凡响之处就在于，他第一时间想到的是趁机攻打西突厥大营。当年他二百人马就敢奇袭颉利的牙帐，现在还多了三百人马，有什么不敢的呢？

苏定方带着五百人马一窝蜂地杀入西突厥营地。事实证明，这一招非常有效。西突厥主力倾巢而出，营中守备空虚，被苏定方大杀特杀，顿时乱作一团，烽火四起。前方的西突厥人马久攻不克，又见后方起火，顿时无心恋战，纷纷溃退。程知节趁机率众杀出。唐军前后夹击，打得西突厥抱头鼠窜。苏定方率军追奔二十余里，斩首一千五百。西突厥军丢弃的铠甲兵器、牛羊马匹散落在原野上，不可计数。

这一战就打开了局面。

苏定方建议全军继续前进，一举击溃贺鲁主力。但副总管王文度却坚决反对，区区一个窦建德余孽、老匹夫苏定方，他根本没放在眼里,直接对程知节说:"我们虽然打了胜仗,但自身伤亡也不小,应该好好休整一下。修缮营地,巩固方阵,保护好辎重,这才是万全之策!"程知节本就不具备帅才,遇到这种情况他都不知道该怎么办,犹豫难决。

其实,王文度连程知节都不放在眼里,因为他背靠的是当时炙手可热的豪门——太原王氏。他见程知节犹豫,索性诈称收到圣旨。假圣旨以"恃勇轻敌"为由,拿掉了大老程的指挥权,改由副总管王文度"节制"全军。

王文度让全军原地休整。结果,唐军将士整天穿着厚重的铠甲守护营地,人也累马也累!这仗打得窝囊啊!苏定方气不过,又向程知节进言:"咱们出征的目的是消灭敌人,现在在这里耗着,逢敌必败!圣上让您当主将,是对您充分信任,怎么可能忽然就夺了您的兵权?我看啊,这里面有门道。不如先把王文度抓起来,飞使长安,问明缘由!"程知节不敢,这不谋反吗?!

被王文度这么一搅和,唐军就坐失了击溃西突厥军主力的良机。然后,王文度才率众慢吞吞地向西突厥腹地推进。行至恒笃城(地址不详)时,有一批胡人前来归附。苏定方觉得这是个分化瓦解敌人的好机会,建议接受他们的投降。

可王文度却说:"这些胡人不能留,别看他们现在投降了,等我们回去以后,他们又会冒出来和我们作对!干脆都杀了,把他们的金银财物都取了。"

这话让苏定方震惊不已:"圣上要的是胜利,可你惦记的却是劫掠。我们出来是讨贼的,怎么反而成了贼了?!"

王文度不听,指挥军队屠灭了恒笃城,将抢掠来的财富都分给了诸将。大家都收了,轮到苏定方时却分毫不取。史书虽未明讲程大将军也贪宝,但"独定方不受",已表明老程肯定也分了一大份儿。这也难怪，程帅你不拿，我王文度怎么拿？我不拿，朝中宰相怎么拿？

这样的主帅，这样的视野，仗当然不可能打赢。于是，大军就回师了。

很快，王文度就为自己的狂妄骄横付出了代价。远在前线的他并不知道大后方已经发生了天翻地覆的变化：就在他西征期间，王皇后被废，太原王氏凉凉了。朝中看王氏不顺眼的人多的是，马上就有人检举王文度。在武后的捅咕下，高宗命令有司严查。这一查，查出了王文度矫诏，查出了他们杀降掠财，还查出了一个努力干活不爱财的苏定方。高宗龙颜大怒，将程知节、王文度免官，从此越发对苏定方刮目相看。

王文度还好，后来复起，还在半岛战场上建功立业了。程知节却再也没有这样的机会了。免官后不久，高宗念他是三朝元老，又起复为岐州刺史。但程知节已无心仕途，不久后就申请致仕了。高宗十六年（665年），他病逝于长安私宅中，享年77岁。

03. 三战曳咥河

经过大半年的准备，高宗八年（657年）闰正月，唐廷三征阿史那贺鲁。

大帅是谁呢？正是在鹰娑川之战中再露头角的苏定方。有人说了，苏定方太老了，又是伪夏旧将，政治立场估计不稳。高宗不接受，只要有才华，朕不问出身。

老将军苏定方终于等来了人生的高光时刻。他之所以能有出头之日，除了个人能力极其突出，还有两个外部原因：第一，王文度的打压对他其实是好事，没有王文度瞎整，他也不会受到高宗瞩目。第二，李勣的韬光养晦也帮了他的忙，如果李勣现在还活跃着，苏定方绝无出头的机会。

事有再一再二，没有再三再四。高宗决心一战定乾坤，彻底消灭贺鲁。为保万全，他准备了软硬两手：软的方面，以太宗时降唐的西突厥酋长阿史那步真、阿史那弥射（族兄弟）二人为流沙安抚大使，安抚南疆（新疆天山以南），招徕沿线西突厥各部；硬的方面，以苏定方为伊丽道行军总管，率燕然都护任雅相、副都护萧嗣业、回纥酋长婆闰等，进军北疆（新疆天山以北），讨伐阿史那贺鲁。

除了苏定方，高宗还打算让薛仁贵历练历练。

东征之役，薛仁贵精心策划，闪亮登场，成功吸引到了太宗的注意，并被面授为游击将军。太宗对他寄予厚望，曾在回军途中对他说过："朕诸将皆老，思得新进骁勇者将之，无如卿者；朕不喜得辽东，喜得卿也。"朕的将帅们都老了，朕一直想培养个新生代，观察了一圈，没有一个比得上小薛你的。此次出征，朕最高兴的不是得了辽东，而是得到你呀！这领导嘴真甜，真会套路人！

随后，太宗便提拔薛仁贵为右领军中郎将，镇守宫城北门玄武门。可是太宗不几年就没了，新上台的高宗哪会想着薛仁贵这个看门的呢？但一个人如果官运当头，那是谁都拦不住的。

高宗五年五月，高宗巡幸万年宫，薛仁贵护驾从行。闰五月初三夜里，天降大雨，引发山洪，大水冲至万年宫北门（也称玄武门）。生死关头，谁还在乎皇帝老儿的性命，戍军都各自逃命去了。但薛仁贵在乎，怒吼道："安有宿卫之士，天子有急而敢畏死乎！"他不顾个人安危，跳到城门的横木上，扒着门缝向宫里头大喊："陛下，发大水了，快避难啊！"后宫的高宗听到声音，赶紧登高避险。得亏躲得及时，不一会儿洪水就席卷了他的寝殿，淹死禁军将士和麟游县百姓三千余人。

我们觉着这件事儿不大，和李靖击破东突厥、李勣消灭薛延陀这样的大胜相比，毛毛雨啦！但事情大不大，当事人说了才算，在高宗看来，薛仁贵于他有救命之恩，没有薛仁贵，他早就喂了鱼虾。这样的纯臣得用起来啊！

于是，此次西征高宗点名薛仁贵随军出征。领导的意图很明显，给你个大任务，甭管有没有功劳，一说参与了，回来后提拔你就有说辞了。

当年底，苏定方率大军进至阿尔泰山以北，一战击降西突厥处木昆部酋长懒独禄。苏定方对懒独禄百般抚慰，并征发处木昆部数千骑兵随军出征。唐军在战斗中还俘获了阿悉结泥孰部酋长的妻儿。薛仁贵奏请高宗："泥孰部素不伏贺鲁，为贺鲁所破，虏其妻子。今唐兵有破贺鲁诸部得泥孰妻子者，宜归之，仍加赐赍，使彼明知贺鲁为贼而大唐为之父母，则人致其死，不遗力矣。""上从之"。

这事儿的要害不在事情本身，而在于程序。苏定方是全军主帅，薛仁贵作为配属将领，有建议应该直接向苏定方请示，可他却向远在大后方的最高领导上折子。这说明什么？这起码说明两点：第一，薛仁贵和大领导高宗关系不一般，别看是属将，人家可以直接向大领导做汇报；第二，招降这种事儿其实是讲究时效性的，最便宜的办法就是薛仁贵跟苏定方说，苏定方拍板儿，然后马上落实。苏定方不仅对薛仁贵越级上报不恼火，还静静等候高宗的指示来到，然后才落实相关事宜。这说明，苏定方也是有意在捧薛仁贵的场，就是要给他个露脸的机会。

随后，唐军归还了阿悉结泥孰部酋长的妻儿。酋长大喜，请求参加讨伐阿史那贺鲁。

贺鲁沉不住气了，尽起十万大军来敌苏定方。两军遭遇于曳咥河（今新疆北部额尔齐斯河上游）。突厥十万人马列阵于东岸，唐军与处木昆、阿悉结泥孰、回纥人马列阵于西岸。继牢山、鹰娑川两战之后，唐军终于碰到了阿史那贺鲁亲自率领的西突厥主力。

贺鲁轻视唐军人少，刚一开战就大军压上。好个苏定方，不慌不忙，一面将步兵集结于山丘之上，横槊向外，呈环形防守阵形；一面亲率骑兵于平原处列阵。西突厥军首先发动了对唐军步兵的冲击，但接连三次冲锋均不能破阵。苏定方趁机率骑兵进击。西突厥军大溃，死伤数万。唐军追奔三十里，仅酋长以上权贵就击毙了二百余人。

十箭本来就是个"塑料"联盟，危机之下，顿时分崩离析。右厢五弩失毕举众来降。左厢五咄陆稍微硬气点，没有向苏定方投降，却向南去降了阿史那步真。

贺鲁众叛亲离，率残部向西逃窜。苏定方率军追击，行至今伊犁河西的邪罗斯川时，他们遇到了恶劣天气，天降大雪，"平地二尺"。将士们连日赶路，疲惫万分，请求稍事休息。战机稍纵即逝，苏定方不同意："下了这么大的雪，敌人一定以为我们没法再继续前进，他们就不会急着逃窜了，肯定会找个地方休整。所以，我们正应该快速追击，如果追得慢了，就让他们逃脱了！"

唐军不顾疲劳，踏雪进发，终于赶到了贺鲁的汗庭——双河，与阿史那步真、阿史那弥射胜利会师。唐代边塞诗人卢纶为此专门写了一首《塞下曲》：

月黑雁飞高，单于夜遁逃。
欲将轻骑逐，大雪满弓刀。

诗里面的"单于"就是指阿史那贺鲁。

唐军进得快，贺鲁跑得更快，已经跑到了二百里外的地方。他觉得这个距离足够安全了，居然还打起了猎。不承想苏定方昼夜兼程，急行军二百里，杀了他一个措手不及。西突厥军大败，被"斩获数万人"，连贺鲁的可汗鼓纛都被唐军没收了。但贺鲁还是逃脱了，向昭武九姓中的石国（今乌兹别克斯坦塔什干一带）奔去。

苏定方不肯罢休，命萧嗣业继续追击，他本人则留在了当地。这是对的，毕竟是刚刚征服的地方，如果太过深入，万一后方降胡截断大军退路，后果不堪设想。所以，苏定方把主要精力放在稳固大后方上，"通道路，置邮驿，掩骸骨，问疾苦，画疆场，复生业"，迅速安抚了十姓降众。

04. 击降西突厥

对于生擒贺鲁，苏定方本不抱太大希望。但他万万没想到，萧嗣业居然把渺茫的希望变成了现实。贺鲁逃到石国西北的苏咄城（今乌兹别克斯坦塔什干一带）附近，人饥马乏。苏咄城城主奉酒菜出迎，引诱贺鲁进城，将其生擒，献给了随后赶到的萧嗣业。

至此，西征之役取得了完全、彻底的胜利。老将苏定方第一次挂帅，就灭了一国，"收其人畜前后四十余万"，并生擒了敌酋。

捷报传至长安，朝野普天同庆。

击降西突厥，既是苏定方为帅的壮举，也是高宗为君的第一个盛大武功。唐廷举行了盛大的仪式，以迎接凯旋的将士们。苏定方身着戎装入城，将以阿史那贺鲁为首的十箭高层献于昭陵和太庙。

高宗擢升苏定方为左骁卫大将军，封邢国公，并封其子苏庆节为武邑县公。苏定方一战为父子二人赢得了爵位，这是李唐开国以来从未有过的荣耀。

63岁以前，苏定方闲人一个，可有可无，偶尔打打酱油，打的品质再好，终归也只是酱油；但63岁以后，他简直就是感动大唐的特级劳模，指哪儿打哪儿，打哪儿灭哪儿，所向无敌。对他来说，63岁，人生才刚刚开始，之前不过是在做调研而已。

该如何处置西突厥呢？经过权衡考量，唐廷决定依照西突厥两厢分治的传统，在右厢五弩失毕部落设置濛池都护府，辖境西起咸海、东至吉尔吉斯斯坦、哈萨克斯坦和乌兹别克斯坦部分地区，治所碎叶城（今吉尔吉斯斯坦托克马克市阿克贝希姆遗址），以阿史那步真为继往绝可汗，兼任濛池都护；在左厢五咄陆部落设置昆陵都护府，辖境约为今巴尔喀什湖东至新疆准噶尔盆地及伊犁河流域一带，治所庭州城，以阿史那弥射为兴昔亡可汗，兼任昆陵都护。

西突厥最后的抵抗力量只剩下乙毗咄陆之子真珠叶护了。

第二年，唐廷又解决了龟兹国的遗留问题。

我们知道，龟兹王还是那个诃黎布失毕。不过，诃黎布失毕虽然是国王，但实权却掌握在国相那利和大将羯猎颠的手上。太宗贞观二十二年（648年），阿史那社尔西征龟兹，生擒了诃黎布失毕、那利和羯猎颠等龟兹高层。高宗即位后，为了对付阿史那贺鲁，又把这些人都放回国了。那利和羯猎颠串通一气，架空了诃黎布失毕，对唐廷明里一套背里一套。那利还睡了诃黎布失毕的突厥老婆，并与阿史那贺鲁暗通款曲。被绿了的诃黎布失毕忍无可忍，遣使入唐告状。那利也遣使入唐告状。双方互相指责。高宗以调停为名，召诃黎布失毕与那利入京对质，果断扣留了那利，并派兵护送诃黎布失毕回国。羯猎颠在贺鲁的支持下，发众拒守。唐军不得进，诃黎布失毕就一直没能回去。

现在贺鲁已经完蛋了，腾出手来的高宗发兵龟兹，征讨羯猎颠。大战前夕，诃黎布失毕病死。不久，唐军攻破龟兹，杀羯猎颠。

唐廷一研究，干脆在龟兹设了一个龟兹都督府，以诃黎布失毕之子为龟兹王兼都督。五月，又将安西都护府升格为大都护府，统辖范围不仅包括原安西四镇，还统领吐火罗、嚈哒①、罽宾②、波斯等十六国。首任大都护为原安西都护麴智湛。

高宗十年（659年），兴昔亡可汗阿史那弥射在双河打死了真珠叶护，西突厥最后的反唐力量被彻底消灭。九月，高宗又下诏，"以石、米、史、大安、小安、曹、拔汗那③、北拔汗那、悒怛、疏勒、朱驹半④等国置州县府百二十七"，均隶属于安西大都护府。

至此，唐朝完成了对所有突厥人的征服，甭管东突厥还是西突厥，尽为封内之臣。就此而言，高宗八年苏定方击降西突厥的战略意义、政治意义乃至历史意义，均远远大于贞观四年李靖击降东突厥。帝国西境已经直接与西亚的萨珊波斯接壤了。唐以后的王朝除蒙元外，在西边的扩展没有一个能超过唐朝。

阿史那贺鲁被擒后，曾对萧嗣业说过："我本是一个逃亡的胡虏，是先帝接收了我，还对我百般恩宠。可我却背叛了先帝，今日失败也

---

① 嚈哒，音燕搭，盛时领有之地从吐火罗斯坦越过兴都库什山，扩展到犍陀罗和加兹尼地方，西方及于注入里海的古尔干河地方，东方包括葱岭到天山南路的一部分。

② 罽，音既，罽宾国土覆盖卡菲里斯坦至喀布尔河中下游之间的河谷平原，某些时期可能包括克什米尔西部。

③ 拔汗那，汉代称大宛，在锡尔河中游谷地，今吉尔吉斯斯坦费尔干纳地区。

④ 朱驹半又译朱俱半、朱居半、朱俱波，都城在今新疆喀什叶城。唐时属西突厥哥舒部。

是老天爷惩罚我。我听说你们杀人一定要在闹市杀,请在昭陵前杀了我,以谢先帝。"高宗听了,心生怜悯,并未为难他。但阿史那贺鲁心情抑郁,不久后就去世了。高宗将其葬在了颉利可汗的墓旁。东、西突厥两大可汗在太宗墓前实现了聚首。还斗吗?斗个啥呀,都是一抔黄土了。

外事暂告一段落,但内事又起,武后发起了对长孙无忌的清算……

第四章　长孙无忌冤死

01. 剪除羽翼

废王立武后，长孙无忌深知大势已去，从此不再过问朝政，专注于监修国史。昔日政坛大哥转行当起了历史研究员，实属无奈。他以为只要躲到了故纸堆里，就可以成为一个不被人注意的老物件，这纯属一厢情愿了。

其实，早在封后的第二年，武后对长孙无忌的清算就已经开始了。从后事的发展脉络来看，这种打击是有预谋有计划的。

打击始于对长孙无忌左膀右臂的剪除。长孙集团的核心骨干有四个，第一个自然是褚遂良，其余三人分别是韩瑗、来济和柳奭。废王立武前，柳奭和褚遂良已被外放，目下在京的就剩韩瑗和来济了。

偏偏这哥儿俩还看不出火候，屡屡上表为柳奭和褚遂良申冤鸣屈。武后恨不得将他们食肉寝皮，面上却装得非常大度，还申请褒奖他们两个："之前陛下想给臣妾加封宸妃，韩瑗和来济当庭抗辩，虽然给我添了一些困难，但他们俩也是一心为国才这样做的啊！应该给他们封赏！"高宗拿着她的奏表给韩瑗和来济看，看看，看看，你们惭不惭愧？当初你们那么为难皇后，皇后不仅不计较，还给你们请赏。别看皇后是个女人，但她的胸襟连朕都很钦佩！韩瑗和来济后背一阵阵发麻，这个女人太厉害、太恐怖了，从此一再请求辞职。陛下，我们年老体弱，想退休了……

但高宗不批。

武后把对付长孙无忌党羽的任务,交给了时下风头正盛的李义府。

废王立武之所以能从理想变成现实,李义府的当头炮至关重要。正是有他在关键时候的举旗呐喊,高宗才得以打开局面。因此,无论武后还是高宗,内心对李义府都十分感激,觉得这是一个既忠诚又有担当的可用之才。有皇帝和皇后双重加持,这个官场边缘人迅速切入权力核心,一跃成为当朝头号红人,风头甚至盖过了许敬宗。

一个正常人突然官运亨通,尚且不能自持,何况李义府这种有才无德的小人?他恃宠用事,迅速跋扈起来。

洛州有一美妇人淳于氏,因罪下入大理寺。为了能脱罪,淳于氏色诱李义府:只要你能救我出去,妹子任你捏扁搓圆。李义府听了很上头,指使大理寺丞毕正义设法为淳于氏脱罪。毕正义的品行和名字完全搭不上边儿,一通操作,竟将淳于氏无罪释放。淳于氏前脚出狱,后脚就上了李义府的床。

可能是受长孙无忌指使,也可能是单纯出于正义感,大理寺卿段宝玄将此事捅了出来。高宗指示有司成立专案组,展开调查。专案组负责人是以耿直闻名于朝廷的给事中刘仁轨。

和苏定方一样,刘仁轨也是寒门出身,少时家境贫寒,靠做工补贴家用。但他对学习很感兴趣,或者说他知道学习是改变命运的唯一机会,利用点滴时间苦学文化知识,终于以学识渊博而闻名。此人的第一个伯乐是武德年间的河南道安抚大使任瓌①,经任瓌举荐步入仕途。

贞观年间,刘仁轨任陈仓(治所在今陕西宝鸡市东渭水北岸)县

---

① 瓌,音归。

尉。该县军府的折冲都尉鲁宁犯了事，却自恃官阶高，不把刘仁轨放在眼里，谩骂不已。那时的刘仁轨还很年轻，暴脾气上头，当场命人将鲁宁杖毙。

这事儿轰动了朝野。大唐是法制社会，鲁宁即便有罪，对他的处置也只能由朝廷做出，刘仁轨明显犯法了。太宗皇帝都被惊动了："哟，这是一个什么样的县尉，居然敢杀朕的折冲都尉?!"当即命人将刘仁轨押解至京师，要亲眼见识一下这个人。

就这样，一个小小的县尉被提溜到了皇帝面前。刘仁轨见了皇帝面不改色气不喘，一点儿都不害怕。太宗的暴脾气那可是出了名的，满朝大臣就没有不怕他的。可太宗万万没想到这个不入流的县尉居然不怕他，心里就有点儿欣赏刘仁轨了，问他为什么擅杀鲁宁。

刘仁轨不慌不忙地回道："鲁宁对着臣的百姓侮辱臣，臣实在气不过才杀了他。"一旁的魏征就喜欢这种不惧皇帝的人，拐弯抹角地说："陛下知隋之所以亡乎？"太宗不解："何也？"魏征说："晚隋时，像鲁宁这种自恃高班凌辱下级的人很多。"魏征都说情了，太宗还能不给面子吗？转怒为喜，当场擢升刘仁轨为京畿栎①阳县（治所在今陕西西安市阎良区武屯街道）县丞。

刘仁轨就靠着这份耿直一路上位，到高宗时代当上了给事中。

李义府一听主审是刘仁轨，知道可能要坏事，马上逼着狱中的毕正义自杀了。但刘仁轨不给面子，非要找他碴儿，硬是把事情的曲直查清了，具表上奏高宗。高宗有心维护李义府，说什么"其过微而其功巨"，竟不予追究。李义府没事，就该刘仁轨有事了，不久后他就被踢到山东潍坊青州当刺史去了。

这是刘仁轨仕途上的一个重大坎坷，对他的打击很沉重。那时的

---

① 栎，音月。

刘仁轨很是懊悔，觉得这是天大的灾祸。但后事证明，这其实是一件大大的好事。

初唐的政治风气是很不错的，朝中的耿直之臣大有人在，走了刘仁轨，还有王义方。时任侍御史王义方揪着毕正义自杀一事，继续弹劾李义府："义府于辇毂之下，擅杀六品寺丞；就云正义自杀，亦由畏义府威，杀身以灭口。如此，则生杀之威，不由上出，渐不可长，请更加勘当！"高宗被逼得没辙了，只得喊李义府上堂对质。王义方今个儿也是豁出去了，当着皇帝的面呵斥李义府退下，把朝野文武都震惊了。李义府针尖对麦芒，"顾望不退"。王义方连着"三叱"。高宗只得让李义府退下，但他不讲原则地护犊子，竟"释义府不问"，反怪罪王义方"毁辱大臣，言辞不逊"，将其贬官外放。

退朝后，李义府拦住王义方，不无得意地问道："王御史瞎弹劾大臣，惭不惭愧？"王义方正色道："孔子担任鲁国司寇，仅七天便诛杀少正卯。我王义方就任御史已经十六日了，却不能诛杀你这个奸邪，确实有愧啊！"

刘仁轨和王义方因为检举李义府而遭流放，朝野正义之士都不敢说话了。

这段插曲过去以后，腾出手来的李义府就着手完成武后交给他的任务了。他准备先搞死褚遂良，方法是翻旧账。

褚遂良当年为了上位而陷害刘洎，致其含冤而死。刘洎的子孙对此耿耿于怀。高宗七年（656年），李义府怂恿刘洎之子上书高宗，为父申冤，请求严惩褚遂良。

这招使得很对路子，因为高宗当年对刘洎十分欣赏，而且很清楚是褚遂良陷害刘洎的。看了奏表后，他真的动了杀褚遂良的心思。

眼瞅着褚遂良要完蛋，给事中乐彦玮的一句话挽救了局面："刘洎身为国家大臣，说话孟浪！太宗暂时抱恙在身，他怎么能自比伊尹、霍光呢？再说了，如果现在雪免了刘洎，岂不是说先帝用刑不当吗？"高宗听进去了，刘洎之案的确是太宗钦定的，若为刘洎翻案，就相当于说先帝当年办了错事。事关先帝形象，是非对错就不能看得那么重了。算了，这个事儿就这样吧……

死太宗能保活遂良，远在湖南的褚遂良躲过一劫。但高宗实在看他不爽，又将他贬到了更远的广西桂林。褚遂良情绪十分低落，屡屡上表，官儿我不当了，能让我退休返乡吗？高宗置若罔闻。不行，退休了就没法收拾你了！

这次没办成不要紧，李义府有的是招数。这时他已经升任兼中书令，位列宰相，权力更大了，祸害人的机会更多了。他和许敬宗商量了一番，马上就想到了新的办法。二人上书高宗，说桂林是边防重镇，驻军极多，褚遂良对陛下不满，意图以桂林为依托，勾结朝中的韩瑗、来济二人，图谋不轨。

褚遂良不会谋反，这一点高宗是清楚的，但他早就看舅舅那帮人不顺眼了，正好借这个机会将这些人都踢出朝廷。八月，将韩瑗贬到了海南三亚，将来济贬到了浙江台州，将柳奭贬到了广西来宾。有人说了，来宾离桂林不远，柳奭还能和褚遂良做个伴儿呢！你们想多了，高宗早考虑到了，同步将褚遂良贬到更远的越南清化。在圣旨中，高宗明确说了，韩、来、柳、褚四人"终身不听朝觐"。你们几个有生之年别想回来了！

褚遂良抵达清化后即上书高宗，身为三朝元老的他再也顾不上面子和身段了，絮絮叨叨地数起了自己的功劳："当年李泰和李承乾夺嫡，臣是支持陛下你的。要不是臣一再力争，先帝就准备采纳刘洎和岑文本的主意，立李泰为太子了。先帝驾崩时，临终就是我和国舅受的遗诏啊！当时陛下你哭得一塌糊涂，臣一再用江山社稷安慰你，你当时还用手搂着臣的脖子哭呢！这些事儿陛下难道忘了吗？"他还苦苦哀求高宗许他告老还乡。

奏表上去如泥牛入海，音讯全无。高宗十年（659年），绝望的褚遂良病死在越南清化，享年63岁。

中宗神龙元年（705年），褚遂良才被平反。玄宗天宝六载（747年），玄宗将他以功臣身份配祀于高宗庙中。德宗贞元五年（789年），德宗又将褚遂良图形凌烟阁，以示他与唐初的开国元勋们有同样的功劳。总的来说，褚遂良这个人还是有能力、有贡献的，他唯一为世人所诟病的就是陷害刘洎。当年他陷害别人，现在被别人陷害，真应了那句话：善恶终有报，天道好轮回。不信抬头看，苍天饶过谁？

至此，长孙无忌的"四肢"全部被斩断，朝中只剩他孤零零的一个人了，俨然成了待宰的羔羊。武后指示李义府、许敬宗再接再厉，想方设法弄死长孙无忌。

李义府还想冲锋在前，再立新功，没想到长孙无忌还没出事，他却先出事了。

咋回事儿呢？都怪他太贪婪了，想把中书省的大权完全掌握在自己手里。偏偏中书省当时还有一位兼中书令，就是当年魏征极力举荐的杜正伦。两人都是兼中书令，都想说了算，自然就产生了矛盾。

杜正伦与中书侍郎李友益密谋对付李义府，结果计划泄露，反被李义府上奏高宗。两个人当着高宗的面儿吵了起来。当皇帝的最烦这个，都是国之重臣，居然跟市井小民一样争吵，成何体统？！再说了，你们这是完全不把朕放在眼里啊！当年萧瑀和陈叔达就是因为在太宗面前争吵，结果全都被罢相。这次也一样，震怒的高宗将杜正伦贬到了广西南宁横县，将李义府贬到了四川资阳安岳，李友益则被配流峰州（今越南河内市西北和富寿省一带）。

杜正伦的靠山只有高宗一个，高宗不理他，他就完蛋了。而李义府的背后还站着一个武后，高宗不理他，武后也会管他。一些看李义府不顺眼的人想痛打落水狗，纷纷上表参他，照死里参。可能参得动吗?! 在武后的眼中，李义府就是她的忠犬八公，谁都别想动我的狗！有她吹风，李义府虽贬官四川，却稳如泰山。

当然，皇帝正在气头上，武后一时半会儿也不好让李义府回来。可是，长孙无忌咱还得收拾不是？这个任务自然就落到了已经升任中书令的许敬宗头上。

02. 国舅含冤

许敬宗对长孙无忌不满已经不是一天两天了，再加上先前劝说长孙无忌支持易后时曾受到他的折辱，因此构陷起来格外卖力。

高宗十年三月，机会来了。有个叫李奉节的洛阳人状告太子洗马韦季方和监察御史李巢朋党为奸。高宗指令许敬宗和兼侍中辛茂将审理此案。经调查，辛茂将认定此事子虚乌有，李奉节系诬告。但许敬宗有心借这件事把长孙无忌牵扯进来，不认可辛茂将的结论，严刑拷问韦季方。韦季方不堪其辱，自杀明志，但被抢救过来了。

可见，这件事情确实和长孙无忌一点儿关系都没有。但有些事不上秤没有四两重，可一旦上了秤，一千斤都打不住。许敬宗就是有本事将不可能变成可能，他上表高宗，说韦季方之所以自杀，是因为他和国舅长孙无忌构陷重臣近戚、图谋不轨的事情被查了出来。

高宗十分震惊："这不可能吧?! 舅舅被小人所害，对朕有意见这肯定难免，但不至于谋反吧？"怨恨归怨恨，他心里还是有舅舅的。

许敬宗不疾不徐地说道："臣从头到尾捋了一遍，长孙无忌的确已经露出了反状，如果陛下还存疑的话，恐非社稷之福啊！"

高宗一看他自信满满的样子，心中不由就信了四五分，潸然泪下："我们家这是怎么了，亲戚之间总是反来反去?！几年前高阳公主和房遗爱谋反，现在国舅又谋反，让朕以何面目见天下人哪?！国舅谋反这事如果如实，该如何处理?"

见他已经动摇，许敬宗心中暗喜，你不是提到房遗爱嘛，我就用房遗爱说事儿。"房遗爱不过是一个乳臭小儿，高阳公主也只是个妇道人家，他们俩谋反能掀起什么风浪来? 可长孙无忌就不同了，他辅佐先帝平定天下，智慧超群，又当了三十年的宰相，威望甚重，如果他要谋反，陛下您怎么可能挡得住? 好在宗庙有灵，让他的阴谋败露了，这是社稷之幸、万民之幸啊！当年江都政变我可是在场的，宇文化及作乱，别的大臣连个屁都不敢放，江山分分钟就改旗易帜了。前事不远，陛下您得尽快拿个主意啊！"

坏是坏，但许敬宗的口才是真的好！寥寥数语就把高宗说得频频点头。舅甥之情在江山社稷面前连个屁都算不上。高宗让许敬宗做进一步深入调查。

怀疑一旦产生，真相其实就已经不重要了。

经过精心考虑，第二天许敬宗又上奏道："昨晚韦季方已经招供了，承认长孙无忌阴谋造反。臣怕他信口雌黄，就问他，长孙无忌身为三朝元老，又是国舅，怎么可能会谋反呢? 韦季方是这么说的，前太子李忠被废后，韩瑗私下里对长孙无忌说，当年咱们几个一同劝说陛下册拜梁王李忠为太子，现在李忠已经被废了，陛下怀疑咱们几个结党，所以把你表哥高履行贬官了。长孙无忌从此很是忧虑，开始谋划自安之道。后来，他的族侄长孙祥遭到外放，韩瑗等人又获了罪，长孙无忌越发惊恐，紧锣密鼓地与韦季方等人策划谋反。臣经过调查取证，确实如此啊! 陛下，请您尽快降旨逮捕长孙无忌吧！"

不愧是编史的人，许敬宗在编故事方面很有一套，这个本子逻辑严谨，环环相扣，入情入理。

首先，逻辑关系没问题，完全说得通。长孙无忌一党支持梁王李忠为太子，这是尽人皆知的事情。在李忠被废后，皇帝疑心长孙无忌结党营私，所以将他的表兄弟高履行（高士廉的儿子）贬官，合理不合理？合理！那么，长孙无忌因为恐惧而谋逆，特别是在族侄长孙祥被外放后，加紧勾连聚合党羽，合理不合理？合理！没一处说不通的地方。

其次，所有能够牵连进来的人，基本上都圈进来了，除了一个来济。

最后，许敬宗还表现得特别贴心，其实臣也不愿意相信国舅谋反，但这是事实啊，法不容情哪！

他的话看似字字中立、字字贴心，实际上字字珠玑、字字如刀。

如此高质量的剧本杀摆在面前，由不得高宗不信，他哭着说："国舅即便真的想谋反，朕也不忍心杀他。如果朕杀了他，天下人会怎么看朕？后世人又会怎么评价朕？"

许敬宗当然知道高宗仁善，早就准备好了相应的说辞："陛下，您不用担心名誉问题，汉文帝杀了他的舅舅薄昭，天下人至今都觉得他是圣主明君；长孙无忌谋反，您杀他天经地义，大家都会认为您做得对。"

大家可能注意到了，高宗从未给过舅舅当面把话说开的机会。其实，舅舅和外甥只要见一次面，许敬宗的奸谋就不会得逞。但许敬宗早就明白，他们舅甥之间的裂痕已经大成了无法逾越的鸿沟。

长孙无忌的末日就这样降临了！

翌日，高宗下敕，削去长孙无忌的太尉一职及封邑，外放为扬州都督，但仍然享受一品的待遇。只是，长孙无忌的任职命令虽然在江苏扬州，实际安置地却是重庆彭水。

折腾了半天，居然没弄死长孙无忌，而且韩瑗、柳奭这些人都没挨整，这怎么行？！许敬宗又进言："长孙无忌谋逆，都是因为褚遂良、柳奭、韩瑗煽动。柳奭在宫中有内应，还准备给您下毒。于志宁也是他们一伙的。"这就把已故的褚遂良和健在的柳奭、韩瑗、于志宁都牵扯了进来。为什么要带上于志宁呢？因为他在废王立武时骑墙折中不表态，不表态就是不支持，不支持就是敌人。

此外，还有一个凉州刺史赵持满，他姨妈是长孙无忌的堂妹。许敬宗诬陷赵持满拥兵图谋不轨，将其抓到京城严刑逼供。赵持满虽然"讯掠备至"，"终无异辞"，还十分决绝地说："身可杀也，辞不可更！"不承认就没办法了吗？许敬宗指使狱吏"代为狱辞结奏"。

可以说，许敬宗将当年长孙无忌构陷李恪、李道宗的手法，原封不动地用到了长孙无忌身上。

最终，高宗最终做出了极为严厉的处罚：长孙无忌被解送重庆彭水软禁，其宗族子弟及舅氏高氏家族子弟全部流放岭表；已故的褚遂良削职为民，其子褚彦甫和褚彦冲于流放途中被杀；于志宁贬官四川自贡；柳奭和韩瑗削职为民；赵持满被斩于长安城西。

这一轮下来，实际上就死了个赵持满，但此人死得惨啊，死后竟然无人收尸，晾了好几天，尸体都臭了。这也是没办法的事情，亲戚朋友们谁敢蹚这趟浑水？这时候出面收尸就是送人头。偏偏有人就敢，这个人还不是赵持满的亲戚，而是他的朋友，名字叫作王方翼。

当然，这个王方翼也是有些来头的。没错，他是太原王氏的人。王方翼的爷爷就是高祖李渊之妹同安长公主的丈夫王裕。王裕另有一个侧室，生了一个儿子，就是王方翼的父亲王仁表。王裕死后，同安当家，怎么都看王仁表一家不顺眼。王仁表死后，她就把王方翼母子赶出了家门。所以，少年时代的王方翼很是吃了一些苦头。一直到同安去世后，他们母子才得以返回家中。高宗即位后，王方翼的堂妹王氏被册封为皇后。王方翼沾了光，被授任为安定（今甘肃泾川）县令，很是有些政绩。

赵持满被杀时，王方翼正在家中为母亲服丧，听闻好友陈尸街头，他毅然赶往法场为赵持满收尸，依礼埋葬。果然，马上就有人弹劾他。高宗却很欣赏王方翼，下诏免予追究。王方翼从此声名大噪。

事后不久，高宗似乎有所省悟，觉得舅舅谋反一事可能另有隐情，才想起了当面对质，一面派御史分头赶赴广西来宾、海南三亚，将柳奭、韩瑗解送京师；一面又命李勣、许敬宗、辛茂将与任雅相、卢承庆复审此案。

都已经推进到99%了，还能让这剩下的1%翻了盘？不可能！武后密令许敬宗赶紧把这些人弄死，就说他们畏罪自杀，自绝于人民，自绝于朝廷。

韩瑗已然病死，算是躲过了一劫。柳奭被杀于来宾。至于长孙无忌，《资治通鉴》说他是自缢，实际上极有可能是被自缢了。可叹长孙无忌三朝元老，苦心经营近四十年，竟落得如此下场。不知他套上三尺白绫时，有没有想到当年妹妹的苦口婆心，有没有想到李恪诅咒他的话，有没有后悔当年支持高宗这个不成器的外甥？

韩瑗、柳奭、长孙无忌身死的消息传至京城，高宗还以为三人真的是畏罪自杀，大为光火，又下旨："籍没三家，近亲皆流岭南为奴婢。"

长孙家族、高氏家族、柳氏家族、于氏家族、褚氏家族以及他们的姻亲，受牵连被贬官者极多，以至于朝堂竟为之半空。剩下的人，包括老臣李勣在内，全都是亲附武后的人。史载："自是政归中宫矣！"

长孙无忌谋反案当然是一场冤案，是武后为了打击政敌而炮制的阴谋。长孙无忌个人的遭遇也充分印证了那个道理：出来混，迟早是要还的。他如果继续专权下去，要么就是杨坚第二或者李渊第二，要么还会是这个下场，只不过武媚娘的出现，把他覆灭的时间提前了。

后事有一处颇为吊诡的地方，那就是15年后高宗又追复了舅舅的官爵，并且允许舅舅陪葬太宗昭陵。此举相当于间接为长孙无忌平了反。所以，很可能存在这么一种情况：那就是高宗明知舅舅没有谋反，却以谋反的名义扳倒了他。

长孙无忌的横死，不仅代表着他个人传奇的谢幕，也象征着自北周以来主导中国政治一百多年的关陇集团基本退出了历史舞台。

短短七年之内，连发房遗爱、长孙无忌两起谋反大案，几乎使初唐时代的政治豪门被团灭。在房案中，房氏、柴氏、薛氏家族被连根拔起。在长孙案中，长孙氏、高氏、柳氏、于氏、褚氏五大豪门全部败落。两场大案加起来灭了八大豪门。对这些家族而言，无疑是一场苦难深重的悲剧。但就宏观层面而言，他们的突然陨落，使得唐朝没有像别的朝代那样，出现豪门长期把持政权的局面。

03. 编制《姓氏录》

在炮制长孙无忌案的同时，武后办了一件更大的事。废王立武之后，她意识到了一点：阻挡她的远远不止长孙氏、柳氏、王氏等几个豪门，而是一个由所有豪门组成的庞大利益集团——门阀集团。这个集团自诩出身高贵，一直拿她的出身、她的历史说事，他们不能接受也无法容忍一个商人的后代，尤其还是个娘们儿，站到政治舞台的中央。这种情况如不改变，她是没法继续前行的。

一般人决不会莽撞到向传统观念叫板、向门阀制度开炮，甚至连这样的想法都不敢产生。但武后不是一般人，在她的字典里根本没有"不可能"这个字眼，她就是要挑战传统、挑战流俗、挑战规则。有一个人启发了她，这个人就是前夫哥太宗皇帝。当年太宗为了抬高皇家地位，命人编纂《氏族志》，通过法律手段实现了预期目的。武后就想学太宗的路数，修改《氏族志》，抬高武氏的地位。

她的这个想法得到了得力助手许敬宗和李义府的鼎力支持，尤其李义府，简直就是举四肢赞成。

李义府为啥对这个事这么上心呢？因为他本人就是寒门出身，他家的这个"李"既不是赵郡李氏，也不是陇西李氏，当年连进入《氏族志》的资格都没有。李义府早年的仕途之所以长期没有起色，主要也是因为这个。并且，经过强烈的刺激，他想改变这种状况的愿望无比强烈。

什么样的刺激呢？最初，李义府想通过常规的联姻方式提高门楣。所以，他多方奔走做工作，想让儿子迎娶山东士族的女子。但山东士族连关陇士族都看不上，何况是他家呢？根本就没人搭理他。李义府那个气啊，真是犹如滔滔江水连绵不绝，又如黄河泛滥一发而不可收拾。

联姻不成，他又想到了挂靠的办法。陇西李氏和皇家有瓜葛，他不敢沾，就想着能不能挂靠到赵郡李氏那边。这法子还真就成了！朝中有个叫李崇德的给事中，是赵郡李氏一系，为了讨好李义府，想方设法将他纳入族谱当中。于是，李义府摇身一变成了赵郡李氏的人。

事情虽然办成了，但终究是挂靠，是沾人家的光。正巧皇后想修订《氏族志》，李义府就想能不能借着这个机会，顺便把自己家族的法律地位也提高提高。

高宗七年（656年），他和许敬宗联名上表，建议朝廷修订《氏族志》。我在《贞观之治》里讲过，虽然太宗的《氏族志》在法律层面确立了皇族李氏至高无上的地位，但社会评价体系还是以山东士族为最尊。高宗对这种情况当然也不可能满意，顺势答应，指令礼部侍郎孔志约、著作郎杨仁卿、太子洗马史元道及太常丞吕才等12人对《氏族志》进行修订。

这一修又是四年。中间发生了一档子事，差点儿没把李义府给臊死。就在他贬官四川资阳期间，李崇德觉得他翻身无望，没啥利用价值了，居然把他从族谱中划掉了。这件事情在朝中传为笑柄，令李义府很没面子。

高宗十年六月，当时长孙无忌已经出贬重庆彭水，还没被整死呢，新版《氏族志》修订好了，高宗赐名《姓氏录》。

如果将太宗的《氏族志》视为改革，那高宗的《姓氏录》就是一场革命了，进步得不是一星半点儿。《姓氏录》最大的进步之处并不是将外戚武氏列为第一等，而是完全按照现行官职体系确定尊卑：只要是国家五品以上官员，他的家族就能荣登名录；反之，所有的旧士族，管你是山东集团还是关陇集团，只要没有出任五品以上官员，就不能列入名录。说白了，就是看你对国家有无贡献，有贡献的，你家就有名有姓；没贡献还端架子的，就把你家踢出去。

显然，这次改革对那些有本事、有才具、有贡献的寒门子弟是绝大利好，因此一经颁布就在社会舆论上收获了相当大的支持。事实上，我们看这段时期的历史，对武则天敌视、诋毁的主要是世家子弟，那些寒门出身的官员和广大百姓其实对她是很拥护很支持的。为什么呢？就是因为她是以改革者的面目出现的，她的种种措施制度，如颁行《姓氏录》，对寒门子弟和平民百姓是有利的。

高宗对《姓氏录》也很满意，并且依李义府所请，将原存于各地官府中的《氏族志》全部收回焚毁，以使《姓氏录》真正取代《氏族志》。

《姓氏录》颁行后不久，武后就把李义府弄回朝中了，而且任的还是宰相兼吏部尚书。李义府回来后办的第一件事情，就是寻机构陷李崇德，逼得他在狱中自杀。

《姓氏录》总该改变社会观念了吧？不好意思，还是没有！《姓氏录》颁布后，世家大族的圈子里一片哗然，他们一致蔑视《姓氏录》，以被列入其中为耻。软一点的说，求你了，可千万别把我家列上去，丢不起那人。刚一点的则是这么个态度，我宁可不建功立业，不做你大唐的官，也要保持我的身份和格调。所以，他们的评价体系是外甥打灯笼——照旧（照舅），该咋样还咋样。并且，为了使血统不被玷污，他们以前还卖婚，现在不卖了，居然搞起了族内通婚。博陵崔氏就找博陵崔氏结婚，生出的就是纯正的博陵崔氏！

高宗很无奈，根据李义府的建议，出了狠招，专门下诏禁止七姓十家士望凡四十四人的后裔互相通婚。这"七姓十家"包括北魏陇西（今甘肃定西临洮县）李宝的六个儿子，太原王琼的四个儿子，荥阳（今河南开封）郑温的三个儿子，范阳（今河北保定涿州市）卢度世的四个儿子、卢辅的六个儿子、卢溥的六个儿子，清河（今河北衡水故城县）崔宗伯的两个儿子、崔元孙的两个儿子，前燕博陵（今河北衡水安平县）崔懿的八个儿子和西晋赵郡（今河北石家庄赵县）李楷四个儿子的后裔。其实应该是六大豪门，高宗纯粹是为了面子，才把他们李家所属的陇西李氏放到禁婚名单中。其余六大家族内心里还是瞧不上陇西李氏。

但七姓七望根本不听，你越是打压我们，越说明我们高贵。明着不能搞，那就偷偷来，有的不搞结婚仪式，偷偷把女儿送到女婿家里。还有的大家闺秀宁可终身不嫁，也不和异姓通婚。甚至于有些大家族中的破落家庭，明明是没人娶他家女儿，他却对外声称是天子

"禁婚家"，我们可是为了保持"纯粹"才不婚的哟！

事实上，这种门第观念一直延续到黄巢起义之前。中唐时，文宗想让宰相郑覃的孙女当太子妃。郑覃当时没表态，下来后火速把孙女嫁给了清河崔氏的一个后生。当时，那个后生只是个九品小官。在婚恋市场上，大唐储君居然还不如一个九品小官！文宗那个郁闷呀，喟然长叹："我家二百年天子，顾不及崔、卢耶？"唉，我们李家都坐了两百年江山了，居然还不如清河崔氏和范阳卢氏？

是的，在一等豪门的眼中，你们李家还差得远呢！

不管怎么说，武后推动出台《姓氏录》，至少达到了一公一私两个目的：就私人目的而言，成功将武氏的法律地位提升到了大唐的第一等，至少没人敢明目张胆地拿她的出身说事了；就公共目的而言，有效遏制了士族卖婚的不良风气，打击了世家豪门的嚣张气焰。

迄今为止，所有几乎不可能的事情，武后都办成了：尼姑回宫，不可能吧，办成了；当皇后，不可能吧，办成了；扳倒长孙无忌，不可能吧，办成了；改写出身，更不可能吧，同样办成了。那么，还有什么是不可能的？还能办点儿啥呢？这个女人陷入了深深的思考中……

这时，东北亚局势又发生了深刻变化，高宗磨刀霍霍，准备书写更加盛大的武功了……

第五章 再征高句丽

01. 半岛风云再起

太宗时代，半岛局势大致如此：高句丽独立自主，百济投靠倭国，新罗依附大唐，三国争雄称霸，难分伯仲。总的来说，新罗与高句丽、百济二国的矛盾都很尖锐，而高句丽和百济之间虽然也有矛盾，但并不尖锐。

进入高宗时代，东北亚的均势被打破了。始作俑者既不是好胜的高句丽，也不是坚韧如小强的新罗，而是存在感最弱的百济。

提到百济，就不得不说起它背后的倭国，也就是古代日本。

中日先民官方接触的最早记载见于东汉光武帝建武中元二年（57年）。当时，九州岛上一个叫委奴的国家主动遣使通问。光武帝刘秀很开心，哟，海那边的东夷都来服王化了！赏了该国国王一块"汉委奴国王"金印。这块金印在1784年出土，现藏于日本福冈市博物馆，是日本国宝级的文物。打从这儿起，中日双方不仅知道了对方的存在，还建立起了官方联系渠道，算是正式认识了。

过了一百多年，到曹魏景初三年（239年），委奴国已经消失得无影无踪了，九州岛上的另一个新兴国家——邪①马台国的女王卑弥呼遣使通问。魏明帝曹叡有感于该国亲善大魏，将"魏"去掉右面的

---

① 邪，音爷。

"鬼",左面加上一个"人",生造出一个"倭"字,并特制"亲魏倭王"金印赐予卑弥呼。所以,"倭"字创造之初其实并无贬低之义。

这次通问十余年后,在今本州岛地区兴起了一个自称"大和"的国家。经过一百余年的持续扩张,到公元5世纪初叶,也就是我国的东晋时代,大和国基本征服了日本列岛,建立了日本历史上第一个统一国家政权,其首领的称号也从最初的大王变成了天皇。不过,大陆上的中原王朝依旧称呼他们为倭国。

南北朝时期,倭国坚持遣使通问,见诸史书的记载多达13次。在这一时期,已经完成内部整合的倭国就开始染指半岛了。地处半岛东南角、隔对马海峡与日本相望的新罗首当其冲,成了倭国的侵略对象。百济和高句丽两国也不同程度地受到了倭国水军和海盗的侵扰。高句丽靠自己,新罗靠汉人,百济想,我也得有棵大树啊,干脆就投在了倭国旗下。

南北朝结束后,西边的大隋和东边的倭国都试图征服三国。598年,隋文帝发大军征讨高句丽。两年后,倭国摄政王圣德太子也出兵攻打新罗。也正是在这一年,倭国首次派出了遣隋使。后来,他们在隋炀帝大业三年(607年)、大业四年(608年)、大业五年(609年)、大业十年(614年)又派了四次,总共与隋朝通问五次。遣隋使中比较著名的是小野妹子,虽然叫妹子,其实是个汉子。

总的来说,隋倭两国对这波接触都不是很满意。因为,倭国方面追求平等交往,给隋朝的国书都是以"日出处天子致书日没处天子无恙""东天皇敬白西皇帝"开头的;而隋朝以中原上邦自居,觉得这个东夷不懂礼数、不识好歹。虽然不太爽,但好在两国隔着半岛和重洋,没有互掐的由头和机会。

隋湮唐兴,倭国继续与大唐通问,于贞观四年(630年)派出了第一批遣唐使。从太宗贞观四年到昭宗乾宁二年(895年)的265年间，倭国方面一共派出了19批遣唐使。其中有3批由于种种原因没有成行，剩下的16批里面，2批是送唐使归国，1批是到了百济就折返了，还有1批是接遣唐使回国的，因此严格意义上的遣唐使其实是12批。这12批的规模都很大，最少的一次也有一百多人，最多的一批有五百多人，基本上倭国境内各行各业都有代表。

到贞观十九年（645年）太宗亲征高句丽时，倭国已经派了第一批遣唐使。[①] 遣唐使入唐学习，可以说是备受震撼，充分体验到了什么叫文明、什么叫先进、什么叫强大。当时的日本还是个保有部民[②]奴隶制的落后国家，以执政的苏我氏家族为代表的大小贵族，疯狂兼并土地，残酷剥削部民和平民，社会矛盾空前尖锐。遣唐使归国后，将在大唐的所见所闻所学介绍给本国人民。倭国各界大为震动，要求师法大唐推行改革的呼声高涨。但是，在位的皇极天皇（日本历史上第二位女天皇）形同虚设，保守的苏我氏家族又拒绝革新。

当年六月，中大兄皇子发动政变，灭了苏我氏，拥立孝德天皇即位，史称"乙巳之变"。贞观二十年（646年）正月初一，孝德天皇颁布《改新之诏》，参考大唐制度对国家进行全方位改革。这就是日本史上与"明治维新"齐名的"大化革新"。

这次改革的主要内容有三项：一是将土地收归国有，使所有部民成为国有公民，建立户籍制度；二是实行班田收授法和租庸调新税法；三是废除世袭氏姓统治制度，建立中央集权下的地方行政机构。大家听听，基本上就是将唐朝现成的制度复制粘贴到了日本。

经此一变，倭国实现了由部民奴隶制国家向封建国家质的飞跃，

---

① 630年第一批，653年第二批，654年第三批，659年第四批。
② 部民是日本古代在皇室或贵族领地上，世代从事农业或手工业劳动的近似奴隶的劳动者。在一般情况下，部民被允许有自己的家庭，有少量的财产和生产工具，但没有人身自由。奴隶主虽不能把他们任意处死，却有权赠送给人。

日渐强大起来。

这个国家有三个传统从古到今始终没有变，这里咱们先只说第一个：身为海岛国家，对大陆有一种谜之依恋，总想着登上大陆；而要想登上大陆，就得先登上朝鲜半岛，万历朝鲜战争和侵华战争都是出于这个原因。

"大化革新"后也是如此，强盛起来的倭国就不安分了，越发积极深入地介入半岛。

半岛局势的变化，倭国只是外因，关键的内因是它的马仔百济。百济人干了一件啥事呢？他们通过与高句丽结亲，缓解了与高句丽的矛盾；继而又牵线搭桥，弥合了高句丽和倭国的关系。这样，倭国、百济、高句丽三家就协调了立场，一致针对新罗。

你们说新罗能不能遭得住呢？当然遭不住！怎么办？只能是更加热烈地拥抱大唐了。现在的新罗王已经不是善德女王了，她早在贞观二十一年就去世了，因为没有子女，就由她的堂妹金胜曼即位，是为真德女王。

这位真德女王可以说是历代新罗王中亲唐亲到了极致的一个。高宗即位，刚刚改元"永徽"，她就宣布在新罗行大唐年号，也用"永徽"。高宗三年，新罗军挫败了入侵的百济军，真德女王很开心，写了一首《太平诗》，绣在织锦上，并专程派外甥金法敏入唐进献高宗。

高宗看了女王的诗，乐坏了。搁你你也乐，因为女王太会捧人了，把大唐和高宗夸得要要的。其诗曰：

> 大唐开鸿业，巍巍皇猷昌。
> 止戈戎衣定，修文继百王。
> 统天崇雨施，理物体含章。
> 深仁谐日月，抚运迈时康。

> 幡旗既赫赫，钲鼓何锽锽。
> 外夷违命者，剪覆被天殃。
> 和风凝宇宙，遐迩竞呈祥。
> 四时调玉烛，七曜巡万方。
> 维岳降宰辅，维帝用忠良。
> 三五咸一德，昭我皇家唐。

有"海东谪仙人"美誉的高丽王朝文学家李奎报在其诗话集《白云小说》中评价道："新罗真德女王太平诗，载于《唐诗类记》，其诗高古雄浑，比初唐诸作，可相上下。是时东方文风未尽，乙支文德①外无闻焉，而女王乃尔，亦奇矣。"

真德女王祝愿高宗太平，可她自己却不怎么太平，于高宗五年五月突然去世。高宗很是痛惜，如此嘴甜的女王妹子说没就没了，可惜！遣使吊祭，追赠女王开府仪同三司，并册立其外甥金春秋为新罗王。

趁着这个节骨眼儿，渊盖苏文又搞事情了。这也不奇怪，每逢新罗王位更迭，高句丽必定作妖。渊盖苏文先是在北边发兵攻打契丹和奚而不胜，随后转头向南，联合百济连破新罗33座城池。金春秋只得遣使入唐求救。

别看高宗在内事上优柔寡断，在外事上却果决得吓人，果断于高宗六年二月诏命营州都督程名振、左卫中郎将苏定方发兵攻打高句丽。后面的事情我在《击降十箭》一章中已经讲过了，程、苏二人在

---

① 乙支文德，高句丽名将。在隋炀帝第二次东征高句丽时，乙支文德取得关键性的萨水大捷，扭转了局势。战后，他写诗送给隋将于仲文："神策究天文，妙算穷地理。战胜功既高，知足愿云止。"韩国首都首尔的乙支路就是以乙支文德的名字命名的。

贵端水大破高句丽军。高句丽不得不停止对新罗的侵略，专力在北线防御唐军。

贵端水一战规模并不算大，但却标志着唐朝与高句丽之间维系了五年的和平宣告终结。

渊盖苏文随即展开报复，策动两番叛乱。巧了，正赶上太宗册封的松漠都督李窟哥和饶乐都督李可度都死了，两位新的继任者都被高句丽策反了。这是两番归唐后的第一次叛乱，一乱就乱了四年多。其间，高句丽人也渡过辽水，掺和了进来。

平定两番动乱中，表现最抢眼的唐将当属薛仁贵。高宗九年（658年）六月，他与营州都督兼东夷都护程名振攻破高句丽赤烽（今辽宁鞍山海城市境内）镇，"斩首四百余级，捕虏百余人"。渊盖苏文派大将豆方娄率三万人马来攻赤烽。薛仁贵、程名振以忠于唐朝的契丹部落逆击，大破豆方娄，斩首两千五百级。转年，薛仁贵又在横山（今辽阳附近华表山）、石城、黑山等战斗中连破高句丽、契丹联军。有了军功，提拔就很顺溜了，高宗拜薛仁贵为左武卫将军，封河东县男。渊盖苏文一看北边不顺利，又联合百济去搞南边的新罗。金春秋招架不住，又跑来求救。

高宗想，这样循环下去终究不是回事，干脆，费点儿劲灭了高句丽和百济得了。再说，如今北、西、南三面皆已无恙，就剩下这两个犯拧的东夷，只要平了它们，天下就大定了。

02. 定方奇计灭百济

高宗十一年（660年）五月，辽西唐军彻底肃清了两番抵抗力量。渊盖苏文的反应十分迅速，立即调兵遣将加强辽东守备。他深信唐廷一定会有报复行动，所以日防夜防，自觉有备无患、万无一失。然而，万万没想到，三个月后在他的大后方炸响一记惊雷：百济被大唐灭了。

北边不亮南边亮，这是什么操作？

唐廷先灭百济的战略决策是建立在深刻吸取历史教训基础上的。回顾历史，从隋文帝算起，隋唐两代三帝五次征讨高句丽均告失利。为什么呢？就是因为隋朝单纯依靠自己的力量攻打高句丽，而高句丽人长于守城，又占据地利之便，集中力量是完全可以撑得住的。唐太宗有了进步，想到了联合新罗南北夹击的办法，但新罗受到百济的严重掣肘，无法全力投入北伐。所以，在苏定方等将帅的建议下，高宗解放了思想，打开了脑洞，这一次先不动高句丽，咱去打他的帮凶百济；打下了百济，再联合新罗夹击高句丽。

光是这个念头，就大大出乎了高、百二国的预料。为什么呢？简单地说，高句丽已经习惯了挨揍，而百济也已经习惯了不挨揍。几百年来，中原王朝对高句丽用兵多次，何曾对百济动过一次手？

之所以会出现这种情况，主要原因有两个：第一，高句丽与大陆山水相连，利益此消彼长，调和不了就会产生矛盾；而百济与大陆并不接壤，利益没有冲突。第二，从陆路进攻既便宜又安全，即便败了，也能安全撤退，很少有全军覆没的时候。而从海上进攻，风险就大多了：首先，海上的暴风雨就是一个不可控的强大敌人，别忘了隋文帝东征高句丽的水军是怎么覆没的；其次，登陆之后，粮草的供给乃至兵员的补充都是大问题，一旦接续不上，妥妥地全军覆没。后世忽必烈东征日本时，就出现了这样的情况。

唐廷这一转变观念，给高句丽渊盖苏文和百济王扶余义慈整不会了。别说扶余义慈了，百济祖祖辈辈、上上下下从来没有想过与唐朝交手的问题，在他们看来，这和太阳从西方升起一样，是完全不可能的事情。第一，我又没惹你，惹你的主要是高句丽，你为什么打我？第二，即便惹了你，隔着大海呢，你能把我怎么样？……再说渊盖苏文，也根本没考虑过唐廷直接攻打百济的可能，这不合常理啊，而且太冒险了！

是挺不合理的，而且在军事上属于冒险主义，一般人不敢这么想，问题是苏定方他不是一般人啊！

其实早在三月，当时两番之乱还未平定，唐廷就已经订下了东渡大海、攻拔百济的战略计划，而且东征百济的主帅就是目下风头无两的苏定方。

继灭了西突厥、生擒阿史那贺鲁之后，半年前苏定方又灭了一国，又生擒了敌酋。当时，西突厥五弩失毕之一的阿悉结阙部①酋长都曼率疏勒（今新疆喀什疏勒县）、朱俱波（今新疆喀什叶城县）、谒般陀（今新疆喀什塔什库尔干县）三国反唐，并击破了于阗（今新疆和田一带）。年前十一月，苏定方奉命西征。在西部作战，他已经是驾轻就熟了。唐军兵临叶叶水（今乌兹别克斯坦和塔吉克斯坦境内的锡尔河），都曼怵了，率部退保马头川（地址不详）。他以为躲得足够远，苏定方够不到他了。其实苏定方早把他的意图看穿了，拣选一万

---

①《资治通鉴》原文载为思结，但思结为铁勒属部，且在此之前已经降唐，设大唐卢山府。笔者认为此处当为西突厥右厢五弩失毕之一的阿悉结阙。

名精锐步兵、三千名骑兵飞驰突袭，一昼夜走了三百里路，在天明时分即杀到了马头川。都曼出战不胜，只得投降。这场战役在史书上被称为征葱岭①之战。十一年正月，苏定方凯旋回到东都洛阳，高宗亲临乾阳殿受降。有人奏请处决都曼，以儆效尤。苏定方叩头请求说："臣许以不死，故都曼出降，愿丐其余生。"高宗说："朕屈法以全卿之信。"赦免了都曼。自此，葱岭以西全部平定，唐帝国统辖的西部疆域直抵咸海，臻于极致。苏定方因功被加赐食邑五百户，升任左武卫大将军。

苏定方的用兵之道其实和李靖极为相似，都讲究"奇""快"二字。首先是出其不意，不按常理出牌。敌人永远搞不清他的意图，你觉得他不会这样，他偏偏就这样；你觉得他会那样，他偏偏就不那样。然后就是"快"，闪电战、速推。敌人都没反应过来，刀已经架在脖子上了。最后，苏定方极其擅长以少胜多。铁山之战以二百勇士搅乱突厥主力，鹰娑川之战五百将士冲击西突厥大营，曳咥河之战大破西突厥主力，都是以少胜多的经典范例。

这次东征百济也是一样。八月，苏定方率大军（一说十万，一说十三万）自山东荣成成山乘船横渡黄海，出其不意地在百济熊津江口（今朝鲜半岛南部锦江口）登陆。同时，新罗王金春秋也遣王子金仁泰率七千人马西进，以分百济之势。

我们感觉百济的国力好像不如高句丽，实则不然。据《资治通鉴》载，百济全国分5部37郡200城，人口76万余户；而高句丽则分5部176城，人口69万余户。从数据上看，百济的实力起码不逊于高句丽。但有实力归有实力，架不住没防备啊，百济的军队主要布防在东、北两线，北防高句丽，东控新罗。至于西海岸，历史上这个方

---

① 葱岭，唐人对帕米尔高原的称呼。

向就没有敌人来过，根本就不是国防重点，守备极为薄弱。

所以，当苏定方的大军犹如神兵天降般出现在西海岸时，百济人傻了眼。面对来势汹汹的唐军，百济军一触即溃。苏定方指挥大军水陆并进，迅速逼近百济国都泗沘①城（今韩国忠清南道扶余郡）。唐军行至距城二十里处，扶余义慈总算拼凑起一支像模像样的军队。可百济人已经吓破了胆，一战下来，唐军大胜，阵斩百济军一万余人，并一举攻破了泗沘外城。

扶余义慈吓坏了，将守城的任务丢给次子扶余泰，带着太子扶余隆仓皇北逃。国难当头，扶余泰想的不是如何抗敌，而是趁机自立为王。当时扶余隆的儿子扶余文思还在城中，一看二叔擅自称了王，感觉不太对劲："王与太子皆在，而叔遽拥兵自王，借使能却唐兵，我父子必不全矣。"当即带领本部人马翻城而下，投了苏定方。

扶余文思的出降引起了连锁反应，先是城中百姓纷纷出降，紧接着扶余泰也降了，最后扶余义慈、扶余隆及各地城主也束手投降了。

至此，苏定方仅仅用了不到一个月的时间，就将拥有76万户的百济征服了。熊津登陆是中国古代渡海登陆作战的成功典范，堪称战争史上的神来之笔。

为了铭记这场重大胜利，苏定方在今韩国忠清南道扶余郡定林寺建了一座五层石塔，塔高8.33米，由花岗岩雕砌而成，其上书篆体"大唐平百济国碑铭"八个大字，落款时间为"显庆五年岁在庚申八月己巳朔十五日癸未建"。这就是著名的百济塔，又称苏定方塔、苏定方碑、苏定方平百济塔碑铭。该塔现已被韩国政府列为第9号国宝。

高宗大喜，下诏于百济开设熊津、马韩、东明、金连、德安等五

---

① 沘，音比。

个都督府，治所就设在泗沘城。首任熊津都督是苏定方举荐的，正是当年曾刁难过他的王文度，可见苏定方心胸之豁达。唐廷在百济推行以夷制夷策略，除都督是唐人外，其余官吏均由百济贵族酋长担任。

随后，苏定方留郎将刘仁愿所部一万人马与新罗王子金仁泰所部七千人马驻守泗沘城，带着扶余义慈等百济高层泛海东归。十一月初一，扶余义慈父子等58人被苏定方献俘于东都洛阳则天门。高宗"赐天下大酺三日"，并加授苏庆节为尚辇奉御。

继平十箭、征葱岭后，苏定方又凭借击灭百济、生擒其王的战功攀上了戎马生涯的巅峰，"前后灭三国，皆生擒其主"。

下步该干吗？当然是收拾高句丽了，但偏偏百济不太消停。

03. 刘仁轨的转机

百济人其实只是被唐军打了一个措手不及，投降实属无奈，内心并不服气。苏定方在半岛时，为了补充给养，纵兵劫掠，激起了百济人的反抗。原本已经投降的百济将领黑齿常之、沙吒相如等人降而复叛。尤其黑齿常之，"长七尺余，骁勇有谋略"，他坐拥三万精兵，以任存山为据点，频频袭扰唐军。苏定方派兵进剿，反为所败。

苏定方归国后不久，唐廷即命熊津都督王文度率军赶赴百济。不料，王文度于途中猝死，大军被迫折返。这时，扶余义慈的堂弟鬼室[①]福信在僧人道琛的帮助下，竖起了复国反唐的大旗。不甘屈服的

---

① 鬼室，同扶余。

百济人迅速汇聚到这杆大旗下。福信、道琛以周留城（今韩国全留北道扶安郡）为根据地，四面出击，逐渐收复失地。为了凝聚人心，他们又遣使倭国，献上唐军俘虏百人，请求放归质子扶余丰，并派军干涉。

孝德天皇早在高宗五年就去世了，他的前任——皇极女天皇再度登上皇位，是为齐明天皇。虽然天皇换了人，但倭国的实权一直掌握在中大兄皇子手中。

大化革新十多年，倭国面貌焕然一新，实力与日俱增。这一阔，这个国家的第二个传统就凸显出来了：身为学生，一旦学会了本领，就数典忘祖，非要和老师掰腕子，试试学习成果如何。齐明老太太和中大兄同意了福信的请求，一面送扶余丰归国，一面在全国进行战争动员，准备武装干涉半岛战事。

扶余丰回来后，百济人有了主心骨，闹腾得越来越厉害了。福信、道琛引兵将刘仁愿、金仁泰包围于泗沘城。

到手的胜利果实不能就这么丢了，高宗很着急，想着赶紧把王文度的人派过去，但选谁为将的问题令他十分苦恼，东征高句丽之役即将打响，苏定方、薛仁贵等堪用的将才都被派往辽东前线了，无人可用！也不知是有人建议，还是他自己想到的，刘仁轨就成了备选项。

现在的刘仁轨连刺史都不是了，只是一个戴罪的布衣。没错，又是李义府陷害他。东征百济前夕，青州刺史刘仁轨忽然接到了一条很不靠谱的命令，让他海运军粮。为什么说很不靠谱呢？因为时值春季，风高浪急，此时载粮入海，船舶受风沉没的可能性极高。刘仁轨上表朝廷，表达了这种担心。李义府看了他的奏章，高兴坏了，因为这条不靠谱的命令就是他授意人办的，就是要借这个机会整死刘仁轨。他不仅将奏章驳了回去，还一再命人催促刘仁轨运粮入海。刘仁轨只得遵令，结果粮船果然为海风倾覆，溺死大量民工。

朝廷随即派监察御史袁异式赶往青州调查。袁异式临行之前，李义府意味深长地对他说了八个字："君能办事，勿忧无官。"你要会办事的话，不用担心没官做。满朝文武都知道李义府和刘仁轨有仇，袁异式还能不知道?! 一到青州，他就提审刘仁轨，并毫不隐讳地说："兄弟你惹了朝廷里的人，得早点想办法啊！"言下之意，老刘，你这关是过不去了，自裁吧！刘仁轨当然不会轻易就范："国有国法，仁轨犯了事，你秉公执法就成。如果让我自裁，不正遂了仇人的心愿嘛，我不甘心！"袁异式无奈，只得回京请示。临走前，不放心的他还亲自给刘仁轨上了锁。

听完袁异式的汇报，高宗还没表态，李义府就在一边说道："不斩仁轨，无以谢百姓。"中书舍人源直心看不下去了："海风暴起，非人力所及。"高宗也不忍心杀刘仁轨，就将他削职为民，以"白衣从军"，在刘仁愿麾下戴罪立功。李义府又密信刘仁愿，让他找机会干掉刘仁轨。一笔写不出两个"刘"字，又都是仁字辈的，刘仁愿没听他的。

这不，高宗现在忽然想起刘仁轨了，此人就在离莱州不远的青州，又是急需立功的戴罪之身，此时破格起用他，岂有不尽心尽力的道理？于是，他下了一道震惊朝野的诏书：起用青州布衣刘仁轨为检校带方州刺史，命他入百济，将熊津府兵和新罗援军，解救被围的刘仁愿。

这项任命既是无厘头的信任，也是沉甸甸的考核。考核通过，你刘仁轨还是刺史，还有官做；考核不通过，就再也没有然后了。可能高宗自己都想不到，这项无厘头的任命直接改写了这场战争的结果，并成就了军事史上的一段传奇。

刘仁轨接到起复诏书，想起了一段陈年旧事。当年他刚入仕时，请相师袁天纲相面。袁天纲当时是这么说的："君终当位邻台辅，年将九十。"您最后肯定是宰相，而且寿命很长，能活八十大几快九十。

贬官后，刘仁轨一度怀疑袁天纲瞎掰，但现在机会不就来了吗？他高兴得手舞足蹈："天将富贵此翁矣！"仗还没打呢，他就确信自己能赢，能当大官发大财。

这还不算完，紧接着他又干了一件大博眼球的事情，跑到州府要了两本书，一本是大唐的历书，一本是记载着内外臣民需要避讳的手册。众僚属不解，打仗就打仗嘛，不带兵法，带这两本书干吗？刘仁轨信心满满地豪言："吾欲扫平东夷，颁大唐正朔于海表！"

决心很大，不知道本事大不大？

高宗十一年（660年）底，对高句丽战役打响前夕，刘仁轨带着王文度的部队渡海来到百济。

04. 二讨高句丽

高宗让苏定方回国可不仅仅是为了受降，而是为了即将开始的对高句丽的二次征伐。高宗十一年十二月十六日，几乎与刘仁轨渡海前往百济同时，高宗任命契苾何力为浿①道行军大总管、苏定方为辽东道行军大总管、刘伯英为平壤道行军大总管、程名振为镂方②道行军大总管，分路出击高句丽。从诸将受封官名即可窥探出高宗的意图：苏定方主攻辽东，契苾何力、刘伯英、程名振等人主攻半岛。

转年正月，唐廷又追加了力量投入。辽东方向，以萧嗣业为扶余

---

① 浿，音配，即今朝鲜大同江。
② 镂方，县名，汉武帝时置，属乐浪郡，故治在今朝鲜平安南道阳德郡。

道行军总管，率回纥、突厥人马入辽协助苏定方；半岛方向，从内地征召四万四千余人马补充给平壤、镂方行营。

对于这场与高句丽的大决战，高宗无比重视，为了讨个吉利，特意于二月初一下敕，改显庆六年为龙朔元年。三月，在一场盛大的外交晚宴上，他又向诸番邦使节展示了他钦定的最新宫廷乐舞。乐舞阵容庞大，远超太宗的《秦王破阵乐舞》，光舞者就多达140人，身披五彩甲，持槊而舞，并齐声高呼"八弦同轨乐"，气势震天慑人。最关键的是乐舞名字特别有内涵，叫《一戎大定乐》。只要平定了高句丽这最后的一戎，就天下大定了。

高宗还表态说要御驾亲征，并重新调整了部署：任雅相接任浿江道行军总管，契苾何力由浿江道调任辽东道，原辽东道行军总管苏定方取代刘伯英任平壤道行军总管，增补白州（今广西玉林博白县）刺史庞孝泰为沃沮①道总管，镂方道行军总管程名振和扶余道行军总管萧嗣业不变。显而易见，高宗把攻拔平壤、灭亡高句丽的重任交给了苏定方。然后，武后上表谏止亲征，高宗下诏同意不亲征。

这两口子纯属逢场作戏，忽悠底下人努力。

高宗十二年（661年）五月，唐朝对高句丽的第二次征讨又打响了！

唐军渡过辽水后即分为两个兵团，两线作战。契苾何力、萧嗣业二部组成辽东兵团，主攻鸭绿江以北的高句丽辽东地区；苏定方领任雅相、庞孝泰、程名振，组成半岛兵团，主攻鸭绿江以南的高句丽部分。根据苏定方拟制的作战计划，他的半岛兵团是主力，舍山城而不攻，渡江直捣平壤；辽东兵团打辅助，负责扫清辽东地区的高句丽军，剪除半岛兵团背后的威胁，而后渡江南下支援半岛兵团。

---

① 沃沮，县名，汉武帝时置，后属高句丽。

显然，苏定方吸取了太宗亲征失利的教训。太宗当初为什么会失败？就是因为他一路上见城就攻，尤其是在安市城下消耗得太久，最终迫于严寒和供给，不得不撤军。当然，任何事都要一分为二地看，有些关键的城市该打还是要打的，不打的话，你跑前头去了，它在后头捅你腚眼儿，这也不行。有鉴于此，苏定方才制订了以上作战计划。

半岛兵团目标明确又没负担，一路高歌猛进，渡过辽水后又渡过鸭绿水，在浿江大破高句丽军，八月十一日即兵临平壤城下。自大业九年（613年）隋炀帝进抵平壤以来，近五十年间这是汉军第一次出现在平壤城下。

苏定方之前从未和渊盖苏文交过手，那时的他觉得此人多半是盛名之下，其实难副。然而等到真正碰面的这一天，他才意识到此人确非泛泛之辈。渊盖苏文可不是伏允、麹文泰一流，既然敢挑事，就有应事的本领。虽然局势非常不利，但渊盖苏文沉着应对，而且能拢得住人心、镇得住场子。平壤毕竟是一国首都，城池高大坚固，尤在安市城之上，且兵多将广、粮草充足。苏定方纵有通天彻地之能，急切间也难以猝拔平壤。

单靠半岛兵团的力量，在冬天到来之前破城恐怕是不可能了。苏定方的指望有两个，要么是辽东兵团能够尽早南下，要么是百济驻军和新罗军尽早北上。

契苾何力和萧嗣业打得很好，迅速消灭了辽东地区所有的高句丽军。然而，渊盖苏文很快就看清了唐军的战略意图，命长子渊男生率数万精兵守鸭绿江，挡住了辽东兵团南下的步伐。与此同时，南方战场也传来了不利消息。百济那边局势吃紧，刘仁轨能够自保已经不错了，根本无力北上。鸡贼的新罗人一看这阵势，你都不上，那我也不上。一直到九月底，鸭绿江结了冰，契苾何力和萧嗣业才得以渡江，击溃了渊男生。

虽然晚了一些，但只要他们南下增援，合两大兵团之力攻破平壤还是有可能的。然而，就在这个节骨眼儿上，漠北铁勒诸部反叛了！

铁勒诸部为什么会集体造反呢？原因很简单，唐廷总是征召他们去打仗。被别人统治着，还要为了别人的目标和利益去送命，这事搁谁身上都想不通。

铁勒反叛早有端倪。早在去年九月，当时苏定方还在百济作战，铁勒中的思结、拔野古、仆固、同罗四部就叛乱了。高宗派左武卫大将军郑仁泰将兵讨伐，三战三捷，击杀四部酋长，平定了叛乱。

但这一次不同了，铁勒中最强大的回纥部带头造反，各部群起响应。回纥一向唯唐廷马首是瞻，为何突然反叛了呢？这是因为亲唐的回纥酋长婆闰突然去世了。婆闰的儿子叫比粟，他还有一个侄子叫比粟毒。按理说，酋长之位应由比粟继承，但比粟毒的确比比粟毒，武装夺权，窃据了酋长之位。由于担心遭到唐廷的问责和干涉，比粟毒抢先下手，鼓动铁勒诸部反唐。

铁勒反叛对唐的威胁远超高句丽，因为他们只要穿过大漠，就可以威胁关中。高宗高度重视，一面以郑仁泰为铁勒道行军大总管，辅以燕然都护刘审礼（刘德威的儿子）、左武卫将军薛仁贵，发兵进剿；一面急调契苾何力、萧嗣业率军回国，增援漠北战事。辽东兵团只得改南下为西进，平叛去了。

如此，消灭高句丽的战略构想已经基本不可能实现了。渊盖苏文既然能在苏定方的猛攻下撑住两个月，在冬日严寒的帮助下，再撑几个月问题不大。

但苏定方还想再试试，隋唐两代五次大征，能打到平壤城下实属不易，为了国家他得坚持；况且今年他已经70岁了，这次如果退了，只怕以后就没机会了，为了自己，他也要再坚持一下。

相较于兵力，他现在最缺的还是粮草，只要粮草充足，他可以在半岛过冬，熬到渊盖苏文耗不下去。高宗也很着急，命新罗向高句丽唐军转运粮食。但渊盖苏文早有防备，调兵遣将挡住了新罗军。

苏定方还是不想退，硬是拖到过了年。然而，不利的消息接踵而至：高宗十三年（662年）二月，先是浿江道行军总管任雅相、镂方道行军总管程名振相继病殁，紧接着沃沮道行军总管庞孝泰又在蛇水（在今朝鲜平壤一带）之战中全军覆没，庞孝泰父子14人一同阵亡。

天不亡高句丽，其奈何也?! 罢了，罢了，撤吧！当月，苏定方怀着满腔的不甘心，解围北归。

05. 北定铁勒南压百济

东征结束，唐廷专力于两大外事：一是平息北疆铁勒的叛乱，二是弹压半岛百济的反抗。

第一件事办得比较顺利，到高宗十四年（663年）正月，铁勒反叛势力基本被消灭。

薛仁贵出征前，高宗特在内殿赐宴，在席间对他说："古之善射，有穿七札者，卿且射五重。"薛仁贵领命，置甲张弓，只听弓弦响过，箭已穿五甲而过。高宗连连惊叹，当即命人取坚甲赏赐薛仁贵。

十三年（662年）三月，薛仁贵作为先锋，率部先行赶到天山。铁勒诸部合众来战，精选骁健者数十人于阵前挑战，颇有轻视唐军之意。薛仁贵大怒，连发三矢，射毙三人。铁勒人大为胆寒，纷纷下马请降。薛仁贵指挥大军趁机掩杀。铁勒大败，仅投降的就达两万之众。战后，薛仁贵担心降众不稳，竟将其全部坑杀。此人虽是一代名将，也未免太过狠辣。而后，他率军翻越天山，横穿古尔班通古特沙漠，追击铁勒败众，直到生擒叶护三人方才收军回营。唐军将士为他的勇猛所折服，为之作歌曰："将军三箭定天山，壮士长歌入汉关。"

副将打得这么好，主将郑仁泰坐不住了，拣选了一万四千精骑，非要继续追击。铁勒诸部向东跑，他就一路跟在后面追，一直追到了仙萼河，也就是今天的蒙古国色楞格河。大家找张地图瞅瞅，这都从新疆追到蒙古了。到了这里，这个愣头青才发现军粮没有了，只能往回撤了。春天的蒙古高原依旧寒冷，将士们又冷又饿，走都走不动，只好把武器装备都丢了，饿了就杀马充饥，马杀光了以后就只能互相宰杀了。等到入塞时，出发前的数万大军只剩下八百人了。这场仗打得窝囊不窝囊？敌人没打着，自己折了好几万兵马。

都这样了，肯定是要挨弹的。司宪大夫杨德裔把薛仁贵和郑仁泰都弹了："仁泰等诛杀已降，使虏逃散，不抚士卒，不计资粮，遂使骸骨蔽野，弃甲资寇。自圣朝开创以来，未有如今日之丧败者。仁贵于所监临，贪淫自恣，虽矜所得，不补所丧。并请付法司推科。"

为什么要带上薛仁贵呢？因为他在前线收受贿赂，强抢民女，杀降太过。

高宗明显胳膊肘向里拐，二人有功于国，将功抵过吧！

一味地征剿也不是个办法，高宗就派契苾何力去安抚铁勒人。契苾何力找到残余的铁勒叛军，对他们说："朝廷知道你们都是被胁迫的，所以派我来赦免你们的罪过，犯罪的是那些酋长，只要把他们都抓了就行了。"铁勒人早被唐廷的铁腕杀怕了，分分钟把各部酋长和王子绑了。契苾何力将这些人全部处斩，总算平定了叛乱。

这次平叛成功，直接奠定了北疆近三十年的和平。

二月，唐廷又对铁勒人和突厥人的管理体制进行了大调整。贞观二十一年，太宗设立燕然都护府管辖漠北铁勒诸部。高宗元年灭了车鼻之后，唐廷又设立单于和瀚海两个都护府，分别管辖突厥人和铁勒人。燕然和瀚海都护府的管辖范围是有重叠的。所以，这次唐廷并三为二，将燕然都护府与瀚海都护府合并为新瀚海都护府，治所设于回纥部（今蒙古国哈拉和林）；单于都护府更名为云中都护府，治所设于云中故城（今内蒙古呼和浩特托克托县古城乡）。实际上就是以大漠为界，漠北的瀚海都护府专管铁勒人，漠南的云中都护府专管突厥人。

第二年正月，又将云中都护府升格为单于大都护府，统领全部的突厥人，共24个州。高宗二十年（669年），瀚海都护府又改为安北都护府。

铁勒人好对付，关键是百济人比较难搞。

刘仁轨来到百济，刚开始干得很顺利。唐军登陆后，联合赶来增援的新罗军，"转斗而前，所向皆下"，迅速向泗沘城挺进。福信、道琛为了阻击联军，在熊津江口设置了两道防线。刘仁轨指挥联军攻破百济人的防线，"杀溺死者万余人"，迫使福信解除了对刘仁愿的围困，退保任存城（今韩国忠清南道礼山郡大兴地区）。

但不久后，新罗军就因为粮尽而回国了，福信和道琛趁机重整旗鼓。刘仁轨和刘仁愿的兵力其实并不多，也不敢贸然出击，只能坚守泗沘城。高宗想让百济驻军配合苏定方夹击高句丽，自然不能接受这样的局面，一再催促新罗王金春秋出兵，协助二刘彻底消灭扶余丰一党。金春秋倒是派军增援了，中途却为福信所败，只得败退本国。

恰在这时，百济、倭国、新罗都生变了。先是百济内部道琛、福信二人争权，福信杀掉道琛，独揽大权。继而，倭国齐明老太太在移驾西征途中，因旅途劳顿于七月病死。九月，新罗王金春秋病逝，其子金法敏即位。三国都陷入了内部的人事更迭与倾轧当中，谁也顾不上刘仁轨他们。百济驻军反而获得了喘息的机会。

但也就持续了不到半年，高宗十三年（662年）二月，唐廷东征高句丽失利，苏定方被迫从平壤撤军。如此，百济的二刘将面临着被高句丽和百济联手剿灭的危险。高宗修书二刘："苏定方已经从平壤撤军，你们的处境很危险，应该尽快退往新罗。如果金法敏允许你们留驻，你们就暂且留驻；不让留驻，你们就回国吧！"显然，他认定百济是守不住了。

刘仁愿准备接受诏命，但刘仁轨不同意，他有自己的考量：一旦撤军，于公，则朝廷前功尽弃，之前战死的将士们就白白牺牲了；于私，他"扫平东夷，颁大唐正朔于海表"的宏伟理想也将化为梦幻泡影。所以，绝不能撤。

刘仁愿的思想工作好做，关键是将士们远离故土已久，思乡情切，既然皇帝已有诏命，何不遵诏而行呢？刘仁轨需要做的不是一两个人的思想工作，而是全军将士的思想工作，他能办到吗？

刘仁轨集合全军将士训话："人臣徇公家之利，有死无贰，岂得先念其私？主上欲灭高丽，故先诛百济，留兵守之，制其心腹；虽余寇充斥而守备甚严，宜厉兵秣马，击其不意，理无不克。既捷之后，士卒心安，然后分兵据险，开张形势，飞表以闻，更求益兵。朝廷知其有成，必命将出师，声援才接，凶丑自歼。非直不弃成功，实亦永清海表。今平壤之军既还，熊津又拔，则百济余烬，不日更兴，高丽逋寇，何时可灭？且今以一城之地居敌中央，苟或动足，即为擒虏，纵入新罗，亦为羁客，脱不如意，悔不可追。况福信凶悖残虐，君臣猜离，行相屠戮；正宜坚守观变，乘便取之，不可动也。"

什么意思呢？主要是两点：第一，我们应该留在百济，而不是撤往新罗。攻灭百济才能攻灭高句丽，一旦撤军，前功尽弃。在百济，我们是征服者，是主人；但到了新罗，我们就是客人了，要仰人鼻息，看人脸色。第二，留下来怎么办？留下来不是说就窝在城里坚守不出了。恰恰相反，我们要寻找有利战机，主动出击，打开局面。只要朝廷看到转机，就会增兵来援。到时候，我们个个都是有功之人。

说得挺好，效果怎么样呢？非常难能可贵的是，将士们都同意，从此绝口不提撤军归国。

扶余丰和福信认定二刘势必归国，这种情况下还不回国除非是傻子！因此，他们不无得意地遣使对刘仁轨说："大使等何时西还，当遣相送。"刘大使你们什么时候回去呀？到时候言语一声，我们送一送。

没想到刘仁轨偏偏不走，不仅没走，还一反常态、主动出击，打了他们一个措手不及。

扶余丰大惊，一面遣使倭国向中大兄皇子乞师，一面加强了战略要地真岘城（今韩国大田广域市镇岑县）的守备力量。

真岘城位于新罗与百济唐军的粮道之上，百济人只要能守住这座城池，唐军迟早断粮。之前唐军和新罗军先后数次攻打，都不能攻破真岘城。高宗之所以信心不足，也是因为迟迟拿不下真岘城，打不通粮道。危难关头，刘仁轨想到了办法。在一个月黑风高的夜晚，趁守军不备，他带着联军偷偷潜到城下，"攀草而上"，攻入城中。待到天明时分，守军被完全清除。与新罗的粮道打通了！

真岘城一下，百济局势迅速扭转。

一方面，百济抵抗军大为惶恐，内部产生了分化。以扶余丰为首的一批人还想继续抵抗，坐等倭国干涉，而福信一伙的抵抗意志已经彻底瓦解，打算向唐军投降。其实，扶余丰和福信这叔侄俩早就不对付了，这次因为路线问题，二人更是势同水火。福信谎称生病，想借扶余丰问疾之际杀之。但扶余丰收到情报，先发制人，杀了福信。

另一方面，百济唐军信心倍增，攻城略地，所向披靡。刘仁轨具表上奏，请求增兵。高宗万万没想到孤悬海外的唐军将士居然创造了奇迹，大喜过望，又征发士兵七千人，以孙仁师为帅，渡海驰援百济。

06. 唐倭白江口之战

高宗还有一个没想到，就是倭国很快也正式介入了。

料理完齐明老太太的丧事，中大兄皇子决定加大干涉力度，直接派兵入百济作战。当年秋，倭军先头部队就从九州岛出发了。

高宗十四年（663年）三月，二万七千倭军在毛野君稚子、间人连大盖的率领下，在新罗登陆，迅速夺取沙鼻歧、奴江两大重镇。五月，孙仁师抵达百济，与刘仁愿、刘仁轨会师，组成"三仁月饼"组合，唐军兵势大振。新罗王金法敏也成功击破倭军的封锁，赶来会合。战事主动权由百倭联军转移到唐罗联军手上。毛野君稚子和间人连大盖见联军势大，立即修书国内，请求中大兄增兵。

关于下一步进军方向，三仁组合产生了分歧，刘仁愿和孙仁师主张先攻打水路要冲加林城（今韩国忠清南道扶余郡林川面郡）。但刘仁轨以为加林城坚固险要，急切难以攻下，不如直扑敌军老巢周留城，此城一下，敌人必将崩溃。刘仁愿亲眼看着刘仁轨把一个个不可能变成可能，他相信刘仁轨的判断是正确的。最终，三仁达成一致：先打周留城。

加林城不好打，其实周留城也不好打，如果好打的话，扶余丰他们也不会以此城作为根据地了。周留城建于熊津江上游白江口（即今韩国锦江口）左岸的山地之上，三面环山，一面临江，易守难攻。所以，这座城池其实和拜占庭帝国首都君士坦丁堡很像。要想打下这样的城，只能水陆并举。刘仁轨将全军分成水陆两路，陆军由刘仁愿、孙仁师、金法敏统率，直取周留城；他则率杜爽、扶余隆，统海军一万五千余人（一说一万三千余人，一说七千人）溯熊津江而上，夹击周留城。

扶余丰留部分军队和倭军守卫周留城，亲率水军至白江口迎接倭军援军。这么做是对的，只要能保住白江口，有倭国支援，周留城就不会丢。至此，周留之得失、百济之存亡，皆系于白江口。

两军鏖战三月，至九月初，刘仁愿、孙仁师带领的陆军基本肃清了周留城周围的全部城池，仅剩一座任存城尚未拿下。刘仁轨的水师随即向白江口进发，拟一战消灭扶余丰的水军，彻底断了周留城的念想。

然而，当此关键时刻，倭将庐原君臣率军（一说四万二千人，一说一万多人）赶到。当时的情形是"倭船千艘，停在白沙，百济精骑，岸上守船"。刘仁轨立刻下令布阵，唐军170余艘战船呈战斗队形展开，严阵以待。

九月二十七日，战斗正式打响。这是自鸿蒙开辟以来，中日先民的第一次正面对抗。

倭军远道而来，气势正盛，又仗着船多，刚一开战就急不可耐地向唐军冲来。然而，随着距离越来越近，感觉唐军的战船好像越来越大，待到了近前，他们才发现唐军的舰船大得吓人，远看一粒沙，近看一座山。他们并不知道，眼前可是当时世界上最为强大的舰队。

唐朝的造船技术位居世界一流水平，主要表现在以下几个方面：第一，唐船普遍使用松香弥缝，且大量使用铁钉，非常坚固，能扛住大涛大浪的冲击和小型木船的冲撞。第二，唐代已经出现了水密封船舱技术，就是把船舶分割成许多小单间，一方面局部破损漏水不至于使整船倾覆，另一方面又使船体具备了足够的横向强度和抗扭刚性。第三，唐人掌握了造大船的技术，已经可以造出长六十多米、载重六七百人的艨艟巨舰。

所以，两军刚一接触，高下立判。倭军的小木船碰上唐军的艨艟巨舰，就跟纸糊的似的，顷刻间解体。技术代差太大，打这样的仗都不用考虑什么战术，直接撞就是了。唐军居高临下，再加上甲胄和弓矢的质量都远远强于倭军，直杀得倭军哭爹喊娘。第一天的战事以倭军战败而告终。

但不得不承认，倭军还是很勇敢的。第二天，倭军诸将都商量好了："我们奋勇前冲，敌人就会撤退了！"开战后，他们也不听主帅的号令，各领一队战船，争先恐后、毫无次序地冲向早已列阵的唐海军。刘仁轨见倭寇只知蛮勇，那还有什么好说的，令旗一挥，唐军船队变换阵形，分为左右两队，将倭军围在阵中。昨天是正面对对碰，今天是围起圈儿撞。倭军船只被挤作一团，根本无法回旋，唐船还没碰到他们，他们自己就把自己撞翻了。刘仁轨令旗再挥，唐军火箭如雨倾落，顷刻间"烟焰涨天，海水皆赤"。

最终，白江口水战以唐军的压倒性胜利宣告结束。倭国水陆两军随即仓皇撤离半岛。

这一战真是把倭人打疼了、打怕了。中大兄皇子非常恐惧，担心唐朝会渡海远征，不仅将国都从靠近新罗的藤原京（今日本奈良县橿原市）迁到了再往东的近江（今奈良县奈良市西郊），而且在西海岸修建了大量的防御工事，构筑了四道防线。这种担心不无道理，唐军既然能在百济登陆，就能横渡对马海峡在倭国登陆；但这种担心又是多余的，因为唐人对倭国毫无领土野心。

这时，倭国的第三个传统又凸显出来了：谁把他打疼了，他就服谁、向谁学。此后，倭国的遣唐使居然派得更勤了，学习唐朝的程度也更深了，从最初只学制度，到学文化、学思想，甚至学化妆、喝茶这些细枝末节的东西。武则天长安元年（701年），倭国颁布了《大宝律令》，改国号为"日本"，沿用至今。

从白江口水战这一年直到明朝万历年间，日本不仅没有和中国叫过板,而且也暂时放弃了对半岛的垂涎之心。所以,白江口之战实际上奠定了此后一千余年间东北亚的政治格局。

07. 稳固百济

白江口大战,百济王扶余丰就在岸上观战,当他看到倭军惨败时,深知大势已去,也不回周留城了,直接向北投奔渊盖苏文去了。

绝望的周留城守军随即投降。周留城是百济人最后的希望,它的投降完全瓦解了百济人的抵抗意志。刘仁轨遣使招抚各地抵抗军将领。黑齿常之、沙吒相如等人纷纷降附。阖百济全境,仅剩一座任存城拒不投降。

刘仁轨将攻拔此城的任务交给了黑齿常之、沙吒相如二将。孙仁师信不过这些百济降将:"此属兽心,何可信也!"

但刘仁轨并不这么认为:"吾观二人皆忠勇有谋,敦信重义;但向者所托,未得其人,今正是其感激立效之时,不用疑也。"他足额地武装了二人率领的百济军,还补充了军粮。

刘仁轨的信任令黑齿常之十分感动,一鼓作气就拿下了任存城。

自高宗十一年八月开始用兵,到高宗十四年九月彻底消灭抵抗势力,前后历时三年,中间唐朝还分别与高句丽、倭国打了一场大仗,如今终于完成了对百济的征服。究其原因,一方面是两国的实力对比太过悬殊,另一方面百济的三次内讧(扶余隆与扶余文思、福信与道琛、福信与扶余丰)也帮了唐朝的大忙。当然,良将的作用也不可忽视。打个比方,苏定方一记直拳把百济干倒了,但是没打死,百济挣扎着又站起来了；换刘仁轨上场，一套组合拳下来，百济彻底死了。

高宗诏命孙仁师、刘仁愿二将回国，留刘仁轨镇守百济。

孙、刘回国后，受到高宗召见。高宗问刘仁愿："卿在海东，前后奏事，皆合机宜，复有文理。卿本武人，何能如是？"你在百济的奏表写得很棒，朕很满意。不过朕有个疑问，你一个武人怎么材料写得这么好？

刘仁愿实话实说："此皆刘仁轨所为，非臣所及也。"

宰相上官仪当场夸赞道："仁轨遭黜削而能尽忠，仁愿秉节制而能推贤，皆可谓君子矣。"

高宗大喜，当即下敕将刘仁轨转正为带方州刺史兼检校熊津都督，赏长安府邸一座，并"厚赐其妻子"。

当初刘仁轨就任检校带方州刺史时，高兴地说："天将富贵此翁矣！"左右皆以为是妄言。如今这话还真就变成了活生生的现实。

皇帝的褒奖既是认可，也是鼓励。刘仁轨以比战时更加勃发的劲头、更加紧张的节奏，投入百济的重建当中。经过三年战乱，这个国家已经千疮百孔、破败不堪，"比屋凋残，僵尸满野"。刘仁轨系统地改造百济，"瘗骸骨，籍户口，理村聚，署官长，通道涂，立桥梁，补堤堰，复陂塘，课耕桑，赈贫乏，养孤老，立唐社稷，颁正朔及庙讳"，迅速恢复了社会秩序，然后"修屯田，储糇粮，训士卒"，为与高句丽的最后一战做准备。

但他很快发现，驻军不仅"衣服贫敝"，而且疲羸不堪，都想回归故土，士气非常低落。刘仁轨问士兵们这是为何。

将士们是这么说的：因为官府的政策变了，所以人心也变了。首先，从前将士们死于征战，朝廷都会遣使吊唁祭奠，追封官爵，或者是把阵亡将士的官爵转授给他的兄弟儿子，考虑得多周到啊！但现在不同了，出发前朝廷说了，只要我们肯渡海东征，就会赐勋一级。可现实是根本没人管，政策没有落实，东征将士们战死了，完全没人过问他们的姓名和死因，死了就死了。立功的将士们回去，也完全见不到原先答应的奖赏。其次，以前征兵，不论贫富，只要符合应征条件，都得入伍；可现在呢，有钱人买通官府，得以免征，而我们这些穷人却不得不硬着头皮入伍。综上，所以大伙儿都不愿意当兵。

刘仁轨又问："以前士卒留在这里镇守五年，尚且能够支持，现在你们才经历一年，为何衣着如此单薄，甚至于衣不蔽体？"将士们说："当初从家乡出发时，只让准备一年用的物资服装，现在已经两年了，衣服能不单薄吗？！"刘仁轨检查将士们的衣物，发现果然属实。

他终于明白，将士们之所以士气不高，一是因为政府越来越不重视对牺牲将士的抚恤和复员军人的善后安置，搞得百姓对从军失去了兴趣，能躲就躲；二是因为国家漠视军功，这是对军人价值观的根本性摧毁，他们为国卖命，到头来发现所得军功不仅一文不值，而且连一点儿社会地位都没有；三是因为在百济待得太久，当初说好只戍卫一年，现如今已经待了两年多，将士们都是爹生娘养的，都有老婆孩子，思乡情切。

所以，高宗十五年（664年）十月，刘仁轨上表自称"逆耳之事，或无人为陛下尽言，故臣披露肝胆，冒死奏陈"，摆出了这些问题。

他为什么自称"冒死奏陈"呢？因为这些问题其实早就有了，苏定方、薛仁贵、契苾何力这些大军头都知道，但他们都不敢说，害怕说了惹皇帝不高兴。第一，皇帝未必相信会有这样的事情，国家早有法度，规定得很细致很到位，即便偶有地方落实不到位，也属个别现象，不应该是你说得那么普遍呀！第二，皇帝即便信了，内心多半也会觉得你是为了收买人心而抨击朝廷的政策，损害朝廷的利益，抹黑皇帝的形象。如果别人从旁挑唆，说些离间的话，皇帝会怎么想，就更不好说了。

但刘仁轨是从大局的角度说的，他说："陛下让将士们镇守百济，是为了将来南北夹击消灭高句丽，但以戍军现在这个状态，是不可能成功的！"所以，他诚恳地希望皇帝、朝廷能够"有所更张，厚加慰劳，明赏重罚，以起士心"。

高宗还真听进去了，派刘仁愿率军渡海，接替刘仁轨的军队回国。没想到刘仁轨又有新的考虑，担心"今收获未毕，而军吏与士卒一时代去，军将又归；夷人新服，众心未安，必将生变"，建议"且留旧兵，渐令收获，办具资粮，节级遣还；军将且留镇抚，未可还也"，士兵暂且留下来，待秋收过后，分批返还，将官暂时都留下。

刘仁愿不同意，并且掏心窝子地对刘仁轨说："先前回国时，我就遭到了毁谤，有人说我故意多留将士，想割据百济称雄，我差点儿就被整死了。现在，我只知道按皇帝的诏令办事，绝不敢擅作主张。"

刘仁轨就说了："人臣苟利于国，知无不为，岂恤其私！"再次上表高宗，申明自己的主张。高宗采纳了他的意见。

高宗其实早就在考虑夹击高句丽的大战略了，他要求金法敏与扶余隆会盟，捐弃前嫌，帮助唐朝一起消灭高句丽。百济是啥？那可是新罗的宿敌！金法敏心中那个抵触呀，借口百济任存城还没有攻下，要求停止会盟。高宗很不爽，于十四年（663年）宣布新罗为大唐鸡林州都督府，以金法敏为鸡林大都督。这其实是一种威胁，新罗王，你虽然还是新罗的王，但实际上就是大唐的一个都督，哪天朕不高兴了，把你的王号拿掉也不是没有可能！

第二年，高宗任命扶余隆为熊津都尉，招抚百济余众，又直接下诏责备金法敏不遵他的要求与扶余隆盟誓。金法敏无奈，只得派人与扶余隆会盟。高宗跟他杠上了，非要他亲自参加。这下金法敏就不能拒绝了，于高宗十六年（665年）八月亲自出面，在唐将刘仁愿的监督下，与昔日的敌人扶余隆会盟。会盟后，大唐、百济、新罗三方研究制订了合力灭亡高句丽的计划。

刘仁轨已经在百济待了两年多,就等着皇帝一声令下,即刻率兵北上,去追寻更大的荣光。但就在这时,大陆上又来了新的指示,征讨高句丽之事暂缓。

因为,皇帝要封禅了。

第六章 二圣临朝

01. 帝后矛盾

刘仁轨在百济的几年间，朝廷的变化可以说是天翻地覆：曾经为他美言的宰相上官仪被灭族，武后由幕后走上台前，与高宗一道坐朝问政，并称"二圣"了。

这种变化当然不是一朝一夕形成的。

长孙无忌谋反案后，高宗以为自己终于摆脱了舅舅的控制，可以伸张自我了。但懦弱如他，其实并不具备独立自主的人格，注定只能被强者控制。当他是太子时，这个"强者"是父亲李世民；当他即位时，这个"强者"是舅舅长孙无忌；舅舅倒台后，这个"强者"就变成妻子武后了。

武后能控制高宗，一是得益于高宗的性格弱，二是得益于他的身子弱。

高宗刚即位的时候很勤勉，他爹三日一朝，他改为每日一朝，即便高宗八年时因为身体不适做了调整，依旧达到了两日一朝的频率。但他从小体弱，身体素质不行，娶了倾城倾国妻，却成了多愁多病身。高宗十一年后，他又得了风眩病，经常头晕目眩，严重时目不能视，渐渐地就影响到了政务处理。

皇帝不同于宰相。宰相是职业经理人，累了可以休息，病了可以请假，实在干不动了还可以申请致仕，想当宰相的人多的是。但皇帝是老板，老板只有一个，再苦再难也要坚强，只为那些期待眼神……

起初高宗咬着牙硬撑，后来实在撑不下去了，终于在某个瞬间产生了一个念头：何不让媚娘为朕分忧？一念起，天地变色，江山易主。他越想越觉得这个主意很正：一来媚娘的才智足可胜任。媚娘爱读书，尤喜历史和文学，而且爱思考、招法多。他有时向媚娘念叨朝政，媚娘的见解经常切中要害，而且给出的措施办法也非常管用。二来让媚娘分担朝政，他很放心。两人睡一个被窝，是亲亲的两口子，他对谁放心不下，也不会对老婆放心不下。

于是，高宗开始让武后参与批阅奏章。最开始的时候是武后念给他听，然后他指示怎么批，渐渐地就变成武后阅完提出建议，他来拍板。在这一过程中，武后越发让高宗感到惊喜连连，因为聪明能干的她"处事皆称旨"。打从这一刻起，高宗就视武后为良佐贤内助了，开始逐渐放权，越放权越倚重，越倚重越放权，发展到后来，很多一般性的决策，武后就直接拍板了。此时的武后于高宗而言，既是妻子，又是姐姐，还是参谋。

如果是一般的女人，对这些枯燥乏味的政事多半是不感兴趣的，但武后不是脂粉小女人，她是一个顶天立地的大女人，是一个事业心、进取心都很重的女强人。这么多年来，她都不知道自己最爱什么。男人？不可能的！金钱？她不缺！但从协理政事的那天起，她忽然明白了，她最爱的是权力，她太喜欢这种手握乾坤、口衔日月、一言九鼎、言莫予违的感觉了，一点儿都不觉得枯燥乏味，她从这里面找到了无比强烈的兴趣点和兴奋点，并乐此不疲。

但夫妻间这种和谐的状态仅仅维持了一年多，就变得不和谐甚至很尖锐了。

为什么呢？因为权力是排他的，武后的权力欲上来了，控制欲跟着也上来了。举凡御姐，控制欲都很强，更何况武后还是御姐中的御姐。故事最开头，凡事都是她依着高宗，渐渐地她开始劝诱高宗遵从她的意愿，乃至发展到非要高宗按她的意思来。

高宗性格再软，毕竟是个皇帝，再不济他也是个男人，时间久了就受不了，"不胜其忿"，这大唐到底是谁说了算？他认定皇后试图控制自己，刚摆脱了舅舅的控制，老婆又想控制他，真是前门驱狼后门入虎。当然，他肯定想不到，这头母老虎可比大公狼厉害多了。

一个要压迫，一个要抗争，两口子嫌隙日生，从高宗十三年（662年）起就开始闹别扭较劲。当然，毕竟都是有身份的人，不可能像寻常夫妻那样大吵大闹。第一夫妻PK，战场是全国，而且都是大领域。

先是在宗教领域，以"致拜君亲"事件过招。

经玄奘推动，佛教又开始兴盛起来。十年（659年）九月，高宗下令迎奉佛骨。

当年，佛祖释迦牟尼在拘尸那揭罗城（今印度北方邦戈勒克布尔镇卡西亚村）郊外的娑罗树下圆寂，遗体火化后共得八万四千颗真身舍利①，其中19份传入中土。东汉桓帝在全国建立19座舍利宝塔，用以存放佛祖舍利。距离长安最近的一处舍利存放地是位处今陕西宝鸡扶风县的法门寺。该寺始建于东汉桓灵年间，北朝以前叫"阿育王寺"，隋文帝时改称"成实道场"，唐高祖时叫过一阵子"法门寺"，高宗时叫"无忧王寺"。

什么是迎奉佛骨呢？就是将无忧王寺里珍藏的佛祖释迦牟尼的指骨舍利，迎入长安、迎入皇宫，供天子与百姓瞻仰。因为太过珍贵，所以舍利不轻易示人，藏于法门寺的地宫之中。不知从啥时候起，社会上流行起这么一种说法：法门寺地宫"三十年一开，则岁丰人和"，

---

① 释迦牟尼佛遗体火化后结成的珠状物。

是大吉之兆。

高宗为了讨彩头，举办了大唐首次迎奉佛骨盛典。他将舍利迎入宫内道场后，亲自供养。武后还别出心裁地造了九重金棺银椁瘗①藏佛指舍利。按理说，盛典结束后就该把舍利还给法门寺封入地宫了，但高宗和武后愣是将舍利留在宫中长达两年之久，直到高宗十三年才送回法门寺。

首次迎奉佛骨仪式让佛教的影响力越发蓬勃，这下道教和儒教不干了，高宗也后悔了，就在送回舍利当年昭告天下："令道士、女冠②、僧尼于君、皇后、皇太子及其父母所致拜。"啥意思呢？就是说打从命令下达之日起，所有的佛道二教教徒，在面对皇帝、皇后、太子、父母时都要行拜礼。这其实就是用儒家伦理体系去约束佛道二教。

此令一出，道教还算消停，但佛教徒的反应可是太激烈了。因为出家人是谁都不拜的，他们眼中既无父母也无君长。长安各寺僧尼二百余人联名上表，要求皇帝收回成命。朝廷选择了沉默。随后，各寺庙各宗派高僧齐集西明寺开会，打算串联全国佛教徒再次上表，要求废除该诏敕。

这当中，西明寺有一个法号道宣的僧人想了一条野路子，先是向武后次子、雍州牧李贤上书，未果。然后，他又向武后的母亲荣国夫人杨牡丹上书。为什么找杨老太太呢？因为她是一个资深佛教徒。道宣希望通过老太太策动皇后，说服皇帝收回成命。

这条野路子还真就成了。因为武后也是一个铁杆佛教徒。她对佛教的兴趣始于少女时代母亲的熏陶，奠定于感业寺那段暗无天日的日子。那是她一生中最难以忘怀的经历，她无数次地向佛祖祈求，终于

---

① 瘗，音亦。
② 女冠，女道士的别称。

佛祖"听到"了，为她打开了生门。所以，她对佛教那是相当尊崇，不仅与玄奘频繁酬答，为法门寺佛骨舍利营造金棺银椁，还请玄奘为三子李显剃了度。

武后一出面，成天耳边念叨，高宗就不得不重视、不得不回应了。五月，他召集朝廷九品以上文武官员及各地州县代表，计有千人之众，商讨应对之策。

开了这么大一个会，愣是没达成一致。因为这一千多人中有相当一部分人是拥护佛道二教的，并不认同致拜君亲。高宗一看这分歧太大、社会影响太大，继续搞下去恐有动乱，只得发布《停沙门拜君诏》："若夫华裔列圣，异轸而齐驱；中外裁风，百虑而同致。自周霄陨照，汉梦延辉，妙化西移，慧流东被。至于玄牝邃旨，碧落希声，具开六顺之基，偕叶五常之本，而于爱敬之地，忘乎跪拜之仪，其来永久，罔革兹弊。朕席图登政，崇真导俗，凝襟解脱之津，陶思常名之境。正以尊亲之道，礼经之格言，孝友之义，诗人之明准，岂可以绝尘峻范，而忘恃怙之敬？拔累贞规，乃遗温清之序。前欲令道士、女冠、僧尼等致拜，将恐振骇恒心，爰俾详定。有司咸引典据，兼陈情理，沿革二涂，纷纶相半。朕商榷群议，沈研幽赜，然箕颍之风，高尚其事，遐想前载，故亦有之。今于君处，勿须致拜。其父母之所，慈育弥深，祇伏斯旷，更将安设？自今已后，即宜跪拜。"

什么意思呢？其实核心就一句话：出家人可以不拜君长，但父母还是要拜的。佛教徒也做了让步，应该拜父母时还是要拜的。

所以，这件事情回头看，其实就是武后打了高宗的阻击，高宗的目标是100%，武后给他削减到了50%。

高宗当然不甘心啊，在宗教领域输掉了，就想在政治领域找补回来。于是，双方的PK就延伸到了朝廷的人事，尤其是对相权的掌控上。

02. 李猫倒台

先出手的还是高宗。就在发布《停沙门拜君诏》的当月,他册拜散骑常侍许圉①师为左相②。虽然父亲是高祖李渊的同学许绍,但许圉师是靠真才实学发迹的,进士出身,博学多才,于高宗八年累迁黄门侍郎、同中书门下三品,兼修国史。许圉师的一个孙女嫁给了一位诗人,那个诗人的名字叫作李白。

高宗推出一许,武后紧跟着也推出一许。八月,许敬宗同东西台三品、知西台事,实际上成了右相。

高宗很不爽,两个月后又让西台侍郎上官仪同东西台三品。

上官仪的出身非常好,他的父亲名叫上官弘,曾是隋炀帝的近臣。江都政变时,上官弘为宇文化及一党所杀。上官仪因藏匿得以幸免,为求避祸,自行剃度为僧。他研习佛典,精通"三论"③,而且涉猎经史,善做文章。贞观年间,上官仪考中了进士,授弘文馆直学士,累迁至秘书郎,成为太宗的秘书。高宗七年,上官仪又当上了太子李弘的中舍人。他不仅是当朝显贵,也是初唐赫赫有名的大诗人,他的诗歌"绮错婉媚",具有重视形式技巧、追求声辞之美的特点,被誉为"上官体"。在"初唐四杰"冒头之前,上官仪是唐诗界当仁

---

① 圉,音与。

② 高宗十三年(662年)二月,改百官名:以门下省为东台,中书省为西台,尚书省为中台;侍中为左相,中书令为右相,仆射为匡政,左、右丞为肃机,尚书为太常伯,侍郎为少常伯;其余二十四司、御史台、九寺、七监、十六卫,并以义训更其名,而职任如故。后来,又改了回来。

③ 三论宗所依论典,即大乘佛教中观学派创始人龙树写的《中论》四卷和《十二门论》一卷,以及龙树弟子提婆写的《百论》二卷。

不让的扛把子。

武后的反击既迅速又猛烈，上官仪刚刚当上宰相，许圉师就被武后一系绊倒了。

许圉师有个儿子叫许自然，前不久外出畋猎，践踏了民田。田主估计也是有些背景的，对宰相之子很不客气，说话很难听。许自然年轻气盛，居然"以鸣镝射之"，确实很过分。田主就跑到司宪府①把他告了。司宪大夫杨德裔一看被告是宰相的儿子，做了冷处理，"不为治"。田主事后也没有再纠缠。许圉师狠狠地教训了儿子，足足打了一百杖。

本以为这事就过去了，不承想西台舍人袁公瑜指使人写了封匿名信，把这事给抖搂了出来。宰相之子竟跋扈至此，高宗大发雷霆，当堂训斥许圉师："你可是宰相呀！你儿子欺凌百姓，你居然压着不报，你们父子是不是也太作威作福了?!"这话虽然是气话，但确实说得有点重了，犯事的是许自然，又不是许圉师，他顶多是教子无方。

皇帝不开心，训斥臣子几句，换作一般人，忍忍就得了，让皇帝把飙发完、把气撒完就好了。偏偏许圉师也是个直性子，非要解释："臣一贯以直道侍奉陛下，难免会得罪人，这是别人故意在整我。陛下说我作威作福，作威作福的不是手握强兵的将帅，就是身居重镇的地方大员，臣只不过是一个文吏，哪儿敢作威作福呀?!"这话软中带硬，的确有点给皇帝甩脸的意思。

高宗被气得够呛，怎么的，你还想要兵权，怒曰："汝恨无兵邪！"眼见皇帝的火儿被拱起来了，许敬宗悠悠地添了一句话："人臣如此，罪不容诛。"这火儿拱得恰到火候，高宗当场罢免许圉师的相职，将其投入大牢。

① 司宪府，掌纠察百官。

许圉师倒台，便宜了李义府。高宗十四年正月，李义府出任右相，而且掌"典选"，把持了人事权。

三月，许圉师被贬官江西赣州，其子许文思、许自然均被免官。司宪大夫杨德裔取巧不成，被流放庭州。

此时的李义府已经站到了荣宠的巅峰。高宗九年，他祖父改葬到永康陵（唐太祖李虎的陵寝）侧，不仅由高宗御批，而且由附近七县县令征调民夫，"载土筑坟，昼夜不息"。高陵县令张敬业甚至因为"不堪其劳"，累死在了施工现场。好家伙，比给亲爹迁坟还上心！满朝文武自王公以下争相馈赠奠仪，"穷极奢侈"。送葬队伍绵延七十里而"相继不绝"。史载，"武德已来，王公葬送之盛，未始有也"。此外，李义府的父亲被追赠为魏州刺史，他所有的儿子，包括尚在襁褓中的婴儿，都当了大唐的官。

李义府的官品大家是知道的，嚣张跋扈，贪财暴敛。让他管人事，无异于向这只馋猫打开了鱼塘的大门。他刚刚履职，就动员母亲、妻子、儿子、女婿、亲信齐上阵，大肆卖官鬻爵。史书用了一个非常形象的形容词，"门如沸汤"，登临李府求官的人多得就跟烧开了的水似的。

如此胡搞乱搞不出事儿才怪！短短数月间，朝野"怨讟①盈路"，连高宗都知道了。

人是自己用的，高宗颜面无光，又不好发作，只能提醒李义府："你的儿子和女婿最近有些膨胀，干了很多不法之事。朕已经替你遮过去了，希望你要引以为戒，好好约束家人！"讲真，领导能说出这话，够给面子了！可李义府听了，竟"勃然变色，颈颊俱张"，反问道："谁告陛下？"他的嚣张跋扈令高宗十分吃惊，这还是那个低眉顺

---

① 讟，音读。

眼、肯干能干的李义府吗？他强忍不悦道："但我言如是，何必就我索其所从得邪！"你听朕的话就是了，何必问朕从哪儿听到的？！岂料，李义府"殊不引咎"，竟"缓步而去"。

当臣子的如此无礼，眼里还有天子吗？私下一调查，高宗气上加气，原来李义府早就傍上了皇后。

李义府聪明吗？能爬到宰相的位置上，应该是个聪明人。李义府愚蠢吗？从给皇帝甩脸子的事来看，他是真的蠢。皇帝毕竟是皇帝，皇后终究只是皇后，皇帝真想收拾他，皇后是拦不住的。而且，皇帝收拾他根本不用亲自出面，有的是人替他张罗。

果不其然，四月，李义府就完蛋了。

他与术士杜元纪过从甚密。一日，二人结伴到长安郊外游玩，登上一座古墓，眺望长安的气色。当日就有人向高宗打了小报告，说李义府请术士望气，图谋不轨。紧接着，又有人揭发李义府通过其子右司议郎李津，收受长孙无忌的孙子长孙延钱七百缗①，帮助长孙延获得了司津监的职位。

高宗可逮着机会了，不顾武后阻拦，将李义府下入大牢，命司刑太常伯刘祥道主审。经调查，"事皆有实"。李义府随即被除名，流放四川西昌，李津流放三亚，其余诸子及婿并除名，全部流放庭州陪杨德裔去了。李家人天南海北，一朝破灭。"朝野莫不称庆"。有人甚至写了一篇《河间道行军元帅刘祥道破铜山大贼李义府露布》贴在街上，以示普天同庆。

扳倒李义府，高宗就雄起了，八月又以刘祥道兼右相，大司宪窦德玄代理左相。算上上官仪，已经有三个宰相是自己人了，他就想"宜将剩勇追穷寇"，一口气把武后废掉算了。

---

① 一缗为一千文。

03. 废后风波

正在这时，他的贴身宦官王伏胜告诉他一条颇有价值的信息：道士郭行真出入禁中，为皇后作厌胜之术。

对郭行真这个人，高宗并不陌生。此人是长安西华观的道士，在道教圈子里是个有头有脸的人物。

武后害死王皇后和萧淑妃后，时常梦见二女鬼魂前来索命，寝食难安，听说这个郭行真有些道行，便偷偷将他召入禁中作法。可能是心理作用吧，反正她觉得见效了，加封郭行真为朝散大夫，赐号"东岳先生"。其实按照现在的科学解释，武后就是和王皇后、萧淑妃"量子纠缠"了。从此，郭行真成为武后的座上客，时常出入宫中。

高宗十二年（661年），武后唆使高宗敕命郭行真到泰山建醮①造像，立碑纪事。郭行真所立之碑就是历史上著名的《鸳鸯碑》。高宗以为，媚娘立《鸳鸯碑》是为了秀恩爱、撒狗粮的，却不知武后另有小九九。她是要昭告世人：皇后的地位与皇帝平齐。

郭行真看出武后对佛教兴趣更为浓厚，倒也真能豁得出去，居然不信老君，改信佛陀了。高宗十三年，他公然宣称皈依佛教。此事在全国引起了轩然大波，道教是国教，在法律层面是高于佛教的存在，现在道教的头面人物郭行真公然改宗佛教，岂非说明道不如佛？

郭行真的悖逆之举，不仅遭到了道教界的一致声讨，而且也激起了官方的强烈不满。第二年，有人告发他窃取佛经中的字句修改道书。高宗将其下入大牢，经武后出面求情，才免死流配远州。然而，还不

---

① 道士设法坛做法事。

到一年的工夫，郭行真又回来了，依旧出入宫中，与武后谈笑问对。

当王伏胜告诉他这件事的时候，高宗大怒之余喜上眉梢，因为他想到了扳倒皇后的办法：以厌胜为由，废掉武后。说干就干，他立即召上官仪前来商讨。

这里面有一个细节是很多研究历史的人所没有注意到的，"上大怒，密召西台侍郎、同东西台三品上官仪议之"。注意，这里要敲黑板了：他只是召上官仪前来，商议如何处置皇后厌胜一事，并未言明要废后。从后事发展来看，高宗其实耍了个心眼子，他是想让上官仪提出废后的动议。

果然，对武后专权早就不满的上官仪说出了高宗想听的话："皇后专恣，海内所不与，请废之。"高宗暗自窃喜，马上就让上官仪起草废后诏书，现在就写，就在这儿写！

高宗知道，只要他在诏书上做了墨批，媚娘的皇后之位就保不住了。他没有意识到，当然也不可能意识到，挽救大唐王朝的唯一机会就摆在他的面前，只要他动动手，以后就不会有大周朝，不会有女皇武则天了。

历史变迁往往系于一瞬之间。

一场天大的危机降临到武媚娘头上。当然，我们知道的，这场危机她化解了，因为后来还有大周朝，还有女皇武则天。但武后能度过这场危机，靠的可不是什么吉人自有天相，而是对后宫无所不在的掌控。没错，高宗是大唐的主人，但在后宫武后才是真正的主人，宫里的每一个角落都有她的眼线，包括高宗身边。高宗几时召上官仪入宫的，上官仪几时入的宫，他们二人说了什么，她全都一清二楚。一听说高宗要废她，武后急了，立刻赶来。

她来得正是时候，上官仪刚刚起草完诏书，墨迹还没干呢，就等着高宗墨批了。面对气势汹汹、从天而降的武后，高宗慌了、虚了，他可以背着媚娘埋怨她、指责她、琢磨怎么对付她，但面对媚娘时他却不忍心了，觉得做了什么对不起她的事情，无法直视她的眼睛。毕竟，她是他真正爱的女人。

武后太了解丈夫多情又懦弱的性格了，她说了什么，史书没有记载，想来多半是以情动之、以理迫之，软硬兼施。而高宗呢，"羞缩不忍"，为了甩锅，竟然说了一句臭不要脸的话："我初无此心，皆上官仪教我。"姐，我本来没这个意思，都是上官仪教唆我的！此言一出，废后这事就流产了，上官仪也就死定了。

这么好的机会，只搞死一个上官仪岂不是太浪费了？前太子李忠还是亲王时，王伏胜是他的宦官，上官仪是他的咨议。武后就指使许敬宗借着这重关系做文章，诬告李忠与上官仪、王伏胜谋逆。高宗急于甩锅，都不带辩解的，马上认可。

上官仪下狱，不久即与其子上官庭芝、王伏胜一同被处死，家产被抄没。王伏胜是宦官，无儿无女，可怜上官仪却是家破人亡。上官庭芝之妻郑氏刚刚生了一个女儿，母女就一同被罚没入掖庭宫为奴。这个女孩儿正是后来赫赫有名的大才女上官婉儿。

再说李忠，太子之位被废后，他降为梁王，被辗转安置于陕西汉中南郑、湖北十堰房县。他深知武后不会放过自己，常常占卜吉凶，有时还穿着女人的衣服以防备刺杀。高宗十一年，有人将他"私衣妇人服以备刺客，又数自占吉凶"的事情抖搂了出来。高宗很生气，将李忠废为庶民，又囚禁于重庆彭水软禁李承乾的旧宅。不知李忠是否与大伯李承乾有过神交，两位废太子想来应该会有很多情感共鸣吧？！

李忠惶惶不可终日已有多年，现在他再也不用惶恐了，被赐死于重庆。许敬宗又以与上官仪"交通"为由，将右相刘祥道、左肃机郑钦泰、太子左卫率郭广敬等朝士都牵连了进来，或降职，或贬官，或流放。

这事应该过去了吧？怎么可能！武后要的才是"宜将剩勇追穷寇"，她提出坐朝问政。心怀悔恨歉疚的高宗居然同意了，他已经放弃任何挣扎。再说了，媚娘的确是他的贤内助，有媚娘帮忙，他也能轻松一些。

高宗既是软蛋，又是情种，这不仅是他个人的悲剧，也是大唐的悲剧。

不久后的一天，当大臣们上朝时，突然发现皇帝的宝座后面多了一道帘子，帘子后面放着一把椅子，椅子上坐着一个人。没错，正是大唐皇后武媚娘。打从这天起，她垂帘听政，与高宗一同坐朝了。中外称呼他们为"二圣"。

危机，危机，危中有机，凭借废后风波，武后化危为机，实现了对高宗的控制，并就此由幕后走上了台前。从高宗十五年（664年）十月到高宗二十六年（675年）六月的这段时间，我们可以称之为"二圣时代"。在这11年间，"上每视事，则后垂帘于后，政无大小皆与闻之。天下大权，悉归中宫，黜陟、生杀，决于其口，天子拱手而已"。

04. 封禅泰山

武后跻身"二圣"后，马上搞了一件大事情：东封泰山。

封禅这事儿，她和她那伙子人其实提了很久了。

早在高宗十年，许敬宗就奏请完善封禅礼仪，建议"以高祖、太宗俱配昊天上帝①，太穆、文德二皇后俱配皇地祇（即地神）"。就是说祭祀天神时，应当同时祭祀高祖和太宗皇帝；祭祀地神时，对应地要同时祭祀高祖太穆皇后和太宗文德皇后。许敬宗是三朝老臣，且长期担任礼部尚书，当年太宗屡议封禅，他曾经参与过封禅程序、礼仪的拟制，算是这方面的专家。高宗听了很高兴，不错，我爷我奶我爸我妈都跟天地神明并列了，棒棒哒！他完全没有注意到这里面埋着的小九九：既然已故的皇后能配享地神，那么将来的皇后当然也可以了。

许敬宗这么做，还是为了取悦武后。武后为什么对封禅这事兴趣这么大呢？是爱出风头的缘故吗？这么说，既对也不对。说对，是因为她的确想出风头，想在世间最隆重的典礼上露大脸、出大彩。说不对，是因为她想要的远远超过了露脸出彩，她要的是从后宫走向前朝，从朝廷走向天下。她要让天下人都知道：她是超越历代皇后的存在，是可与皇帝的威望等量齐观的存在。

与武后相反，高宗对封禅的兴趣其实不大，主要原因有这么几个：第一，他觉得这就是个花钱赚吆喝的事情，劳民伤财；第二，先帝文治武功成就那么大都没去，他去不合适；第三，现在国内形势虽然很好，但国际形势还是有些紧张，高句丽还很嚣张，天下还未大定，还不够去的条件。

但是呢，架不住武后、许敬宗、李义府等人日夜纠缠，十三年十月，高宗还是勉强答应了，下诏于十五年正月封禅泰山。他原本就是糊弄，在两个月后便以国家外征高丽百济、内平铁勒叛乱，人民劳于征役为由，宣布停封东岳。然而在十五年七月，也就是废后前半年，武后又一次说服了他。高宗又下诏，将于十七年正月封禅泰山。

高宗十五年底，武后垂帘听政，转年初就开始准备东封事宜了。

---

① 中国古代最高神，周朝时正式出现"昊天上帝"的尊称。

十六年二月，二圣携朝廷班底由长安启程，于闰三月抵达东都洛阳。

两口子路上几乎全程无交流，都黑着脸。

为啥呢？因为高宗出轨了，还闹出了人命。

武后一坐朝，高宗算是彻底解放了，工作量骤减，有大把大把的时间可以自由支配了。成功男人一旦闲下来，就容易搞事情，而且多半会在男女关系上搞事情。高宗也没能免俗。

自打媚娘回宫后，他就没有过别的女人。起初是他不想有，觉得有媚娘一个就够了，别的女人在他眼里就是浮云。后来他想有，但是有不了了，一方面媚娘不让他碰别的女人，另一方面别的女人也不敢让他碰。这一点很好证明：高宗一共八个儿子，最后四个全是武后生的。

现在高宗闲下来了，主观上有愿望，客观上有时间，就差一个合适的对象了。合适的对象还真就来了，就有这么一个女人，不仅想碰他，而且也敢让他碰。谁呢？正是武后的大姐韩国夫人武顺。

武媚娘当上皇后以后，荣国夫人和韩国夫人得以频繁出入后宫，经常与高宗见面。武家的基因在那儿摆着呢，武后好看，她姐姐肯定也差不了。那时高宗就喜欢偷看大姨子的美貌，只不过身边有母老虎，他只能过过眼瘾。上官仪案后，武后垂帘听政，高宗退居二线，忽然闲下来了，想搞人生第二春，越看武顺越觉好看，而且最难得的是人家武顺一点儿都不像妹妹那么跋扈悍妒，性格相当温婉可人。高宗越看越心痒痒，开始主动撩拨武顺。

懦弱的高宗之所以突然色胆包天了，可能还有一个原因：报复武后。你不是不让我碰别的女人吗，那我就碰你姐，看你怎么办？！

郎有情，正好妾也有意。武顺寡居多年，且又处于如狼似虎的年纪，要说心如止水，一点儿想法都没有也不可能。况且，勾搭她的又不是一般男人，而是贵为九五之尊的大唐皇帝，她实在没理由也无力拒绝。二女同侍一君古有先例，前汉的赵飞燕、赵合德姐妹不就一同侍奉汉成帝嘛?! 武顺就想了，她如果也成为皇帝的嫔妃，岂非越发光大了武家的门楣？媚娘应该不会怪罪她的。这个理由很牵强，但韩国夫人还是用这个理由说服了自己。

然后，高宗和武顺就没羞没臊地在一起了。

找个优秀靠谱的男人不容易，这样的好事不能自己独享，韩国夫人又把女儿贺兰氏推到了高宗面前。李唐皇室的作风向来比较开放，一只羊是赶，两只羊也是赶，高宗又动心了，熟妇喜欢，萝莉也要，又将贺兰氏收为禁脔。母女共侍一夫，铿锵三人行，其乐融融。

武后知道后气得肺都要炸了，对姐姐大发雷霆。据说，她对姐姐撂了这么一句狠话："如果不是念在同胞姐妹的分上，你的下场就会跟王氏、萧氏一样，我还让你活着，你该知足了！"然后，韩国夫人就死了，死因不明。主要的说法有两种，一说是惧怕妹妹的报复，也可能是出于羞愧，上吊自杀；另一说是被武后偷偷毒死了。

高宗万分悲痛，但也并未疑心皇后，册封贺兰氏为魏国夫人，还打算把她收为嫔妃，怕武后反对，迟迟没敢张嘴。魏国夫人贺兰氏认定母亲之死是拜二姨所赐，一面继续狐媚高宗，一面专与武后作对。到底是年轻人，不知天高地厚，有些人你真的惹不起，你二姨连亲生子女都可以杀，何况是一个关系不好的外甥女?!

但目前武后还没准备对外甥女下手，一是急切之中还未想到除掉她的办法，二是眼下封禅的事情最重要，权且留她多活几天吧！

十月，"二圣"由东都启程，向泰山进发。史载："从驾文武仪仗，数百里不绝，列营置幕，弥亘原野。东自高丽，西至波斯、乌长①诸国朝会者，各帅其属扈从，穹庐毳②幕，牛羊驼马，填咽道路。"当

---

① 乌长，巴基斯坦北部的古代小国，位于今斯瓦特河流域。

② 毳，音脆。

时，"米斗至五钱，麦、豆不列于市"，对外战争屡有捷报，确实也有点儿盛世气象。

高宗十七年（666年）正月，李唐开国以来第一次封禅大典在泰山举行。中央百官、地方州以上刺史都督以及各国使者全部到齐，连远在百济的刘仁轨都回来了，共襄盛举。

甚至于流放西昌的李义府都献上了诗歌《在巂州遥叙封禅》：

> 天齐标巨镇，日观启崇期。
> 岩峣临渤澥，隐嶙控河沂。
> 眺迥分吴乘，凌高属汉祠。
> 建岳诚为长，升功谅在兹。
> 帝猷符广运，玄范畅文思。
> 飞声总地络，腾化抚乾维。
> 瑞策开珍凤，祯图荐宝龟。
> 创封超昔夏，修禅掩前姬。
> 东后方肆觐，西都导六师。
> 肃驾移星苑，扬罕驭风司。
> 沸鼓喧平陆，凝眸静通逵。
> 汶阳驰月羽，蒙阴警电麾。
> 岩花飘曙辇，峰叶荡春旗。
> 石间环藻卫，金坛映黼帷。
> 仙阶溢秘柜，灵检耀祥芝。
> 张乐分韶濩，观礼纵华夷。
> 佳气浮丹谷，荣光泛绿坻。
> 三始贻遐贶，万岁受重釐。
> 菲质陶恩奖，趍迹奉轩墀。

触网沦幽裔，乘徼限明时。

周南昔已叹，邛西今复悲。

前面全都是在歌功颂德、炫耀文辞，只有后面四句才是重点：陛下，您还记得老臣吧？他知道封禅之后必然会大赦天下，这时献诗其实是提醒高宗别忘了他。

根据礼制，封禅本应先由皇帝初献、公卿亚献。但武后别出心裁地设计了三献程序，高宗初献，她亚献，越国太妃终献。这位越国太妃就是当年武媚娘的入宫介绍人——燕贤妃。高宗即位，册拜燕氏为越国太妃，准她随儿子越王李贞远赴藩地。武后感怀她的恩德，又想在三献中增加女性的比重，所以把燕老太太抬了出来。三人献酒，两人是女性，武后的用意昭然若揭：她就是要让女人和男人一样，要让自己和皇帝一样，她做到了！

随后，高宗宣布改元"乾封"，大赦天下，但是，流放边疆的罪人不在赦免之列。李义府，你的诗写得好啊，写得也很及时，你要不提这茬儿，朕还真把你给忘了呢！

消息传来，李义府忧愤病死。自他出贬西昌后，朝士们每天都担心他会回来，现在好了，他死了，死得透透的，大家悬着的心终于踏实了！

05. 辣手屠亲

封禅结束，高宗、武后踏上了归途。途中，他们去曲阜祭拜了儒家的至圣先师孔子,并追赠孔子为太师;又转向安徽亳州,拜谒了太上老君庙,加封老君为太上玄元皇帝,老子的母亲益寿氏为先天太后,敕令各州县要造道观,还把道教经典《道德经》列为州县科举考试的必修科目。在东都稍作停留后,第一夫妇于四月初回到了长安。

在随同返京的队伍中,有三个地方官员比较突出。

第一个就是原带方州刺史、检校熊津都督刘仁轨。为什么加个"原"字呢,因为刘仁轨在泰山面圣后,被高宗提拔为大司宪兼检校太子左中护。自高宗十年他贬官青州,到现在已经七年了。七年前,他以戴罪之臣的污名黯然离京;七年后,他以国之重臣的身份荣归朝廷。歌曰:再见面,让你们傻了眼,无所谓正面侧面,都是完美曲线。

除了刘仁轨,另外两个都是州刺史:一个是来自四川广元剑阁的武惟良,一个是来自山东淄博淄川的武怀运。前文说过,他俩是武后的堂兄。皇后的哥哥不在朝中为显宦,怎么跑到那么偏远的地方当官?

唉,哥哥心里苦,只是不说而已。再说了,这已经很不错了,起码命还在,不像武元庆和武元爽……

当年武士彟死后,武元庆、武元爽、武惟良、武怀运四兄弟以及武怀运的嫂子善氏,没少欺负杨牡丹母女,"杨氏深衔之"。武媚娘当上皇后,刚开始对四个哥哥还是很不错的,将武元庆提拔为宗正少卿、武元爽为少府少监、武惟良为卫尉少卿、武怀运为淄州刺史。

没想到,四武不识抬举。一次家宴,荣国夫人酒至酣处,问他们四个:"颇忆畴昔之事乎?今日之荣贵复何如?"还记得当年你们几个是怎么欺负我们母女的吗?现在你们荣华富贵都有了,作何感想啊?

四武是真蠢啊,居然这么回答:"我们几个因为是功臣子弟,有幸早早入仕,自知才能不够,所以也不追求富贵显达。没想到因为皇后的缘故而得到了朝廷的宠任,我们其实很惶恐,一点儿都不觉得荣耀。"话里话外就是一个意思:我们现在的官职是靠爹爹(叔叔)的功劳获得的,与你们没关系;我们也不想显贵,是你们母女非要提拔我们。

这话任谁听了都不会高兴,怎么,合着我们母女热脸贴冷屁股了呗?!宴会不欢而散,杨老太太跑到武后那儿一顿搬弄。武后怒了,敬酒不吃吃罚酒,便以抑制外戚为由,恳请高宗将四武外放。高宗还觉得皇后识大体明大理,有母后的风范,就将武元庆外放广西崇左龙州,武元爽外放安徽滁州凤阳,武惟良外放四川广元剑阁,武怀运可能得罪杨氏母女最轻,所以依旧留任山东淄博淄川。武元庆日夜忧愤,病死于龙州。武元爽后来又被踢到海南三亚,也死在了当地。

武元庆和武元爽一死,武惟良、武怀运才算知道害怕,所以当二圣东封泰山时,他们早早赶到,恭谨万分;封禅结束后,又跟着圣驾一同返回长安。他们也犯了李义府的错误,想借机刷个存在感。可是不刷还好,人家都不记得了,你一刷,人家又想起来了。武后看见这俩货就恨得牙痒痒,返程路上就在盘算怎么收拾他们。

八月的一天,武惟良、武怀运想拍武后的马屁,提出进献美食。武后一下子就想到了除掉他们的办法,命人偷偷在二武进献的食物中下毒,并邀请魏国夫人贺兰氏赴宴。结果可想而知,她没吃,贺兰氏吃了,不一会儿就暴毙而亡。

二武就算浑身是嘴也说不清了。退朝归来的高宗又痛又怒,下诏诛杀二武,并改其姓为蝮式,蝮蛇的蝮。武怀运的嫂子善氏连坐,被没入掖庭宫为奴。不久,杨牡丹专门跑到掖庭宫找碴儿,命人用带刺的荆条把善氏打得"肉尽见骨而死"。

魏国夫人死后,她们家就只剩弟弟贺兰敏之了。贺兰敏之之所以安全,是因为他很早就不叫贺兰敏之了,叫武敏之。咋回事儿呢?武元庆、武元爽兄弟死后,武士彟就断了香火。武后当时不想让武元庆的儿子武三思或者武元爽的儿子武承嗣继承父亲的爵位,就提出将外甥贺兰敏之改姓为武，承继香火。韩国夫人当然也同意。高宗就批准了。

起初，贺兰敏之和武后的关系很好，但是当母亲和妹妹相继死于非命后，他对武后的态度发生了根本性的转变。贺兰氏被毒死的当天，高宗痛哭流涕地问他："向吾出视朝犹无恙，退朝已不救，何仓卒如此！"早上朕上朝时你妹妹还好好的，怎么退朝后她就不行了呢？贺兰敏之什么都没说，也不敢说，只是号哭不已。武后明白了："此儿疑我！"

她的判断没有错，此后贺兰敏之就开始各种搞事情。《资治通鉴》说他"蒸于太原王妃"，和姥姥荣国夫人睡到一块儿去了，这应该是抹黑。杨氏再乱，也不会行此乱伦之举，再说史书从未有过她生活作风出格的记载。但是当荣国夫人于高宗二十一年去世时，贺兰敏之在服丧期内不仅不穿丧服，还私下招嫖，这可是实有其事。紧接着，他又强奸了太子妃的人选——司卫少卿杨思俭之女，还强奸了武后爱女太平公主的贴身侍女。有说他强奸了公主本人的，这也不可能，因为当时公主才不过五六岁。照我说，强奸可能也是欲加之罪，因为贺兰敏之是个大帅哥，杨思俭之女和公主的侍女极有可能是与他通奸。

武后对他的忍耐已经达到了极限，把贺兰敏之的罪名列了一长串，要求高宗严处。高宗二十二年（671年）六月，贺兰敏之被剥夺武姓，恢复贺兰氏，在流放广东途中被地方官员用马缰绞死了。

贺兰敏之一死，武士彟又后继无人了。武后在宗族中仔细挑选，最终选中了二哥武元爽的儿子武承嗣。武元庆也有一子武三思，但年纪要比武承嗣小。高宗二十五年（674年）三月，武后表奏高宗，从岭南召回武承嗣，任为尚衣奉御，不久又提拔为秘书监，袭爵周国公。

第七章 高句丽的末日

01. 丧钟东鸣

虽说原本不太情愿，虽说前后发生了一些不愉快的事情，但这次封禅居然有一个绝大的意外收获：就在高宗回到长安的第二个月，让先帝李世民抱憾终生的渊盖苏文居然病死了，年63岁。高宗祭天时，肯定画圈圈诅咒渊盖苏文来着！

渊盖苏文的一生，是彪悍的一生，是强横的一生，是极富争议的一生。他野心勃勃，不仅觊觎辽东地区，还幻想鲸吞百济、新罗二国，为此不惜与大唐开战。但他的骄傲与强硬非但没有达到预期目的，反而为高句丽招来灭顶之灾。不过，显而易见的事实是：他扛住了太宗、高宗两代唐帝的两次大举征伐，终其有生之年，唐廷都未能灭亡高句丽。因此，直至今日他仍被相当一部分半岛民众视为民族英雄。

现在，他死了。但丧钟并非只为他一人而鸣，高句丽的丧钟也敲响了。渊盖苏文尸骨未寒，国家就发生了动乱。

渊盖苏文有三个儿子，长子渊男生，次子渊男建，三子渊男产。渊盖苏文死后，其莫离支之位由长子渊男生承袭。

读者一定会问，是不是又是兄弟不和的老梗？恰恰相反，渊氏兄弟素来和睦。这么多年来高句丽之所以能扛住大唐的轮番猛攻，外靠全国上下团结一心，内靠渊氏父子团结如一人。渊氏兄弟的感情本来是没有任何问题的，然而，这世间唯一不变的就是变，现在好不代表将来好，主观想好不代表客观就一定能好，他们想好也不代表别人会让他们好。

根据惯例，渊男生刚刚当上大莫离支，是要巡视全国的，也就是到全国各地调研，让各地官民都知道高句丽现在是他说了算。他很放心地让两位弟弟"知留后事"。

不料，他前脚刚走，有人就对渊男建和渊男产说了这么一番话："你家老大怕你们俩反他，已经密谋要除掉你们了，你们还是赶快想办法自保吧！"渊男建和渊男产吃惊万分，我们对大哥一片赤诚，大哥怎么反而怀疑我们呢？不过，疑虑归疑虑，他们并未完全相信这番话。

但他们万万没想到，几乎同时渊男生也听到了类似的话："你那俩弟弟可不是省油的灯啊，惦记着你的位置呢！别看你出来调研时好好的，回不去了！"渊男生却相信了。六年前，百济就发生过类似事情，扶余泰趁父兄出奔自立为王。这件事情的时间距离和空间距离都不远，渊男生不得不防，立即派亲信潜回平壤，着手应对两位弟弟的叛乱。

故事的下文就很溜了：渊男建和渊男产不知怎的就知道了，伤心了，父亲刚死，大哥你就想干掉我们，好，你做初一，我们就做十五。他们马上逮捕了渊男生的亲信，并以高藏王的名义召他回城。渊男生当然不肯。渊男建发兵讨伐，渊男生不敌，率部退保别城，并立即派儿子渊献诚入唐，请求大唐皇帝救援。

事到如今，想必大家已经明白了，渊氏兄弟中了离间计。谁施的计策呢？有可能是高句丽内部的反渊势力，也有可能是新罗人，大唐的嫌疑也不小。不过，从后续的反应速度来看，大唐的可能性最大。

渊氏兄弟五月内讧，高宗六月即下敕，以契苾何力为辽东道安抚大使，以渊献诚为向导，发兵救援渊男生。为保万全，他又增调了庞同善、高侃两路人马。彼时，渊男生已经被两个弟弟的部队重重围困。

唐军到得正是时候。九月，庞同善大破高句丽军，解渊男生于倒悬。

高宗随即册拜渊男生为辽东大都督，加平壤道安抚大使，封玄菟郡公。渊男生的归降，成为唐朝与高句丽漫长战争的转捩点。他对高句丽的情况了如指掌，每座城市有多少兵力和粮草辎重，城防的弱点在哪里，守将的政治立场、能力如何，如何进军最为合适，他门儿清。更何况他是合理合法的渊盖苏文继承人，在高句丽国内有扎实的法理基础和群众基础，军中相当一部分将领都是支持他的。有他助阵，灭亡高句丽的时机不是成熟了，而是已经熟透了！

经过小半年紧锣密鼓的准备，十二月十八日，高宗吹响了二讨高句丽的进军号角：以三朝元老李勣为辽东道行军大总管兼安抚大使，与契苾何力、庞同善率十五万大军作为主力，攻打高句丽；同时诏命独孤卿云为鸭渌道行军总管，郭待封（郭孝恪的儿子）为积利道行军总管，刘仁愿为毕列道行军总管，新罗王金法敏之弟金仁问为海谷道行军总管。五路大军分道出击，统归李勣节制。

这一次高宗志在必得，而且不计代价，诏令将黄河以北诸州租赋收入全部拨给东征军，他只要一个结果：灭亡高句丽。

有人问了，李勣不是已经退休很多年了吗，高宗为什么不以苏定方或刘仁轨为主帅？

苏定方另有重任。高宗十四年（663年），吐蕃侵占青海之地，严重威胁关陇。高宗遂以苏定方为安集大使，节度诸军，以定吐蕃、吐谷浑。老将军出马，效果还是很明显的。吐蕃国相禄东赞马上遣使告吐谷浑的黑状，并再次请求与大唐和亲。一边偷我的塔，一边还想要公主，想啥呢?! 高宗下诏训斥吐蕃。此后，吐蕃人虽然有所收敛，但小动作还是很频繁。苏定方就一直坐镇西北防御吐蕃人了。

至于刘仁轨，高宗已经打算将他由大司宪提拔为右相，暂时就不让他出去了。

这样，李勣就成了唯一的人选。

他上一次行军打仗，还是在贞观十九年跟着太宗第一次征讨高句丽时，算来已经是22年前的事儿了。自高宗元年十月辞去相职后，他优游度日，好不快活。朝廷倾轧不已，你方唱罢我登场，李勣一直置身事外，你们斗你们的，我一个退休老头子啥事儿都不掺和。时间把英武的将军变成了个明哲保身、逢迎拍马的官场老油子。

一次，高宗谈及隋炀帝，忽然问侍臣们："炀帝拒谏而亡，朕常以为戒，虚心求谏；而竟无谏者，何也？"李勣居然是这么回答的："陛下所为尽善，群臣无得而谏。"真是够没下限的！但靠着隐忍，他不仅躲过了房遗爱案，躲过了长孙无忌案，还躲过了上官仪案。现在，他已经是一个72岁高龄的老头子了。懋功老矣，尚能饭否？

当然能！虽然波诡云谲的政治斗争让他变成了谨慎虚伪的政客，但李勣的底色始终是一名军人，对荣誉的追求和对国家的责任是渗透在血脉、浸染在基因里的。高句丽与隋唐两代已经大战六次，如果这一次他能为大唐灭此强敌，便是震古烁今的丰功伟绩，历史将永远铭记他。再说了，这将是他戎马生涯的最后一战，他太想用一场伟大的胜利为自己的军旅人生画上一个圆满的句号了。垂垂老矣又如何，十年饮冰又如何？老骥伏枥，志在千里！李勣毫不犹豫地接受了。

他也想提携一些新人，主要有两个，一个是老部下郭孝恪的儿子郭待封，一个是自己的女婿杜怀恭。

郭待封美滋滋地接受了，杜怀恭却拒绝了，理由是家贫，要留下来照顾家里。李勣劝他，你放心跟我走吧，不用担心家里，我是你老丈人，还能不帮衬你们吗？杜怀恭又以没有奴仆、没有马匹推辞。李勣说，放心，这些我来给你解决。这一次杜怀恭倒是什么都没说，因为他直接跑到岐阳山中躲了起来。

后来，有人在山中碰到杜怀恭，就问他，你是不是傻，你老丈人这是在提携你呀！杜怀恭说了实话，你可拉倒吧，我还不知道他，他想借人头在军中立威，不好借别人的，就想借我的人头一用，我要是去了，铁定没命！该人回来后把这件事儿告诉了李勣。李勣听了当时就哭了："杜郎疏放，此或有之。"唉，我这个女婿散漫不知拘束，我确实考虑过借他的人头号令三军来着！

高宗十八年（667年）秋，李勣带着大军来到了辽水河畔。故地重游，他的心中几多感喟，22年前他跟着太宗皇帝，带着满满的雄心壮志和千军万马渡过了辽水。而今往事悠悠，付诸东流，前途几许，尚未可知。辽东的大地啊，我又来了！他回头望了一眼，十余万将士也都望着他，旌旗在长空下猎猎作响，他要带着他们去创造历史了。李勣转过头来，望着滔滔辽水，有两个字带着无限豪情从他口中喷涌而出：

渡河！

02. 辽东战事

李勣和苏定方的打法基本相同，也是兵分两路，一路扫荡辽东，一路攻略半岛。略有不同的是，苏定方东征是全陆军阵容，陆军内部分作了两个兵团；而李勣东征是水陆并举，他统率陆军，先打辽东，再攻半岛，郭待封则率领水军直接登陆半岛，以分渊男建之势。

但经过第一次战争的教训，高句丽方面大大加强了辽东地区的守备和兵力投入。因此，战事刚一开打就十分激烈，唐军在辽东的进展远不及上次那么迅速。

不过，李勣的战略眼光在那儿摆着呢，唐军一出手，就拿下了辽东西部最重要的城市——新城（今辽宁抚顺）。随后，李勣将全军一分为二，留契苾何力、庞同善等人守卫新城，自己"引兵进击"，连下高句丽十六城。

新城的丢失令渊男建如坐针毡，他立即调集重兵，意图收复新城。契苾何力、庞同善不敌，被困于城中。关键时候，辽东第一福将薛仁贵杀到，一举击退高句丽军，解了新城之围。

接下来的辽东战事几乎成了薛仁贵的个人秀。

庞同善、高侃受命攻打金山（在今辽宁铁岭昌图县西）。渊男建亲自挂帅，率重兵反扑。庞、高二将不仅吃了败仗，还被敌人尾随追击，恐有全军覆没之虞。李勣就让薛仁贵率军救援。好个薛仁贵，瞅准时机，引兵从侧面邀击高句丽军，将其截为两段，取得了"斩首五万余级"的大胜。虽然史书对金山之战的描述连一句话都不到，但从"斩首五万余级"的战果来看，这实在是一场前所未有的大胜，其战果仅次于当年太宗击降高延寿的驻跸山之战。薛仁贵不仅解救了二将，击败了渊男建，还乘胜连夺三城，与降唐的渊男生实现了大会师。

李勣将薛仁贵的战功具表上奏。高宗非常开心，下敕褒奖薛仁贵："金山大阵，凶党实繁。卿身先士卒，奋不顾命，左冲右击，所向无前，诸军贾勇，致斯克捷。宜善建功业，全此令名也。"

新城、金山两战之后，高句丽在辽东败局已定。

与此同时，郭待封的水军也成功在半岛登陆。但他的部队出发得太仓促，携带的粮草严重不足，刚登陆不久就面临着断粮的危险，只得飞书李勣求取辎重。李勣就派冯师本率部走水路，运送粮草给郭待封。冯师本的船队太破旧了，船速慢，未能在预定日期抵达。郭待封左等右等，心急如焚，只得再次修书求援，因为担心信件被高句丽人截获，他进行了人工加密，写了一首离合诗。

什么是离合诗呢？就是将上一句诗文最后一字的一部分，作为下一句诗文的开头，全诗首字是诗尾最后一字的一个部分。这么说有点儿拗口，我给大家举个例子。现存最著名的离合诗是白居易所著的《游紫霄宫》："水洗尘埃道未甞①，甘于名利两相忘。心怀六洞丹霞客，口诵三清紫府章。十里采莲歌达旦，一轮明月桂飘香。日高公子还相觅，见得山中好酒浆。"请大家注意，首句首字"水"是诗尾最后一字"浆"的一部分；第一句尾字"甞"中抽取"甘"字作为第二句的句首，第二句尾字"忘"中抽取"心"字作为第三句的句首，依此类推。

郭待封离合诗的内容已不可考，想来无非是催促李勣速速发来粮草。信倒是安全送到了，奈何李勣出身行伍，文化水平不高，完全看不懂，大为光火："军情紧急，还有闲工夫写诗，我一定要斩了他！"别的将领也看不懂。郭待封也是，加密的方式有很多种，为什么非得采取这么高级复杂的办法？好在李勣的行军管记元万顷是个人才，一下就看懂了，并向李勣做出了详细的解释。李勣恍然大悟，赶紧又派出运粮船，解了郭待封的燃眉之急。

元万顷的确聪明，但这个聪明人很快就聪明反被聪明误了。运粮船发走后，李勣就想挥军渡江了，让元万顷起草一篇《檄高丽文》。也不知元万顷的脑子是不是临时短路了，竟然写了一句"不知守鸭绿之险"。好嘛，渊男建看完后，马上移兵据守鸭绿江，并专程派人到唐军大营"致谢"："遵命，已经落实！"大军还能轻易渡河吗？当然不可能了！高宗闻报勃然大怒，一道敕令将元万顷流放到了岭南。

文人有才，喜欢卖弄文采，但卖弄也得分个场合，像杨修、元万顷这种都属于卖弄得不是时候！

这时后方传来噩耗：苏定方病逝于西北军中，终年76岁。

---

① 甞，音尝。

苏定方是高宗朝大器晚成的典型代表。他年近四十才步入军旅，于贞观四年铁山之战中崭露头角，真正受到重用则是在高宗时代，为大唐北击突厥，西灭十箭，东平百济，南镇吐蕃，纵横万里，大小战阵近百场，屡建奇功，尤其是"前后灭三国，皆生擒其主"，击十箭，擒西突厥可汗阿史那贺鲁；征葱岭，擒阿悉结阙俟斤都曼；平百济，擒百济王扶余义慈，帮助大唐将西境拓展到咸海、东境拓展到半岛，是大唐开国以来将帅中能力、成就比肩于二李的存在。

他不仅是将帅之才，而且为人正直。鹰娑川之战，王文度杀降掠财，全军将帅只有苏定方分文不取；曳咥河平十箭后，苏定方让"诸部各归所居，通道路，置邮驿，掩骸骨，问疾苦，画疆场，复生业"，使西突厥百姓迅速恢复了正常的生产、生活秩序；征葱岭，他答应饶都曼不死，后来果然信守承诺，乞求高宗免除了都曼的死罪。

然而，就是因为他没背景，又有一段跟过窦建德、刘黑闼的黑历史，所以始终备受排挤。甚至于在他去世后，有司都没有第一时间将他的丧讯禀报皇帝。高宗是过了几天才知道的，又生气又痛惜，批评侍臣们："苏定方于国有功，例合褒赠，卿等不言，遂使哀荣未及。兴言及此，不觉嗟悼。"苏定方于大唐有功，按例应该予以追封追赠，可你们一个个都不说，岂不让老臣和天下人寒心?! 随即下诏追赠苏定方为左骁卫大将军、幽州都督，赐谥号"庄"①。

没背景，不仅同僚踩你，连老百姓都黑你。至少在清朝以前，苏定方的历史形象还是很正面的。清朝年间，随着《说唐》、《说唐后传》(即《罗通扫北》)、《说唐三传》(即《薛丁山征西》)、《兴唐传》等隋唐历史演义的风行，苏定方硬是被黑成了一个白脸长髯、武功高强、狡猾残忍的奸臣。后人根据以上演义编排了很多戏剧和电视剧，

---

① 按《谥法》：威而不猛曰庄。

导致苏定方及其子孙被彻底污名化。直至今日，苏定方在民间的评价仍然很低，简直冤过窦娥、屈过岳飞、苦过袁崇焕，堪称千古奇冤。在这里，我要为苏定方正名，还英雄以清白。

苏定方的用兵之道，平生只教了一个人。在后文的故事中，这个人也将闪亮登场。

时间进入高宗十九年，正月，高宗又把已经升任右相的刘仁轨派到了辽东前线，给李勣当副手，任辽东道副大总管。

二月，薛仁贵提议率三千精锐攻打扶余城（今吉林四平西）。辽东地区实际上是今辽宁、吉林二省加上内蒙古、黑龙江的一部分组成。新城是辽宁地区的核心，扶余城则是吉林地区的重镇。诸将都觉得薛仁贵有些托大，仅凭三千人马就想打下扶余城是不可能的。但薛仁贵信心满满："兵不必多，顾用之何如耳？"李勣本来也觉得不可能，但薛仁贵现在在皇帝那里很得宠，不好驳他的面子，就同意了。没想到薛仁贵还真就办成了，一战大破高句丽军，"杀获万余人"，攻占了扶余城。此城一下，吉林地区四十余座城池望风而降。

渊男建还想在辽东做最后一搏，调集五万大军来攻扶余城。李勣亲率主力与之决战于薛贺水（即今辽宁丹东西南赵家沟河）。唐军大胜，"斩俘三万余人"，并乘胜攻占了鸭绿江边要塞——大行城（今辽宁丹东西南娘娘城）。至此，高句丽在辽东的兵力基本被消灭。

03. 高句丽覆灭

随行军中的侍御史贾言忠回国述职。高宗问他对这次东征结果的预测。

贾言忠毫不犹豫地说:"高丽必平。"

高宗多少还是有点儿不自信的,毕竟高句丽挺扛揍的,就问:"卿何以知之?"

贾言忠是这么说的:"隋炀帝东征无功,是因为内部人心离散。先帝东征不克,是因为高句丽没有内讧。如今高句丽连年饥荒,高藏王暗弱,渊盖苏文已死,他的三个儿子兄弟阋墙,渊男生还投靠我们做了带路党。而陛下英武圣明,我大唐富庶强盛,将士们又上下一心、人人尽力。两相对比,高句丽离覆灭已经不远了!"

高宗听了十分开心,又问他:"前线将领谁表现最棒?"

贾言忠一看就是个工作作风很扎实的干部,如数家珍:"薛仁贵勇冠三军,庞同善持军严整,高侃忠果有谋,契苾何力沉毅能断,各有所长。但要说夙夜在公、为国尽忠,谁也比不上李勣!"

高宗"深然其言"。

当高宗与贾言忠君臣问对之时,"夙夜小心、忘身忧国"的李勣已经挥军渡过鸭绿水,踏上了半岛。李勣命薛仁贵部沿海岸线攻城略地,他自提主力向平壤挺进。与此同时,在百济的刘仁愿与新罗王金法敏也联袂北上。

高句丽腹背受敌,风雨飘摇。渊男建不甘失败,一面发兵迎战李勣,一面分遣叔叔渊净土(渊盖苏文的弟弟)阻击刘仁愿、金法敏。

高句丽的天险、重镇几乎都在辽东,半岛之上无险可守,李勣大军一路高歌猛进,轻松击破前来迎战的高句丽主力,追奔二百余里。薛仁贵一路也是势如破竹。在两路唐军的猛攻下,高句丽各地城主或逃或降。很快,李勣与薛仁贵大军便会师于平壤城下,将城池围得水泄不通。

然而,平壤既为一国首都,自然有它的优势和道理。上次苏定方来，盘桓了大半年都未能破城。现在李勣也一样，围攻数月仍不能破城。

李勣希望刘仁愿和金法敏的南路军能尽快赶来增援。但由于渊净土的阻击，南路军的进展远不及北路军。破城的时间一拖再拖，转眼就到了八月。高宗实在坐不住了，不好问责金法敏，就拿刘仁愿出气，以"征高丽逗留"为由，将其流放到了边疆。

没想到，进入九月，凭空掉下来一个天大的好消息：平壤城降了！

咋回事儿呢？原来，在唐军巨大的军事压力下，渊男建和渊男产兄弟俩也产生了分歧。渊男产认为大势已去，不想再坚持了，想投降。但渊男建不同意，誓与李勣周旋到底。从这一点来看，渊男建和他爹渊盖苏文最像。

关键是高藏王也动摇了，站到了渊男产一边。两人一合计，都觉得这一次国家没希望了，投降起码能保全身家性命。于是，高藏王就让渊男产带着98名高级将领偷偷持白幡出降了。

渊男建大骂弟弟，仍然闭门据守，不肯投降。紧接着，他的谋主、僧人信诚也背叛他，做了唐军的内应。五天后，信诚趁渊男建不备打开城门。唐军一拥而入。渊男建自杀未遂，与避难在此的百济王扶余丰一同被擒。

这一天是唐高宗十九年（668年，即总章元年）九月十二日。

平壤一破，南方的渊净土心态也崩了，举军向金法敏投降。至此，经过隋唐二代四帝七次大征，高句丽终于灭亡。七百年东方明珠终究还是点缀了华夏的皇冠。

十月，李勣班师回国，先将高句丽王高藏、百济王扶余丰、渊男建等战俘"献于昭陵"，以慰太宗皇帝在天之灵；然后，"具军容，奏凯歌，入京师"，又"献于太庙"。高宗"祀南郊，告平高丽，以李勣为亚献"。

唐廷对被俘的高句丽和百济领导层进行了处置：高藏虽名为王，实属傀儡，政非己出，所以受到特赦，被封为司平太常伯、员外同正；渊男生封右卫大将军，渊男产为司宰少卿，信诚为银青光禄大夫；被俘的渊男建和扶余丰，一个流放贵州，一个流放福建。

随后，唐廷又在平壤设立了安东都护府，以薛仁贵为首任检校都护，"总兵二万人以镇抚之"。高句丽五大部落、176城、69万余户被划分为9个都督府、42个州和100个县。

唐廷设置熊津都督府和安东都护府，其实就是将高句丽和百济二国纳入了大唐版图。

当然，高句丽人并不悦服，各种形式的抵抗频发。为了削弱他们，高宗二十年四月，唐廷将38200户高句丽人迁徙到内地安置，仅留下一些老弱病残守卫安东。此外，为了防止高句丽人复辟，唐廷又将大批高句丽遗民和依附高句丽的两个靺鞨部落——乞乞仲象部和乞四比羽部强行迁往营州（今辽宁朝阳）安置。许多高句丽人和靺鞨人就此融入了中华血脉。

内迁的高句丽人和靺鞨人后来有不少投军，为大唐征战沙场、开疆拓土。唐朝历史上拢共有四个比较知名的高句丽将领，分别是玄宗时代的霍国公王毛仲、安西四镇节度使高仙芝，肃宗时代的河东节度使王思礼，以及代宗时代的平卢淄青节度使李怀玉。靺鞨族将领也有三人，包括高宗朝燕国公李谨行、中宗朝辽阳郡王李多祚、德宗朝朔方节度使李怀光。

似乎就等着完成灭亡高句丽这个历史使命呢，使命一达成，李勣也走到了人生的终点。

从高句丽归来后不久，他就病倒了。毕竟是七十多岁的老人了，在外征战一年，顶风冒雪，夙夜忧思，也就是他军人出身、身子骨硬朗，换作一般人，早把老骨头扔在辽东了。高宗很关心他的病情，不仅与太子李弘频频赐药，还把李勣所有在外当官的子孙都召回京城"侍疾"。

李勣有两个姐姐、两个弟弟、两个儿子。长子李震官至桂州刺史，已先于他去世。次子李思文官至司仆少卿。李震育有三子，长名李敬业，次名李敬猷，幼名李敬真。李思文有一子李钦载。此外，李勣还有一个孙子徐思顺，官至鸿胪寺卿，但不能证明到底是李震还是李思文的儿子。

家人们给李勣请医生，可他知道大限已至，连卧室都不让医生进，还非常豁达地说："吾本山东田夫，遭值圣明，致位三公，年将八十，岂非命邪！修短有期，岂能复就医工求活！"我原本只是山东的一个农民，因缘际会遇到了圣明的君王，才侥幸窃据了三公这样的大位。我已经是快八十岁的老头儿了，黄土都埋到脖颈了，现在找医生又有什么用呢?！

高宗二十年（669年）十一月的一天，久卧病榻的李勣忽然好了，红光满面，精神矍铄。家人们都很开心。李勣对弟弟司卫正卿李弼说："我今天感觉好多了，想喝酒，你把家人们都喊来！"李家人都到齐了，陪老人家饮酒，共乐开怀。

酒席快散的时候，李勣忽然正色对弟弟说："吾自度必不起，故欲与汝曹为别耳。汝曹勿悲泣，听我约束。我见房、杜平生勤苦，仅能立门户，遭不肖子，荡覆无余。吾有此子孙，今悉付汝。葬毕，汝即迁入我堂，抚养孤幼，谨察视之。其有志气不伦，交游非类者，皆先挝杀，然后以闻。"兄弟啊，我这是回光返照，将不久于人世了。你不要悲伤，记住我下面说的话。我和房玄龄、杜如晦共事多年，见他们辛辛苦苦、兢兢业业地奋斗了一辈子，总算立起了门户，光宗耀祖了。然而呢，房家出了个房遗爱，杜家出了个杜荷，两家说败落就败落了。我现在把子孙都托付给你，等我下葬后，你就搬进我家里住，替我抚养他们,仔细地监察他们。如果他们当中有谁心志不端、结交叛党,你就替我打死他,然后告诉我。

李弼含泪答应。说完这话,李勣就病倒了,再没说过一句话。

十二月初三,一代名将李勣病逝于长安家中,享年76岁。

他是凌烟阁二十四功臣中最晚去世的一位,他的去世也标志着一个时代的结束。高宗悲痛万分,下令辍朝七日,追赠李勣为太尉、扬州大都督,赐给棺木,允其陪葬昭陵。下葬之日,太子李弘亲自送葬,高宗亲临未央宫故城,目送李勣灵车。唐廷于太宗昭陵南侧为李勣起墓冢,由三个高约六丈的锥形土堆组成,分别象征着阴山、铁山和郁督军山①,以旌表和纪念李勣大破突厥、薛延陀的功劳。初唐将帅得到同等待遇的,仅有他、李靖、阿史那社尔三人。

开元十九年(731年),玄宗创设"武庙十哲",被列入其中的唐朝名将只有李靖和李勣。建中元年(780年)九月,德宗评定前代功臣,李勣等24人被定为第一等。北宋宣和五年(1123年),宋室为72位古代名将设庙,李勣同样名列其中。

李勣的人生历程堪称曲折离奇。隋炀帝大业七年,他追随同乡翟让、单雄信上了瓦岗,投身于反隋救民大业。大业十三年,李密火并翟让,出于大义,他继续忠于李密。北邙山之战后,他归附李唐,从此成了李世勣。高祖李渊时代,他从定四方,屡立战功,为统一大业做出了卓越贡献。虽然曾为窦建德所俘,却矢志忠于李唐,伺机归国。唐廷消灭王世充后,他不惜以官爵交换义兄单雄信的性命,被李世民拒绝后,竟割肉为义兄殉葬,至今传为美谈。太宗时代,为避李世民名讳,更名李勣,先后于阴山、铁山大破东突厥,在诺真水、郁督军山两破薛延陀,从征高句丽,于贞观十七年图形凌烟阁。高宗时

---

① 郁督军山,又名乌德鞬山,今蒙古国杭爱山,突厥人称之为燕然山。

代，他又为大唐消灭了宿敌高句丽。

史书评价李勣"有谋善断，与人议事，从善如流。战胜则归功于下，所得金帛，悉散之将士"，所以"人思致死，所向克捷"。李勣自个儿是这么总结自己的戎马生涯的："我年十二三时为亡赖贼，逢人则杀。十四五为难当贼，有所不惬则杀人。十七八为佳贼，临阵乃杀之。二十为大将，用兵以救人死。"我十二三岁时是个蛮横的贼，逢人便杀。十四五岁时是个难对付的贼，遇到不愉快即杀人。十七八岁成为好贼，临阵才杀人。二十岁成为大将，用兵使人免于死难。

世人皆知李勣是员名将，却不知他还是医学大家，在医药方面有很深的造诣。李勣曾奉旨与许敬宗、孔志约、于志宁等编纂《唐本草》。这部《唐本草》不仅是中国第一部官方颁行的药典，也是世界上最早的国家药典，比欧洲最早的《纽伦堡药典》还早了八百多年。唐廷将其列为医学生的必读教材，对中国药物学的发展起到了巨大的推动作用。只可惜此书已经佚失，仅有零星内容保存于后世诸家本草著作中。此外，李勣自己还写过一本《脉经》，但也佚失了。

李勣还十分友爱。他姐姐得了重病，已经贵为宰相的李勣非要亲自为姐姐煮粥。他这样的大男人哪会烧火做饭，不一会儿就被灶火烧焦了头发和胡须。姐姐看着心疼："仆妾幸多，何自苦如是！"家里佣人那么多，这点儿小事还用得着你来做吗？李勣呵呵一笑："非为无人使令也，顾姊老，勣亦老，虽欲久为姊煮粥，其可得乎！"姐姐你老了，我也老了，就算我想一直给姐姐煮粥，恐怕也煮不了几回喽！

明代大儒王夫之对李勣评价很高，说他"于李密，忠也；于单雄信，义也；于兵士，恤也；于唐朝，始终如一，灭之高丽，功至高也"。我们大可以说，这个人除了在政治上比较谨慎，有点儿骑墙折中以外，没有任何缺点。

第八章 唐蕃初战

01. 蚕食青海

高宗以为，平定高句丽这一戎之后，就可以天下大定了。不承想，一戎刚灭，一戎又起。而且这个新的敌人远比高句丽和突厥要凶悍，堪称大唐289年间头号强敌，它就是吐蕃。

自文成公主下嫁后，唐蕃关系一直呈良性向上态势。作为吐蕃国最坚定、最知名的唐粉，赞普松赞干布坚决拥护大唐皇帝的领导，坚决捍卫大唐帝国的利益。当年，王玄策、蒋师仁两个光杆儿团长跑到尼婆罗，连道圣旨都没有，不过打了个招呼而已，松赞干布二话没说就发兵相助。高宗刚即位，他就致信长孙无忌："天子刚刚即位，如果有不听招呼的大臣，我将带兵入境，为天子除掉他！"虽说这话摆得有点儿愣，大唐内政，与你何干？但人家的出发点起码是很正的。长孙无忌很感动，高宗更感动，加封松赞干布为驸马都尉、西海郡王。

我们有理由相信，只要松赞干布在位，唐蕃两国必将携手奔向更加灿烂美好的明天。但我们不愿相信，仅仅过了半年，高宗元年（650年）五月，吐蕃一代雄主松赞干布就突然去世了，年仅34岁。

关于他的死因，至今众说纷纭，莫衷一是。最主流的说法有两种：

第一种，瘟疫病死。根据藏地传说，除了文成公主，松赞干布还迎娶了尼婆罗的尺尊公主。尺尊公主得了瘟疫，松赞干布碰了她，被传染，就死了。

藏族同胞对这一王二后推崇有加，认为松赞干布是法王转世，文成公主是绿度母的化身，尺尊公主是白度母的化身。至今在西藏的很多庙宇中，我们都能看到三人塑像并列而坐的情景。但是，现存早期的权威唐史、尼泊尔史乃至吐蕃史文献中，均不见关于尺尊公主的只言片语。也就是说，尺尊公主是不是实有其人还不好说。

第二种，暗杀而死。松赞干布虔信佛教，在吐蕃国内大力弘扬佛法，因此遭到了本土宗教——苯教①的仇视，被苯教徒刺杀了。佛苯之争是吐蕃王朝的几个主要矛盾之一，两教斗争十分尖锐，几乎贯穿了吐蕃王朝的始终。不排除松赞干布死于宗教暗杀的可能，但由于缺乏史料支撑，此说同样无法证实。

吐蕃学了大唐很多东西，却没有学习汉人记史的传统，所以松赞干布的死因只能是一笔历史的糊涂账了。

松赞干布的儿子死得比他还要早，因此赞普之位就由他的孙子继承，是为芒松芒赞。松赞干布死的时候也不过34岁，可想而知芒松芒赞能有多大？就算他爷爷14岁产子，他爸爸14岁产子，这一年他也不过6岁而已，甚至有可能更小。赞普年幼，大权旁落于大论禄东赞之手。所以，几乎与长孙无忌掌舵大唐同时，禄东赞也把持了吐蕃最高权力。

但禄东赞可不是吐蕃版的长孙无忌，确切地说，他与同时代东亚的另一位权臣——渊盖苏文相似度更高。这两人都是政治强人，崇尚武力，野心勃勃，而且都奉行积极的扩张政策。

我们看看吐蕃的周边环境。往东，是位于青海的大唐附庸国吐谷

---

① 雍仲苯教简称"苯教"，是古象雄文化的传承者，发源于西藏古象雄的冈底斯山和玛旁雍错湖一带。

浑。往南，喜马拉雅山南麓的尼婆罗已经被他们征服了，没征服的就是大唐剑南道以及生活在今藏、滇、川三省交界地带的生羌部落。往西和往北，都是大唐的安西都护府。所以，除非它不扩张，只要扩张，就不可能不和大唐发生冲突。

吐蕃敢和大唐掰腕子吗？答案是：敢！事实上，吐蕃和唐朝几乎是从头掰到尾，而且胜多败少。它是唯一一个从崛起到衰落基本上压制着唐朝的强蕃，对唐朝的威胁和损害远超突厥、高句丽、回纥、南诏等国，是大唐289年间的头号苦主。

吐蕃和唐朝的漫长战争，就始于禄东赞。

高宗七年（656年），禄东赞迈出了对外扩张的第一步，用兵击败了吐谷浑的重要盟友——活动于今青海南部、四川西部的白兰羌，不仅控制了白兰道①，而且获得了进取吐谷浑的桥头堡。二吐素来不和，边境常有摩擦，唐廷已习以为常，并且当时举国都在备战东征，因此对吐蕃的这个小动作并未在意。

禄东赞窃喜，为了麻痹唐廷，频频遣使入贡。高宗的注意力不在西边，还真就被他的歌功颂德、卑辞金宝蒙住了眼睛。禄东赞还一度想为芒松芒赞求取大唐公主，却遭到了高宗的拒绝。高宗虽然仁弱，很多时候不讲原则，但有条原则他坚持得特别好，那就是：决不用女人换和平。所以，他在位34年间没出降过一位公主。须知，太宗李世民那么硬气，在位期间还两降公主呢！

从高宗十年（659年）起，禄东赞亲自率军攻打吐谷浑。白兰羌是附庸的附庸，所以唐廷不放在心上，但吐谷浑可是帝国的重要藩篱，唐廷不可能坐视不管，就出面调停了。禄东赞早有准备。调停之时，吐谷浑使者指责吐蕃入侵，要求天可汗主持正义、出兵讨逆；而

---

① 白兰道位处青藏高原东部，由青海南抵四川松潘，绵延两千公里。

吐蕃使者则指责吐谷浑入侵，也要求天可汗主持正义、出兵讨逆。双方各执一词，公说公有理，婆说婆有理。高宗被搞得满头雾水、不明所以，干脆大手一挥，不管了，你们闹去吧！

这个决定正中禄东赞下怀，要的就是你不管，从此他得以专力对付吐谷浑。起初，吐谷浑王诺曷钵的军队尚能支撑，双方互有胜败。但是，吐谷浑内部有相当一部分人是亲吐蕃的。高宗十四年（663年），吐谷浑权臣素和贵投降禄东赞，把吐谷浑的内部情况兜了个底朝天。然后，战局就一边倒了，吐谷浑军一败再败，诺曷钵与弘化公主率众退到凉州，上表唐廷，要求"徙居内地"。

高宗大怒，以凉州都督郑仁泰为青海道行军大总管，屯兵今甘肃武威、青海乐都一带，以防备吐蕃由吐谷浑入寇。觉得不托底，又任命刚从高句丽前线回国的老帅苏定方为安集大使，节度诸军。

一看唐廷这架势，并且派的又是苏定方，禄东赞多少还是有点儿畏惧的，马上遣使入见，"表陈吐谷浑之罪，且请和亲"。高宗还是不肯答应，"降玺书责让之"。

其实，禄东赞已经做好与唐军打一仗的准备了，但左等右等却不见唐军行动。他明白了，唐廷不过是虚张声势而已。事实上，当时的国际形势决定了唐廷在西境只能采取守势。一来唐军主力正在半岛与高句丽、百济、倭国三方鏖战。二来帝国北疆铁勒诸部的叛乱也牵制了不少唐军，根本无力征讨吐蕃。

禄东赞乐了，既然如此，那还有什么好客气的呢？

02. 北上南下

不过，大唐皇帝已经生气了，况且吐谷浑国土已经吃到肚子里了，再在东线搞动作既不明智，也无必要。因此，禄东赞调整了方向，开始向北方的安西四镇经略。

其实，早在高宗十三年（662年），趁着唐廷初征高句丽的机会，禄东赞已经出了先手，发兵击破了位于帕米尔高原的勃律国。勃律国一分为二，吐蕃人扶植建立了亲吐蕃的大勃律，但战略位置更加重要的小勃律国则倒向了安西都护府。

小勃律国位于今巴控克什米尔地区，正好在吐蕃、安西四镇与中亚诸国的中间。该国有一条通道可直通西域，进而窥视河陇、关中。这条要道就是现今举世皆知的瓦罕走廊①。吐蕃如果获得了小勃律国，向西可以攻掠中亚，向东可以入侵安西乃至河陇、关中。

攻占大勃律国这个前哨后，禄东赞就开始在安西搞事情了。当年就爆出了一个大雷，堂堂大唐安西都护府的府治——龟兹居然被策反了。高宗大惊，以苏海政为飓海道总管，会同西突厥继往绝可汗阿史那步真、兴昔亡可汗阿史那弥射连兵进讨。

前文说过，阿史那贺鲁被灭后，唐廷设立了濛池、昆陵两个都护府，分统十箭左右两厢。继往绝可汗阿史那步真统右厢五弩失毕，兴昔亡可汗阿史那弥射统左厢五咄陆。弥射之地紧邻安西四镇；步真辖

---

① 瓦罕走廊，北依帕米尔高原南缘与塔吉克斯坦相邻，南傍兴都库什山脉东段与巴基斯坦及巴控克什米尔相接，西起阿姆河上游的喷赤河及其支流帕米尔河，东接中国新疆塔什库尔干县。

境在弥射以西。

弥射和步真虽然是族兄弟,却是水火不容的仇敌。这里面是有故事的,贞观六年,那时候这哥儿俩还没投降唐朝,关系好着呢。但在这一年,太宗派人册立弥射为西突厥可汗。步真也想当可汗,就不淡定了,策划诛杀弥射,但却让弥射知道了。打这以后,两兄弟形同陌路。高宗灭了沙钵罗可汗阿史那贺鲁后,将西突厥汗国一分为二,弥射和步真都是可汗。这显然是有意为之的结果,目的就是要让他们互相牵制。

出征途中,步真向苏海政进谗言:"弥射谋反,请诛之。"苏海政一听慌了,他手下只有数千兵马,应付不来。这个蠢货也不去调查核实,马上集合军吏宣布:"弥射若反,我辈无噍类,不如先事诛之。"随后,他假传圣旨,说皇帝赏赐兴昔亡可汗及其麾下大酋长帛数万段,请来军中领赏。弥射哪儿知道这是个局啊,高高兴兴带着手下的几个大酋长就来了,结果封赏没领到,却吃了一顿"刀削面",全去见阿史那祖先了。

这下好了,弥射麾下五咄陆部纷纷叛乱。苏海政讨平了鼠尼施处半和拔塞干两部,却在回师至疏勒城南时,遭到了弓月部的截击。这时,他无比震惊地发现,敌军的主力居然是吐蕃人。当时吐蕃人还未完全侵占吐谷浑,高宗也还没有斥责、防备他们,名义上他们还是大唐的盟友和姻亲。苏海政拿不准是战还是和,加之兵力也不够,只好用重金贿赂吐蕃人,换取了安然撤退。

这一次征讨不仅没能收复龟兹,还激起了西突厥人的仇恨。弥射无辜冤死,左厢五咄陆和右厢五弩失毕都很同情他,都觉得跟着唐廷没有好下场,"各有离心"。

弥射麾下的酋长阿史那都支率部投奔了吐蕃。不久,步真也死了,他麾下的酋长阿史那遮匐也投靠了吐蕃。这两人还捐弃前嫌,达成了攻守同盟。苏海政这个搅屎棍以一己之力，成功弥合左右两厢的矛盾，将所有西突厥人都推到了唐朝的对立面。

不过，这时的都支和遮匐尚不敢与唐朝撕破脸皮，只是在暗中积蓄力量。唐朝也只能以高官厚禄拉拢二人，与西突厥维持着表面上的和谐。

当年冬天，西突厥人悍然攻破庭州，杀害了庭州刺史来济。废王立武后，来济被贬浙江台州。但武后一党继续迫害他，又将他迁到庭州。可怜一代名相竟死于边陲。

这不，青海方向扩张宣告结束当年，禄东赞又分兵攻打安西四镇中的于阗。但这一次唐廷有所戒备，安西都护高贤击退了吐蕃军。

两年后，高宗十六年（665年）正月，禄东赞再次遣使入唐。大皇帝，我们不打吐谷浑了，要和他们和平共处。我们要和亲，但是呢，你看能不能把赤水①那块地方作为嫁妆给我们，我们想在那里放牧。

这时的高宗已经完全看透了禄东赞的野心，断然予以拒绝。禄东赞干脆撕破脸皮，于三月再攻于阗，但又被安西军击退。高宗下诏切责，禄东赞置若罔闻。因为他知道高宗将于十七年正月封禅泰山，在封禅以前，为了确保"四夷宾服"的条件，唐廷决不会大动干戈。

待到封禅结束后，高句丽内讧，唐廷趁乱用兵，无暇顾及吐蕃。禄东赞抓住机会，既没有东窥河陇，也没有北上安西，而是选择了唐廷根本没有注意到的西南方向，一举攻破了生羌十二州。这样，吐蕃在东南方向已经扩张到了现在的藏、滇、川三省交界之地，只要再努力一下，他们就可以威胁剑南道了。

---

① 赤水是隋朝县名，辖区约为当今兴海县及黄南藏族自治州、果洛藏族自治州北部等地区。

办完这件事，禄东赞就病死在吐谷浑了。

他主持国政的 18 年，是吐蕃对外扩张最惊人的 18 年，夺了青海，乱了西域，进了川滇，势力范围扩大了一倍还有余。

之所以能取得这样的成果，国际局势有利是首要的，东边的唐朝被半岛战事牵绊住了手脚，北边的西突厥遭大唐严重削弱且内讧不休，西边的萨珊波斯被大食揍得死去活来、自顾不暇，所以吐蕃才具备了求风得风、求雨得雨的外部环境。

然后就是禄东赞出色的个人能力，主要体现在两个方面：第一，他是战略高手。从高宗七年到十八年，他连续搞了唐朝 12 年，赚得盆满钵满，唐朝却没有兴兵讨伐过他一次，为什么？就是因为他把唐朝的战略意图和战略动向分析得很透很准，每次都是挑唐廷不能出手、无力出手的机会搞事情。高宗对他是想搥而不能搥，所以才倍感窝火。第二，他是情商达人。渊盖苏文的强横是肉眼可见的，话说得硬，事也办得硬。但禄东赞不同，他是不说硬话、不做软事。正因为不说硬话，所以颇具迷惑性，打你一拳，马上道歉，你还以为他是闹着玩儿呢，但是他已经达到了打你的目的。所以，禄东赞其实是一个远比渊盖苏文更加难搞的对手。

禄东赞的厉害，也从侧面凸显了太宗皇帝李世民的识人之明。贞观十四年，禄东赞入唐迎亲，那时的他虽然已经是大论了，但也只是松赞干布的一个得力助手而已。李世民不过和他接触了一番，就看出了此人的雄才伟略，所以才极力拉拢他。

虽然是敌人，但唐史对禄东赞的评价很客观也很高，称赞他："性明达严重，行兵有法，吐蕃所以强大，威服氐羌，皆其谋也。"

03. 薛仁贵挂帅

禄东赞有五个儿子，依次是赞悉若（吐蕃名噶尔·赞悉若多布）、钦陵（噶尔·钦陵赞卓）、赞婆（噶尔·政赞藏顿）、悉多于（噶尔·达古日耸）和勃伦赞刃（噶尔·赞辗恭顿）。这么多儿子，总该有一两个平庸之辈吧？想多了，一个都没有，禄东赞这五个儿子"皆有才略"，个顶个的强！

其中，尤以老二钦陵最为杰出。很多人并不知道，钦陵曾经以留学生的身份入唐国子监学习，精通汉语。他还在唐军中实习过，对唐朝政治、军事体系非常熟悉。

禄东赞死的时候，赞普芒松芒赞已经成年亲政了。起初，芒松芒赞想踢开噶尔家族单干，后来发现不行，噶尔家族的声望和权力已经超过了赞普，没有噶尔家族背书，他这个赞普没法当，只得以赞悉若为大论。噶尔家族继续把持吐蕃军政大权，赞悉若居逻些秉政，钦陵等四弟分驻各地。

高宗十九年（668年），唐朝终于灭掉了高句丽，高宗总算有时间思考如何应对吐蕃了。他本打算将吐谷浑残部安置于凉州南山地区。但有大臣认为，迁徙不能根本性解决问题，如果不把吐蕃人打败了打服了，诺曷钵到哪儿也待不住。时任右相的阎立本则认为，去年有灾荒，财政比较紧张，不宜与吐蕃决裂，还是和谈为好。主战、主和两派争来争去，高宗莫衷一是。

唐人在争论，吐蕃人却在行动。高宗二十一年（670年）四月，钦陵举四十万众北上翻越喀喇昆仑山进入南疆，连陷西域十八州和于阗、龟兹二镇，威震西域。唐廷不得不撤销四镇建制，将安西都护府的府治迁回北疆的西州城。

事到如今，该是算总账的时候了，大唐既然能灭了高句丽，就能灭了吐蕃。高宗决定发大兵，一举击灭这个不听话的西戎。就在当月，他下诏以安东都护薛仁贵为逻些道行军大总管，阿史那社尔之子阿史那道真和郭孝恪之子郭待封为副总管，率军讨伐吐蕃，并护送吐谷浑人返回青海故地。

此时的薛仁贵正处于军旅人生的巅峰时刻。

不得不说，辽东的确是他的福地。第一次东征，他在这里粉墨登场，由一个寂寂无闻的小卒，一下子成了太宗引以为重的干臣。第二次东征，他解金山之败在前，攻拔扶余城在后，直接推动辽东战事根本性的扭转，为最终攻灭高句丽立下汗马功劳。

现在，李勣和苏定方均已仙逝，谁会是大唐新一代的军中核心呢？从近些年的战场表现看，薛仁贵觉得舍我其谁，朝野上下也觉得舍他其谁。高宗顺势应人，以他为逻些道行军大总管，全权主持攻灭吐蕃的战事。

不过，话说回来，薛仁贵还是第一次担任灭国型战役的主帅。从前他的成绩之所以漂亮，是因为他在别人手下为将，只需考虑具体的战斗战术问题，无须考虑战略战役问题。论纵马驰骋、决胜阵前的本领，在唐军诸将中他的确是翘楚。但他是否具备指挥大兵团打赢战役级战争的能力呢？谁也不清楚，他自己可能心里也不是很托底。

这场仗要怎么打呢？薛仁贵的计划是，抢先攻占乌海城（今青海果洛玛多县花石峡镇豆错湖①），以之为桥头堡，长驱南下，直捣逻

---

① 豆错湖，蒙语名为"托索湖"，藏语名为"冬格措纳湖"，翻译成汉语均为"黑海""乌海"。关于乌海，还有一种说法是指喀拉湖，但喀拉湖位于今塔吉克斯坦共和国境内，明显不符。

些。诸位还记得乌海城吧？贞观九年，侯君集就是在这里追上伏允，大败吐谷浑军的。

薛仁贵为什么如此看重乌海城呢？这就要讲到高句丽战事和吐蕃战事的不同了。和高句丽打仗，战场就是辽东和半岛，地方不大，人口众多，一路上到处都是城池，想获得补给很容易。但和吐蕃打仗就不同了，战场在青藏高原，地方特别大，战线特别长，人口特别稀，补给难度特别大。逻些距离内地太过遥远，只能在中间选择一个战略支点。而过了大唐控制区，只有乌海城算座像样的城市了。

大军行至大非川（今青海省海南州共和县西南切吉草原）时，薛仁贵发现不行，得调整计划。为啥呢？本来道路就远，又带着大批粮草辎重，相当于是重装上阵，行进的速度太慢了。况且，吐蕃现在应该已经收到消息了，随时都有可能增兵乌海。为抢占先机，薛仁贵决定：将粮草辎重就地留在大非川，这里地势险要，利于坚守，分两万军马镇守，并修筑防御工事，可保粮草无虞；他则率主力轻装疾进，"倍道兼行，掩其未备"，迅速攻占乌海城。

从后事的发展来看，这个计划是正确的，本身没有任何问题，是可以点赞的。

但事情坏就坏在用错了人。薛仁贵命副将郭待封暂且协防大非川，守护大军粮草，待他攻下乌海城后再赶来会合。郭待封何许人也？李勣老部下、前安西都护郭孝恪的儿子，他自恃出身高贵，一向不把出身贫寒的薛仁贵放在眼里。西征之前，二人平级，是明里暗里较劲的竞争对手。没想到定主帅时，薛仁贵居然胜出了。郭待封的心里本就很不爽，现在这个贱民出身的家伙又让他留下来看粮草，想想就来气——你上前线建功立业，留我在后方数着粮食一袋两袋连成线，这是存心打压我，不让我立功呀！

岂有此理？！

04. 大非川之战

薛仁贵随即率主力向乌海城疾进。他的出击非常及时，因为当唐军行至河口（位于今青海果洛州玛多县）时，正好遭遇了吐蕃的先锋部队。唐军士气正盛，吐军猝不及防，薛仁贵一战破敌，顺利进占乌海城。

既然吐蕃先锋部队已到河口，说明其主力距离乌海已经不远了。为了守住乌海，薛仁贵立即修书大非川，命郭待封率部前来会合。

他的判断是正确的，的确，吐蕃大军已经进入青海了。来了多少人呢？二十万，这只是一部分，还有后续部队。对于和唐朝的这一仗，吐蕃上上下下非常重视，他们把这一仗看作事关吐蕃国运的关键一战。为了能够打赢这一仗，人口远远少于大唐的吐蕃进行了全国总动员。吐蕃高层本想等大军集齐了，集中优势兵力，再与薛仁贵决战。但负责此次会战的吐蕃统帅不同意，担心战略要地乌海城为唐军所占，极力主张立即出军。这位统帅是谁呢？不是别人，正是禄东赞最杰出的儿子钦陵。

事实证明，钦陵的决策也是正确的，只不过慢了薛仁贵半拍而已，不多，就半拍。

吐蕃之所以能打赢这场战争，主观方面最重要的原因就是以钦陵为帅。薛仁贵是很聪明，但钦陵比他还要聪明。他马上判定，薛仁贵是轻装而来，粮草辎重另在别处。道理很简单，如果带着粮草辎重，薛仁贵绝不可能走这么快。剩下的事情就好办了，只要打掉了唐军的辎重，乌海的薛仁贵部肯定撑不了多久，这场仗就赢定了。很快，吐蕃就获得了唐军辎重尽在大非川的情报。钦陵马上挥军向大非川进发。

直到这时，一切还在薛仁贵的算度内。他早就考虑到这种可能了，所以才命大非川守军修筑工事。钦陵即便去攻大非川，短时间内也绝对攻不下来。而他大可以从乌海回师，与大非川的郭待封前后夹击吐军。但他万万没想到，郭待封擅自做了一个决定，把可能的胜利变成了确定的失败。

郭待封非要带着粮草辎重上路，一路慢吞吞地向乌海进发，途中正好遭遇了钦陵大军。结果可想而知，唐军大败，粮草辎重尽数丢失，郭待封逃回大非川。

败报传至乌海，薛仁贵大惊，立即撤离乌海，回师大非川，与守军合兵一处，坚守待援。

我相信很多人心中都有一个疑问：西征的唐军有多少人？说出来大家不要惊呼，根据《册府元龟》①和两唐书的记载，唐军兵力只有五万。高宗是临时决策征讨吐蕃的，事先并未经过周密筹划和精心准备，钦陵四月攻破安西都护府，薛仁贵当月就出发了。仓促之间，唐廷根本不可能调集重兵，并且唐廷对这个西戎一直是轻视的。高宗觉得，用五万人马足以攻破逻些、扫荡吐蕃了。

既然总数只有五万，大非川留了两万，那我们就可以推算出薛仁贵部其实只有三万左右的兵力。也就是说，即便钦陵选择直接攻击乌海城，同样稳操胜券。他之所以没敢去乌海和薛仁贵硬碰硬，多半是不知道唐军到底有多少人马。

待到薛仁贵回撤时，吐蕃的二十万后军也赶到了，钦陵举四十万之众围攻大非川。

---

①《册府元龟》与《太平广记》《太平御览》《文苑英华》合称"北宋四大部书"。《册府元龟》是政事历史百科全书性质的史学类书，其中唐、五代史部分，具有史料校勘价值。

唐军虽然占据险地，予吐蕃人以沉重打击，但毕竟兵力远远少于敌人。薛仁贵还寄希望于援军，问题是哪有什么援军?!进入八月，唐军"死伤略尽"，绝望的薛仁贵只得提出和谈。

稳操胜券的钦陵会同意吗？他同意了！其实他完全可以全歼唐军，生擒薛仁贵、郭待封。之所以同意和谈，我认为是他不想过分得罪大唐。毕竟两国的人口、体量相差太大了，吐蕃跟大唐耗不起。高句丽就是一个活生生的教训。你大唐来打我们，我们被迫反击，挫败你们就够了。

最终，薛仁贵率残军撤离大非川。西征之役，以唐军的惨败宣告结束。

自唐朝开国以来，这是唐军在对外战争中败得最惨的一次。高宗大怒，命大司宪乐彦玮驰至军中，将薛仁贵、郭待封、阿史那道真三人"械送京师"，免死除名。薛仁贵用24年从一介布衣走到了戎马巅峰，拜钦陵所赐，一夜之间又回到了原点。他哀叹道："今年岁在庚午，军行逆岁，邓艾所以死于蜀，吾知所以败也。"今年是庚午年，就不利于向西用兵。当年邓艾也是在庚午年（263年）向西攻打蜀汉，最终死在了蜀地。我就知道我会失败的。

现在，我们复盘一下大非川之战。

我以为，唐廷高层尤其是高宗应该负主要责任。

第一，太轻敌了，并且准备很不充分。既然是灭国型的战役，并且对手是日渐强大的吐蕃，战略上就应该高度重视，事先一定要经过周密的计划，而不是仓促出兵。

第二，兵力投入严重不足。想靠区区五万人马消灭一个强蕃，是不现实的。对付吐蕃这样的国家，最少也应该投入十万兵力。

第三，兵力配置也有问题，完全是薛仁贵一路孤军深入。远的不说，最起码也应该像几年前攻灭高句丽那样，南北夹击，几路并进。

而且，最要命的是居然没有准备第二梯队，没有配置援军。

试想，当薛仁贵在大非川坚守之时，如果有一支援军赶到，战局或许就可能发生逆转。但是，完全没有！薛仁贵是撑到实在撑不下去时，才不得不承认失败。反观吐蕃，简直重视到了无以复加的程度，该国极盛时期的常备兵力才四十六万。可以说，为了打赢这仗战争，人家把全国的军队都调来了。冷兵器时代，兵力大小是影响战争结果的首要因素，更何况差距还这么悬殊。我们甚至可以说，这场战争还没打，唐朝就已经失败了，即便粮草不被劫持，薛仁贵也赢不了。

然后就是郭待封的责任，不遵将令，擅作主张。如果他不带辎重上路，即便遭遇了钦陵，顶多也就是失败撤退而已。他在大非川，薛仁贵在乌海城，一个有地利之便，一个有坚城凭恃，互成掎角之势，就算最终还是失败，起码不会败得这么惨。但选用郭待封就是唐廷高层的责任了。这启示我们，选人用人的时候，一定要考虑到被选对象之间的性情和关系。有时候前方将帅不和或者貌合神离，是会耽误大事儿的。大非川之战就是最惨痛的教训。

最无辜的就是薛仁贵了。回顾他的几个决策，进军乌海是对的，在大非川屯放粮草是对的，得知粮草被劫第一时间回师也是对的，坚守待援还是对的。他可能不具备李靖、苏定方那种奇袭破敌的才具，但如果按他的打法来，起码不至于输得这么惨。

这一败影响太大了。考虑到吐蕃可能入侵，唐廷将青海驻军收缩至河源（今青海西宁一带）一线，拱手将今青海西部的广大地区让给了吐蕃，已经丢失的安西四镇短时间内也收不回来了。

比起兵败失地，国际上的影响更大。吐蕃的国际地位"噌"一下就上来了。而且，诸番邦头一次意识到，唐朝并非不可战胜。西突厥越发坚定地追随吐蕃。新罗、东突厥、铁勒、西域皆蠢蠢欲动。

大非川之战既是高宗朝盛大武功的分水岭，也是薛仁贵个人军旅生涯的分水岭。打这以后，诸番接连反叛，薛仁贵个人更是诸事不顺，在疆场上一败再败。

西边刚刚败于吐蕃，东边半岛风云再起。这次搞事情的既不是高句丽人，也不是百济人，而是大唐的传统盟友——新罗人。

第八章　唐蕃初战

第九章 渔翁新罗

01. 唐罗反目

从始至终，大唐都觉得自己对新罗挺仗义的。

想当年，新罗是半岛上最衰的仔，百济捶，百济捶，百济捶完倭国捶；倭国捶，倭国捶，倭国捶完高句丽捶；高句丽捶，高句丽捶，高句丽捶完百济捶……捶而不止，生生不息，直把新罗捶得死去活来。大唐瞅着实在心疼，况且这几个小国里头就数新罗听话，所以大唐就给新罗站台撑腰，让它们不要下手，下手也要有个分寸。但这些国家非是不听呢，继续逮着新罗照死里捶。大唐气不过，自然就得和它们掰掰腕子过过招，灭了百济，打败了倭国，平了高句丽。

现在好了，再也没人捶新罗了，新罗可以聚精会神搞建设、一心一意谋发展了。

唐廷觉得，现在这个局面是一个皆大欢喜的结果，新罗理应感到高兴和感恩。新罗人高兴吗？当然高兴！但他们的心情非常复杂，喜悦是有，但还有恐惧，甚至怨恨。

先说恐惧的一面。任何事情都是一分为二的，高句丽和百济是敌人不假，但换个角度看，它们也是屏障啊！现在两国都没了，都设了都督府，都成了大唐的一部分。唐人已经推进到了新罗的家门口。高宗二十一年（670年），唐朝又在平壤设立安东都护府。安东！东边还有谁，也就是靺鞨、室韦、新罗和倭国了。谁能保证新罗不会成为唐朝的下一个目标呢?!

再说怨恨的一面。讨伐百济、高句丽，唐朝当然是主力，打了最硬的仗，死了最多的人，花了最多的钱，但新罗也不是一点力没出。没有新罗人的兵力策应和粮草支援，唐人不可能守住百济，来10个刘仁轨也不管用。二次征讨高句丽，如果没有新罗人在南方牵制渊净土的军队，只怕唐军不会那么容易就攻破平壤。既然出了力、立了功，就该得些好处，比如扩大一下版图，不过分吧？结果完全没戏，百济和高句丽的土地，唐朝一寸都没给新罗。

在恐惧和怨恨的驱使下，金法敏就想反水了。你虽然强大，但我也不怕你！你不给我，我就自己拿！

金法敏的第一手棋是逐步蚕食百济，今天占一座城，明天占一座城，也不掀桌子骂娘，就是闷着头一天天地推进。起初唐廷也没在意，区区几个小城就不计较了，毕竟人家也是出过力的。但是后来量上来了，一个不注意，居然被占去那么多座城池，而且瞅新罗人这劲头，完全没有停止的意思。高宗就不开心了，遣使问罪。金法敏是个大唐通，早有应对之策：你遣使问罪，我就遣使谢罪，但回来之后我该咋办咋办。

这时，亚洲形势刚好发生了新的剧变：强大起来的吐蕃王朝不断在西线挑战大唐的权威。我们在上一章讲过，高宗二十一年四月，钦陵攻陷西域十八州，迫使唐廷撤销安西四镇。高宗决意西征，将安东都护薛仁贵调往西线。

薛仁贵刚走，高句丽就发生了动乱。高句丽酋长剑牟岑杀死唐廷派驻在部落里的官员和部分亲唐势力，率部出奔新罗。行至半路，他偶然间碰到了一个高句丽外戚，前高句丽王高藏的外孙、渊净土的儿子渊安舜。剑牟岑大喜，也不去新罗了，于汉城郡（今朝鲜黄海南道载宁郡）拥立渊安舜为高句丽王，竖起了反唐大旗。不甘忍受唐朝统治的高句丽人陆续来投，安舜很快就成了气候。随后，剑牟岑遣使新罗，希望金法敏能承认、支持安舜政权。

金法敏连犹豫都没犹豫，当即承认安舜为高句丽王，并表示新罗愿与高句丽"永为邻国，事同昆弟"。安舜也复书表态："愿作藩屏，永世尽忠。"金法敏的如意算盘打得很溜：安舜能复国自是最好，一个位于大唐和新罗之间且俯首听命的高句丽，对新罗而言是绝大利好；即便安舜不能复国，新罗大可以趁着唐廷剿灭它的机会，完成对百济的征服。

待到大非川之战结束，一个以新罗为主、高句丽为辅的反唐联盟已经坐大了。

形势至此，唐廷必须得出手了，要不然之前的仗就白打了！然而，高宗忽然发现自己没将可用了，苏定方死了，李勣也死了，薛仁贵遭贬，剩一个刘仁轨还致仕了。

这里我们顺便说一下刘仁轨。认识刘仁轨的人都说，他变了，变得很离谱，从前他有多虎，现在就有多鸡贼。

当年他是出了名的耿直之臣，甚至可以说有点儿愣。折冲都尉鲁宁骂他，他暴脾气上来，当场就把鲁宁杖死了。太宗皇帝质问他，他"辞色自若"，要杀要剐悉听尊便，一副混不吝的样子。调查毕正义案时，正是李义府权势熏天、人人侧目的时候，他却一点儿都不畏惧，全力以赴地办案，硬是逼得李义府让毕正义自裁。

但宦海沉浮一番后，他变了，当年在半岛疆场上锋芒毕露、杀伐果决的刘仁轨没了，取而代之的是一个左右逢源、圆滑世故的官场老油子刘仁轨。朝廷政治波诡云谲，帝后之间的关系十分微妙，刘仁轨的应对之策就是与人为善，别人求着的事能办就办；另外就是不选边站队，看似谁都支持，其实谁也不支持。况且，他现在功成名就、位极人臣，已经犯不着再涉险了。

封禅泰山后，高宗册拜渡海归来的刘仁轨为大司宪。刚上任，刘仁轨就办了一件将众人雷得外焦里嫩的事。大家还记得袁异式吧？当年他受李义府嘱托，在青州暗示刘仁轨自尽，刘仁轨不肯，他走前还亲自给人家上锁。现在好了，风水转回来了，李义府骨头都沤烂了，当年的阶下囚却成了他的顶头上司，袁异式是吃也吃不下、睡也睡不好，整日如坐针毡、惶恐万分。

没想到，刘仁轨却主动请他喝酒。落座后，刘仁轨忽然将酒杯重重地摔到了地上，杯子碎得七零八落。袁异式的小心脏吓得扑通扑通直跳，大哥，要杀你就杀，犯不着埋伏刀斧手、摔杯为号吧，这也太吓人了！刘仁轨却郑重其事地说："我要是还记得当年的仇怨，就跟这个杯子一样。"虚惊一场，反应过来的袁异式感动到不行。

如果故事进行到这里就没了，那还不失为一段以德报怨的佳话。但这个事情还有下文，不久后刘仁轨荣升右相，成了大唐朝炙手可热的人物。刚上任，他就提拔了袁异式。时人议论纷纷，都说刘公有些过了，这胸怀大得有些不近人情、用力过猛！这些议论传到刘仁轨耳中，他居然又提拔了袁异式。时任监察御史杜易简评论道："斯所谓矫枉过正矣！"

依我之见，刘仁轨其实是在有意博取美名，他就是要给皇帝皇后以及群臣百官留下这样的印象：他刘仁轨是一个以德报怨、胸襟似海的人。

刘仁轨当了四年宰相，几乎没干啥事，中间二讨高句丽的时候，他去辽东打了一圈酱油就回来了。当然，这可能和他年龄大有关系，毕竟是六十多岁的人了，不想再折腾了。高宗二十一年初，他表请致仕，得到了高宗的批准，从此退居二线，优游度日。

现在要征讨高句丽余孽了，高宗不好夺刘仁轨的情，只得任用汉族将领高侃为东州道行军总管、靺鞨族将领李谨行为燕山道行军总管，率军赴高句丽平叛。

高侃虽然知名度不高，但露脸次数不少了，参与过平定东突厥小可汗车鼻和征讨高句丽的战役。另外说一句，写出"莫愁前路无知己，天下谁人不识君"的大诗人高适就是他的孙子！

这里，我重点介绍下李谨行。隋唐之际，靺鞨共有七大部，分布在从今黑龙江到辽宁的广大地区。除最南端的粟末部外，其余六部大多与高句丽交好。粟末部为啥和高句丽不对付呢？原因很简单，紧挨着，经常受欺负。隋文帝时期，粟末部的一个小酋长瞒咄和弟弟突地稽带着本部数千人降隋，被安置于营州（今辽宁朝阳）。瞒咄去世后，突地稽代领其部众，先后臣服隋唐，被唐朝册封为耆国公，赐姓李。李谨行就是突地稽的儿子。

高侃和李谨行在唐军诸将中只能算是二流水平，不过呢，他俩虽然算不上骏马，但也不是一般的毛驴，对付扯虎皮做大旗的剑牟岑和安舜绰绰有余。

唐军一路所向披靡。危局之下，安舜和剑牟岑又因为争权而产生矛盾，剑牟岑被杀，安舜率残部出奔新罗。

金法敏一面将高句丽遗民安置在金马渚（在今韩国全罗北道益山市），扶植他们建立了报德国，以安舜为王；一面直接派军队支援还在抵抗的高句丽人。

高侃和李谨行用了三年时间，最终于高宗二十四年（673年）闰五月在瓠①芦河（现在朝鲜的临津江或临津江的一段江面）一战中，彻底消灭了高句丽叛军主力。到当年底，残余叛军均被驱逐至新罗境内。

而此时新罗人早已消灭了百济境内的所有唐军，将百济变成了新罗的所夫里州。

---

① 瓠，音户。

是可忍，孰不可忍！高宗决意东征，一举消灭新罗。

02. 做了嫁衣

新罗是一个远比高句丽残余力量强大的对手。对付这样的敌人，高侃和李谨行是不行的。区区一些高句丽残余势力，他们都用了三年，让他们去打新罗，那不得拖上六七年？耗不起！那让谁挂帅呢？高宗觉得只能是刘仁轨了！致仕怎么了？致仕也给你夺情，非薅回来不可。

二十五年（674年）正月，高宗下诏削去金法敏新罗王、鸡林大都督等职务，册拜在唐为质的金法敏之弟金仁问为新罗王，并起用已经73岁高龄的刘仁轨为鸡林道大总管，以李勣之弟、卫尉卿李弼和李谨行副之，发大兵征讨新罗。

翌年二月，刘仁轨挥军渡过瓠芦河，攻入新罗境内。

老将出马，一个顶俩。唐军接连重创新罗军。刘仁轨又令辽东的靺鞨人横渡日本海，登陆新罗南部。新罗人遭到两面夹击，被唐军"斩获甚众"。然后，不知是什么原因，刘仁轨忽然回国了。高宗以李谨行为安东镇抚大使，继续对新罗用兵。

金法敏过高地估计了己方的实力。在刘仁轨回国的情况下，新罗举全国之力，不仅未能击退李谨行，反而先后在石岘城、赤木城、买肖城（今韩国京畿道涟川）三战三败。如果换作是渊盖苏文，肯定会继续扛下去，但金法敏是个懂变通的明白人，在买肖城之战后就遣使谢罪了。

高宗也接受了道歉，恢复金法敏的官爵，并召回金仁问。不是他宽宏大量、不计前嫌，实在是西线吃紧、分身乏术啊！吐蕃到这时已经完全占据了吐谷浑故地，直接威胁河陇地区。高宗不得不把刘仁轨、李谨行等将帅抽调到西部防备吐蕃，新罗他暂时顾不上了。

等到西线的局势稍稍稳定后，高宗又想对新罗用兵了，正好高句丽故地再次发生叛乱，遂起用薛仁贵为鸡林道总管，再征新罗。但大非川一战似乎泄了薛仁贵的元气，复出的他雄风不再，在高宗二十七年初的伎伐浦（在今韩国忠清南道舒川郡）海战中，轻敌冒进，先胜后败，被新罗人斩首四千余级。高宗大怒，又将薛仁贵流放广西来宾象州。

高句丽和百济二国的反抗运动依旧不息，辽东危机四伏。唐廷决策：将安东都护府由平壤迁至辽东城，府辖各级官吏不再用汉人，还政于高句丽人；将熊津都督府由泗沘城迁至建安城，并将先前安置于徐、兖等州的百济人也安置于建安城。这样，管辖高句丽的安东都护府和管辖百济的熊津都督府全都撤出了半岛，统一设置于辽东地区。

转年，高宗又下诏，安东都护府府治由辽东城迁往新城，任命渊男生为安东都护；以高藏为辽东州都督，封朝鲜王，带着原先迁入内地的高句丽人重归辽东，安置高句丽余众；同时册拜扶余隆为熊津都督，封带方王，至建安城安置百济余众。

高宗之所以起用高藏为辽东都督，而不是安东都护，是因为他还不能完全相信高藏。事实也的确如此，高藏刚到辽东，就打算联合靺鞨和残部起兵反唐。高宗接报，立即召回高藏，流放于四川成都邛崃，跟随高藏回国的高句丽人又被迁徙到中原腹地安置。

扶余隆倒是没打算叛乱，可他已经被新罗人吓破了胆，竟擅自逃回内地。好在渊男生还算给力，到任后"安抚辽东，并置州县，招流冗，平敛赋，罢力役，民悦其宽"，起码稳住了辽东。

新罗依旧小动作不断，高宗咽不下这口气，又想用兵了。但当时唐朝刚和吐蕃打完第二次大非川之战，又是一场损兵折将的惨败。灭新罗？想想就好了！

高宗三十年（679年），渊男生病逝于新城。高宗三十二年（681年），金法敏病殁，其子金政明嗣位。两年后，金政明灭亡报德国。渊氏子孙就这样分成了两支，一支以渊安舜为代表，流落新罗，冒姓金；渊盖苏文的直系后裔则流落中土，为避高祖李渊名讳，改姓泉。

又过了两年，新罗完全占据了半岛大同江以南的全部地区。当时高宗已经去世，武后临朝称制，专注于谋朝篡位，既无心也无力阻击新罗。新罗"始备九州"，就此进入统一新罗阶段。

统一新罗相当于朝鲜版的秦朝，它的出现是朝鲜民族史上划时代的大事，既促成了朝鲜民族的形成，也奠定了现代朝鲜国家的雏形。金法敏在朝鲜民族史上的地位也相当于我们的秦始皇。值得一提的是，金法敏陵墓前碑文写的是：大唐乐浪郡王、开府仪同三司、上柱国、新罗文武王陵之碑。

金仁问则在哥哥死后13年才在洛阳去世。他去世前的官职是辅国大将军、上柱国、临海郡开国公、左羽林军将军。武则天赐葬品，并派人护送其灵柩回新罗。新罗方面将他安葬于京西原。

统一新罗的对唐政策十分明智，仍奉唐正朔、用唐年号、入唐朝贡、受唐册封，自称"大唐新罗国""有唐新罗国"，还于垂拱元年（685年）在首都金城（今韩国庆尚北道庆州市）兴建望德寺，"奉福唐室"，并立祠祭祀苏定方、薛仁贵等灭百济、高句丽的唐将。可见，新罗对协助其统一三国的唐朝仍怀有感恩意识。

唐玄宗时期，唐罗关系全面升温。新罗曾出兵帮助唐朝讨伐靺鞨人建立的渤海国。作为对新罗出兵的回报，同时也为了长期牵制渤海国，玄宗在开元二十三年（735年）正式承认了新罗对大同江以南的主权。新罗对渤海国极其蔑视和敌视，称其为"粟末小番""楛矢国""丑虏"。但正因为有渤海这个隔在中间的共同敌人，所以唐朝与新罗从此再无战争。两国间朝贡与册封的关系，一直延续至唐朝灭亡。

终唐一世，光是有据可查的新罗遣唐使团就达178个之多，频率居唐朝外藩之首。甚至在唐玄宗、唐僖宗幸蜀之际，也有新罗使臣奔赴成都朝贡。即使在唐朝灭亡后，新罗也坚持向后梁、后唐朝贡。

除了政治上的封贡关系外，新罗在经济、文化上同唐朝的往来也十分密切。许多新罗人前往唐朝贸易或发展，因此在唐朝登州、楚州、扬州等地形成了新罗侨民社区——新罗坊或新罗所。新罗国还大搞劳务输出，持续、大量向唐输出新罗婢赚外快。新罗婢约等于今天的菲佣，受过专业培训，乖巧能干，深得大唐雇主的喜爱，是与昆仑奴齐名的外国劳务群体。在文化上，新罗多次请唐朝赐书，并频频派遣留学生。不少新罗留学生还参加唐朝科举考试，比如崔致远甚至考中了进士。这些新罗留学生回国后往往受到重用，极大促进了新罗对唐文化的吸收。

除了留学生外，还有大量留学僧入唐求法，其足迹遍布大江南北，最有名的当数金乔觉和慧超。

金乔觉其人是半岛版的一休，他虽是新罗王子，却心向佛法，于唐肃宗时渡海来到大唐，在九华山修行，发下"众生度尽，方证菩提，地狱未空，誓不成佛"的宏愿。圆寂后，他被佛教徒视为地藏菩萨的化身之一。

慧超俨然是朝鲜版的玄奘，幼年入唐，从大唐泛海至天竺取经，后来取道西域返回大唐。归唐后，他写成了《往五天竺国传》，记述了途经各国的情况，是研究8世纪中亚、南亚的重要资料，其历史地位不亚于玄奘、辩机所著的《大唐西域记》。

我们回头看唐朝与半岛诸国的战争，完全可以得出这样一个结论：唐朝其实是为新罗做了嫁衣，帮助新罗消灭了高句丽和百济两大强敌，解除了倭国的威胁，统一了大同江以南地区。当然，这绝非唐朝本意。之所以会出现这样的局面，一是因为新罗金氏政权运筹得力，二是因为吐蕃对大唐的严重掣肘。

国际局势从来都是紧密相连、环环相扣的，新罗应该感谢吐蕃，没有吐蕃，大唐踏破新罗只是时间问题。倭国也要感谢新罗，如果没有新罗，倭国的安全就不好说了。唐朝既然能从胶东半岛登陆朝鲜，就能从朝鲜半岛登陆日本列岛。

有人说了，唐朝也不是无所得啊，起码重新恢复了对辽东地区的主权，还控制了大同江以北地区。这话没错，但问题是没守住啊！由于契丹和渤海的崛起，这些地方后来都丢了。隋唐二代四帝七次大征，战死的将士数以几十万计，可怜无定河边骨，犹是春闺梦里人，结果都白死了，消耗的财富更是无法计数。

大家想，到底值也不值?!

第十章 二易储君

01. 太后 PK 太子

当外事开始走下坡路的时候，高宗的健康也步入了下行通道。真不愧是李世民的儿子，他的三观也颠覆了，也走了父亲的老路，想长生不死。

高宗刚即位时，王玄策想上位，又把那罗迩娑婆寐从天竺请了回来，推荐给他。高宗直接拒见，让这个阿三打哪儿来就回哪儿去。王玄策不甘心，一个劲儿地劝："这个婆罗门会炼制长生不老仙丹，就这么让他回去，未免太可惜了！"高宗不吭气。王玄策好不尴尬，只得退下。

他刚走，高宗扭头对一旁的李勣等人说："从古至今哪有什么神仙呀！秦始皇、汉武帝为了求取仙丹，加重了百姓的负担，结果一无所获。如果真有长生不死的人，他们在哪儿呢？朕怎么没看到啊?！"李勣接道："陛下所言极是！太宗之时，臣见过这个婆罗门。这次他来我大唐，面貌已经发生了明显的老化，须发皆白，怎么可能懂长生不老之术?！陛下让他走，大家都为这个决定感到高兴！"

那罗迩娑婆寐没得着好处，赖着不走，几年后竟死在了长安。他用死亡证明了自己是个彻头彻尾的骗子，更证明了所谓长生不老就是一个谎言。

那时候的高宗浑身闪耀着理性的光芒。然而，到了高宗十九年，他居然册拜另一位天竺方士——卢迦逸多为怀化大将军，为他炼制长生不老丹药。

秘制神药看来是印度传统了。我实在想不通，天竺方士到底有何过人之处，竟能把两任大唐皇帝忽悠得世界观都变了？难不成是因为他们一言不合就唱跳的民族传统？

时任东台侍郎郝处俊上表规劝高宗："生死有命，不是药物可以决定的。贞观末期，先帝服用了婆罗门的丹药，一点儿用都没有。等到先帝弥留之际，无数名医都束手无策。当时就有人弹劾那罗迩娑婆寐，建议诛杀此人，只不过朝廷考虑到这样会招来四夷耻笑，不得已而作罢。往事不远，希望陛下引以为鉴。"

高宗唯一比太宗强的地方，就是他听进去了，没再让卢迦逸多炼丹。这是个正确的决定，要不然唐朝声誉最高的皇帝和武功最大的皇帝都被天竺人的秘制药丸毒死，这脸可就丢大了。

在封禅之前，高宗还可以坐朝问政，和武后一同批阅奏章、商决大事。但封禅之后，他的病情一年重似一年，头疼眼花得厉害，是坐也坐不住，看也看不下去。发展到这一步，就没法履职尽责了，所以高宗就把相当一部分权力交给了二老板武后，这些事儿媚娘你看着定吧，你的意思就是我的意思。武后本来就想说了算，乐不迭地接受了，干得风生水起。

武后能掌权，很多人都归因于高宗性格的软弱。在我看来这只是次要的原因，最主要的还是高宗身体差。他如果身体好，肯定能保持对朝政的控制，武后掌权绝不会这么快、这么顺利。

老公愿意放手，老婆愿意接手，似乎没什么问题。可大家别忘了，大唐法理和名义上的二老板可不是武后，而是太子李弘。李弘如果年幼，政事交由武后决断还说得过去，但问题是李弘现在大了，而且已经很大了。

高宗性格弱，身体弱，哪儿都弱，唯独基因超级强大。他的儿子们都非常巧妙地避开了爷爷的英武刚毅和母亲的杀伐果决，无一例外地继承了父亲的善良软弱。

李弘尤其如此，善良到不行。一天，老师教他《春秋左氏传》，讲到了楚国王子芈[①]商臣弑父自立的故事。李弘听了直摇头："这种事为人臣子都不忍心听。圣人写书的目的是教化世人，为什么要讲这么不堪的事情呢？"老师解释说，左丘明这么写，是为了从正反两个方面教育警醒世人。但李弘还是没法接受："我不想听这样的故事，换一个吧！"不知李弘看了《太宗实录》，对爷爷杀害亲兄弟会作何感想？

李弘不仅"仁孝谦谨"，"礼接士大夫"，还请求父皇、母后追赠儒家两大先师颜回、曾参为太子少师、太子少保。上上下下、里里外外对他评价很高。从高宗十四年开始，高宗就让李弘每隔五天去一次光顺门，看一看各省各部门的奏疏，如果是小事，李弘说了就能算。此外，每逢他出巡，一定会让李弘监国。

随着年龄越来越大、思想越来越成熟，李弘也越来越有主见了。朝中的宰相和东宫的属官本来就对武后掌权多有微词，现在更是屡屡上表高宗，请求让太子主持政事。

当母亲的把着权不放，当儿子的一心想把家来当，双方的需求从根本上就是不可调和的，母子二人嫌隙日生。

终于，因为一件小事，母子关系彻底破裂了。高宗二十二年（671年）的一天，李弘闲着无事，在宫中溜达，一个不小心溜达到了掖庭宫。掖庭宫虽然名字好听，但实际上不过是宫女、籍没女奴生活和工作的地方。他发现有两个女孩儿不干活，但别的宫女对她们态度还很好，就多嘴问了一句。

---

① 芈，音米。

这一问,问出了两个姐姐。原来,这两个女孩儿正是萧淑妃所生的义阳和宣城二公主。高宗有四个女儿,两个是萧淑妃生的,两个是武后生的。萧淑妃被废后,这俩女孩儿一直被武后软禁在宫中,直到现在也不让她们嫁人。《新唐书》和《资治通鉴》称,两位公主年近四十不得嫁人,这肯定是瞎掰!因为高宗这时也不过四十出头,就算他十来岁时有了她们,这俩孩子顶多也就二十大几。当然,女孩儿二十多岁还没结婚,在古代已经属于资深剩女了。

李弘仁善,回来后就上奏父皇,请求让两位姐姐出嫁。如果不是儿子提起,高宗都快忘了自己还有两个女儿,马上诏准。

武后就被儿子气到了,你个不争气的东西,当年要不是为娘把萧淑妃整倒,哪有你的今天?!但丈夫已经同意了,她不好在这种小事上违拗他的意思,只得含恨隐忍。况且,办不办皇帝说了算,具体怎么办还不是得看她的。你们猜她怎么办的?她居然从禁军中随便扒拉出两个卫士,配给两位公主做驸马。李治、李弘父子虽然恼怒,却也无可奈何。

打这以后,母子关系就降到了冰点。

02. 建言十二事

"二圣"两口子已经不满足于给人当老大了,他们要上天。高宗二十五年(674年)八月,两人又改称呼了,大圣不叫皇帝了,叫天皇;小圣也不叫皇后了,叫天后。高宗由此成为中国历史上唯一的天皇,武后则成为唯一的天后。后来宋、元、明、清历朝历代的皇帝皇后都没有他们这么骄傲的。

天后刚上位就搞出了一个大动作，废除了太宗关于道教在佛教之上的诏令，规定佛道两教平等。

这一年李弘已经21岁了。鉴于皇帝问政越来越困难，且他本人已经表露出了交权的意愿，朝中要求太子摄政的呼声越来越大。高宗大为所动，萌生了顺天应人、让李弘摄政的想法。

天后就急了，把她的一群小伙伴找来，让他们搞点事情。这伙子人当时有一个特定的称谓，叫作北门学士。

这里的"北门"是相对"南衙"而讲的。唐代宰相的办公地，也就是三省六部，均设在皇宫的南面，俗称"南衙"。为什么设置在南面呢？原因很简单，古人讲究坐北朝南，皇帝在北面坐龙庭，臣子在南面抓落实。

南衙里以宰相为首的一众大臣几乎都反对女人干政。天后主持政事，不仅靠不上他们，还得与他们斗智斗勇。一个人的智慧和力量毕竟是有限的，于是从高宗十七年开始，天后就以修撰著作为名，陆续选拔了一批青年才俊，让他们在翰林院草制。为什么选择青年才俊呢？因为年轻人急于出人头地，易于为她所用。她没有单独的办公地，只能经常召这些人入宫问对。入宫从哪里进呢，就是宫城北门——玄武门。因为都是学士，政治上亲武，且从北门进出，所以时人就称他们为"北门学士"。

北门学士的代表人物有刘祎之、元万顷、范履冰、苗楚客、周思茂、韩楚宾等。其中，声名最著、成就最大的是刘祎之。

刘祎之是江苏常州人，他的父亲是唐朝著名的文学家、史学家刘子翼，曾参与编纂过《晋书》，修过司马家族的历史。在父亲的熏陶培养下，刘祎之少时便以文藻知名，与孟利贞、高智周、郭正一齐名，并称"刘孟高郭"。虽然"刘孟高郭"在后世的知名度远不及同时代的"王杨卢骆",但在当时,这两个天团是齐名的。初唐时代的人们一致认为,写文章最好的是刘祎之、孟利贞、高智周、郭正一四个,作诗最棒的则是王勃、杨炯、卢照邻、骆宾王四人。刘祎之入仕之初,在弘文馆①工作,后被天后引为北门学士,并迅速成为其中的核心人物。

北门学士虽然有能力,但是职务低,没资格参与国家大事决策,他们的主要工作是充当天后的智库,给她出主意,替她编政论书。天后让这帮人编了很多关于政治建设的书,总数有一千多卷,比较著名的有《玄览》《古今内范》《青宫纪要》《维城典训》《紫枢要录》《凤楼新诫》《列女传》《内范要略》《乐书要录》《百僚新诫》《兆人本业》《臣轨》等。

有人不太理解,为什么要编书呢,是不是闲的？非也,编书的好处太多了：一来显得对国家建设非常关心,想皇帝之所想,急皇帝之所急,这叫秀情怀。二来显得对国家建设很有研究,比如《臣轨》是讲为臣之道的,把这个问题掰开了、揉碎了、讲透了,这叫秀认识。三来显得对国家建设的难题很有办法。陛下,这些问题您是不是很头疼？没关系,臣等已经想出了应对之道,您请看,一二三四,这叫秀招法。

当领导的最喜欢这种与他思想合拍、行动合拍,还能替他出谋划策解难题的人。高宗对天后带着北门学士编的这些书非常满意,认为天后和她的团队是一个优秀、卓越、精干、务实的团队。

此外,北门学士还给天后出了不少主意,这些主意大多得到了高宗的认可,最终转化为国家政策。因此,北门学士其实在政治上帮了天后的大忙,既帮她拿分不少,又替她对冲南衙宰相,成为高宗朝一

---

① 弘文馆初名修文馆,始设于高祖武德四年,武德九年更名为弘文馆,属门下省,主管详正图籍、教授学生、参议制度及礼仪。

支不可忽视的重要政治力量。

特别是高宗二十三年（672年）天后在南衙的重要内应许敬宗病死以后，北门学士的地位和作用越发凸显。

当年八月，许敬宗去世，年81岁，算是相当高寿了。高宗为他举哀，三天不上朝，甚至还让文武百官到许府哭丧，并追赠许敬宗为开府仪同三司、扬州大都督，陪葬昭陵。真是好人不长命、坏人活千年。

但天不藏奸，没过多久，就有多名大臣揭发许敬宗篡改国史。经调查属实，高宗很生气，诏令刘仁轨等人改修国史。后来，唐廷又反复改了几次，基本上把许敬宗歪曲的内容都改过来了。所以，我们今天看到的《旧唐书》初唐部分，基本上还是可信的。

许敬宗死后，天后越发依赖北门学士。这不，当她得知高宗有意让太子摄政，马上指示北门学士加紧研究，拿出一个国家全面建设的总纲来。

经过四个月的加班加点，十二月，天后向高宗提交了《建言十二事》，提出了十二条政策建议：第一，劝课农桑，轻徭薄赋。第二，免除京畿地区百姓的徭役。第三，停止对外用兵，以道德教化天下。第四，严禁各地政府工场研制各种花里胡哨的宫廷用物。第五，倡行节俭，遏制奢靡之风。第六，广开言路，鼓励进谏。第七，杜绝逸言，营造风清气正的政治环境。第八，王公以下都要学习道教经典《老子》。第九，为母服丧期由一年改为三年。第十，不再考核五年以上的有功官员。第十一，给八品以上的京官涨工资。第十二，任事已久又有才德的官员可晋升。

大家看看这十二条，第一条、第三条、第四条、第五条、第六条、第七条收买天下百姓，第二条收买京畿百姓，第八条收买道教，第九条收买广大妇女，第十条收买功臣，第十一条收买京官，第十二条收买长期未能晋升的官员，可以说方方面面都照顾到了。因此，

《建言十二事》提出后，受到了朝野的一致好评和拥护。

大家都满意了，高宗自然更满意，越发对天后刮目相看了，天后还是很有水平的！自然而然地，他就产生了这样的想法：太子目前还不具备这样的认识和水平，政事还是交由天后打理更为稳妥。

03. 李弘暴毙

转年三月，高宗的风眩病又复发了，头疼得实在受不了，把心一横，干脆让媚娘摄政得了。

这时，郝处俊已经当上了中书令，第一个上表反对："天皇和天后好比太阳和月亮，一阳一阴，各有所属。天皇让天后摄政，有违天道。臣担心老天爷和百姓都会怪罪您的。"许多大臣也附议。高宗一想，也对，让女人当家的确不合适，那就算了吧！

天后带着北门学士们苦哈哈地写了四个月的材料，眼瞅军政大权就要到手了，半路杀出个郝处俊，三言两语就把这一切都颠覆了。她恨死了郝处俊，想着法儿地要收拾人家。可郝处俊为人处世都很完美，"行止无瑕"，她找不到把柄。高宗三十二年（681年），人家赶在她当权之前善终了，享年75岁，你说气人不气人？

高宗不让她摄政，对这个结果，天后虽不满意，却也只能接受。但她万万没想到，高宗竟然萌生了退位的念头，他不当皇帝了，要退休当太上皇。高宗更想不到，他这一提退，居然把太子给退死了。

四月，李弘随天皇天后出行洛阳，于合璧宫猝然离世，年仅24岁。

但现代历史研究倾向于认为李弘是病死的，理由是：第一，成书在前的《高宗实录》和《旧唐书》都没有提到李弘遇鸩的事情，只有成书在后的《唐会要》和《新唐书》有记载。司马光就曾说过："《实录》《旧传》皆不言弘遇鸩。"第二，李弘和他爹一样，身体也不太好，患有肺痨，他监国时的很多政务其实是东宫属官处理的。另外，他二十多岁了还没有儿女，这也从侧面印证了他的健康状况很糟糕。第三，最关键的一条，高宗认为儿子是病死的，他的话可信度还是蛮高的。五月，他昭告天下："……弘天资仁厚，孝心纯确。既承朕命，掩欷不言，因兹感结，旧疾增甚……"就是告诉中外臣民，太子本就有病，这次是因旧疾加重而突然去世的。

同时，高宗破例追加李弘为孝敬皇帝，"慈惠爱亲曰孝，死不忘君曰敬"。李弘由此成为唐朝第一个被追封为皇帝的太子。既然是皇帝，当然得享有皇帝的待遇，所以唐廷为李弘修建了恭陵。只不过恭陵不在关中，而在洛阳偃师区缑氏镇。百官为孝敬皇帝服丧三十六日。高宗亲自书写了《睿德记》，刻碑勒石，立于恭陵之旁。

应该说，病死说的可信度还是比较高的。但我以为，李弘被天后毒死的可能性也是有的。一来，她毒死李弘的动力太足了。李弘一旦即位，她多年的苦心经营就都白费了。人家是皇帝，她是太后，再把着权力不放就说不过去了。况且，最关键的一条，高宗还活得好好的。新皇李弘内有太上皇老父亲加持，外有南衙诸相策应，他的地位绝对固若金汤，无可撼动。二来，李弘原本就有病，趁外出的机会不动声色地毒死他，完全可以解释为因旅途劳顿、病情加重而亡。三来，从前事后事来看，武后是一个心狠手辣、为达目的不择手段的女人，不管什么人，只要挡了她的道，一定会被她弄死。

李弘年纪尚浅，身体又弱，不曾育有子嗣。总不能让他绝了后、断了香火吧！武则天称帝后，于天授三年（692年）从宗室中选了一个男孩儿做李弘的嗣子。李弘虽然没当上真皇帝,但他这位嗣子却当上了,而且当出了大名堂。这个孩子就是他八弟李旦的第三子李隆基,后来赫赫有名的唐明皇。

神龙元年（705年）,中宗为五哥李弘上庙号为义宗,神位祔于太庙祭祀。景云元年（710年）,姚崇、宋璟上书睿宗,说李弘未登帝位,与先皇同祔太庙不合礼仪。睿宗觉得有道理,就将李弘的神位迁出,单独建庙祭祀。开元六年（718年）,玄宗采纳礼官的建议,撤销了李弘义宗的庙号。

六月,李弘的六弟雍王李贤顺理成章地成为太子。

武后一共给高宗生了四个儿子,老大李弘,老二李贤,老三李显,老四李旦。除了李弘,其余三个不管封号还是名字,都被父母改了好几遍。

李贤生于高宗五年（654年）,初封潞王,后来改名李德、改封雍王,最后又改回李贤。

李显生于高宗七年（656年）,初封周王,后改封英王、改名李哲,最后又改回李显[1]。

李旦生于高宗十三年（662年）,初封殷王,殷王改豫王,豫王改冀王,冀王改相王,相王又改回豫王,名字也经历了一个李旭轮—李轮—李旦的变化。

给李治和武媚娘当儿子,真是倒了八辈子血霉,不仅生命安全得不到保障,甚至常常连自己到底该叫啥都不清楚。

三兄弟跟大哥李弘一样,没有一处像太宗或武后的地方,无一例外地继承了父亲的仁善,而且一个比一个善。三兄弟之中,要说最成器、最有帝王相的就是李贤了,容貌俊秀,举止端庄,才思敏捷,深

---

[1] 本书统称李显。

得老父亲的欢心，而且群众基础也很扎实。老三李显太贪玩，老四李旦太恬淡，都不是当皇帝的料。

高宗绝对是个好父亲，因为他总能看到每个儿子的优点，哪个儿子他都喜欢。李贤小的时候，高宗有天对李勣夸这个儿子："此儿已读得《尚书》《礼记》《论语》，诵古诗赋复十余篇，暂经领览，遂即不忘。我曾遣读《论语》，至'贤贤易色'，遂再三覆诵。我问何为如此，乃言性爱此言。方知夙成聪敏，出自天性。"这孩子已经读了《尚书》《礼记》《论语》，还背了十多篇古诗辞赋，一看就能领会，而且从此不忘。我曾叫他读《论语》，当他读到"贤贤易色"这句时再三咀嚼，我问他为什么琢磨这句话，他说没有理由，就是单纯喜欢。我才知道他的聪敏并非经由后天训练而来，完全出自天性。

不过，高宗从来没有按照太子的标准培养过李贤，李贤也没有类似东宫属官那样的班底，刚刚当上太子的他根本不具备问政的能力。因此，摄政权自然而然、理所应当地落入了天后之手。

从李贤成为太子直到高宗去世的10年间，虽然天皇天后依旧并称"二圣"，但因为高宗长期不能问政，大唐帝国的实际掌舵人已然是天后武媚娘了。我们可以称呼这一阶段为"天后时代"。至此，经过24年的努力，看似弱不禁风的武媚娘从感业寺里的一个小尼姑，一步一步地站到了大唐帝国的权力核心。

既然李贤都闪亮登场了，那就不能不提到一个人了。尽管他与本书的进展没有关系，但此人名气太大了，我不得不写！他就是写出"海内存知己，天涯若比邻"的大才子王勃。

04. 神童王勃

发展到唐高宗时代，唐诗的第一波高潮已经到了。一般以为，站在这波潮头上的诗人有四个，分别是山西运城河津人王勃、陕西渭南华阴人杨炯、河北保定涿州人卢照邻和浙江金华义乌人骆宾王，统称"初唐四杰"。用一句话代表个人，王勃是"海内存知己，天涯若比邻"，杨炯是"宁为百夫长，胜作一书生"，卢照邻是"得成比目何辞死，愿作鸳鸯不羡仙"，骆宾王最简单，"鹅鹅鹅"。

"初唐四杰"的名气之所以大，并不仅仅因为诗写得好、写得多，主要是因为他们推动了诗这种体裁的大发展，拓宽了诗的写作范围，提高了诗的文学意义。

四杰之前的唐诗，以上官仪的"上官体"为代表，基本不脱南朝齐梁诗歌的窠臼。

一是内容局限于奉和、应制、咏物。奉和就是诗人之间互相唱和，今天你写一首给我，明天我写一首给你，文人雅士通过诗歌聊聊天，秀秀文采。应制就是皇帝下的命题作文，其内容要么是歌功颂德，要么是道德教化。咏物就是歌咏除了人以外的东西。

二是流传范围仅限于诗人圈和宫廷上流社会，普通人看不到、听不到诗，对诗也不感兴趣。

三是形式上过分追求技巧。比如"上官体"就讲究"六对""八对"，什么云对雨、雪对风、花对树、鸟对虫、山清对水秀、柳绿对花红。这显然限制了诗歌的表达力和生命力。

"初唐四杰"明确提出要"思革其弊"，比如王勃就严正反对高宗龙朔年间前后的宫廷诗风，指责其"骨气都尽，刚健不闻"。四杰的变革主要体现在：一是拓展了诗歌的内容，从狭隘的宫廷扩张到广大的市井，从朝廷的台阁扩展到世上山川风月、人间悲欢离合；二是改变了诗歌的风格，反对浮艳绮靡，提倡刚健骨气；三是在形式上推动了唐诗的成熟，五言八句的律诗形式是他们定型的，七言古诗是经他们之手成熟的。一句话，他们给唐诗带来了一场革命。唐诗之所以能成为唐朝的象征，能成为中国古代诗歌史上的一座丰碑，四杰无疑是先行者和奠基人。

大家可能认为这四个人年纪相仿，实则不然。骆宾王生于高祖武德之初，年纪最大。卢照邻生于贞观十一年（637年）前后，位居第二。王勃和杨炯均出生于高宗永徽元年（650年）。对王、杨来说，卢照邻是大哥，骆宾王则是大叔。王勃和杨炯成名后，世人把骆宾王和卢照邻算上，才组了"王杨卢骆"这个CP。

这几个人无一例外都是神童，王勃6岁就会作诗，骆宾王7岁写出了中国儿童的启蒙诗《咏鹅》，杨炯9岁科举及第，卢照邻稍稍差了一点儿，但二十来岁也已名满天下了。尤其王勃，才名最盛，位列四杰之首。

王勃出身于文学世家，爷爷是隋代著名的思想家、教育家王通，父亲是唐太常博士王福畤①。王勃和哥哥王勔②、王勮③俱有文采，时人有"王氏三株树"的美誉。

翻阅王勃的人生履历，你会无师自通地明白什么叫"别人家的孩子"：6岁能写诗；9岁读完颜师古注的《汉书》后，一口气写出了十卷的《指瑕》，专门指责颜注的错误；10岁读完了孔子整理的儒家经

---

① 畤，音愁。
② 勔，音免。
③ 勮，音巨。

典——《六经》；14岁前学完了《周易》《黄帝内经》《难经》；16岁科举及第，授职朝散郎，成为朝廷最年少的命官。这还不算完，刚入朝为官，他就向高宗上了一篇《乾元殿颂》①，写的是词美意壮、文采飞

---

① 臣勃席芳十步，企景三冬，虽承宣室之谈，犹窘灵台之影。仙坛远秘，已多谢於祥鹩；大厦初成，复攀荣於贺雀。慨深梁甫，终乖棒日之欢；恩极甘泉，未动凌云之价。神图不测，固流绚於丹滕；微志可存，庶镌芳於翠琬。敢献颂曰：

紫扃垂耀，黄枢镇野。银树霜披，珠台月写。响明立极，横神廓社。大壮摛爻，斯干韵雅。（其一）

鹑居化没，狙讹道长。琼构霞明，璜轩露厂。弃人崇欲，违天蠹象。南巢不救，东邻长往。（其二）

瑶缄考懿，金板藏功。道凝茅屋，业盛蒿宫。龙阶察祲，鹓阁调风。推访华礼，酌俭思冲。（其三）

悬鳌结畔，傅翼生灾。千蘗岭接，万栱星开。争图绚侈，福极凶来。风寒碣馆，露惨苏台。（其四）

十馆营秦，金房砥室。千间架汉，韬云阕日。济恶承危，同亡翼术。倾輀未远，遗墟继出。（其五）

龙川诰祸，鹤塞称符。尘惊八际，雾惨三都。穹庐宝极，蠃幕璇枢。司宫坠典，掌舍沦图。（其六）

苍衢毓祉，丹邱表圣。凤矫仙枢，龙回宝命。道凝金册，功驰玉镜。紫气抽华，黄辉叠映。（其七）

神稽鹤谶，迹播鸡浑。重光累极，翼子谋孙。经天纬象，就日提元。惊轩湛粹，凤几裁尊。（其八）

祥抽紫历，业昭肜管。珍雀朝翻，仙蟾夜满。丹墟献迹，青台坠卵。椒闱仪凤，芝闺奉款。（其九）

登三建绪，明两开仪。龙谯雾郁，鹓禁霞披。波分璿渚，景峻瑶枝。黄扉晓列，丹縠宵移。（其十）

龟文猎彦，麟旌收逸。桂客攀荣，松宾改律。紫鹓开纪，丹虹耸秩。纵堑搏飙，登山捧日。（其十一）

功融棘序，道备槐庭。不仁者远，惟道斯行。烟摇墨绶，电转朱轵。境怀春翟，野散秋螟。（其十二）

郑竹分科，燕棠辍讽。铜机化极，珠囊丛洞。礼贵丹虹，乐调朱凤。珠坰献宝，绵乡委贡。（其十三）

龙阙静柝，鹤塞投弦。歌呈豹尾，舞进鸾肩。铜铙月斥，铁辋星悬。绳幽架险，驿雾驰烟。（其十四）

扬。高宗阅罢，击案称叹："奇才，奇才，我大唐奇才！"有皇帝背书，王勃一颂成名，蜚声海内。高宗让他兼任了沛王府修撰，给当时还是沛王的李贤当伴读。

一出手就是王炸，就问你们服不服、眼红不眼红？

张爱玲有句名言，出名要趁早。这句话既对也不对，对有些人来说，年少成名是好事儿；但对有些人，比如王勃，反而是祸事了。他不到20岁就已经取得了别人终其一生可能都无法取得的成就，不遭嫉妒是不可能的。他接下来的遭遇生动诠释了什么叫作木秀于林风必摧之。

两年后，他就倒霉了，而且倒了一个天大的霉。

咋回事呢？唐代上流社会流行斗鸡。一次，李贤和七弟英王李显斗鸡。王勃为了给主子助兴，即时写了一篇《檄英王鸡》。

这篇文章不长，又是王勃倒霉的开始，所以特转录于下：

盖闻昴日，著名于列宿，允为阳德之所钟。登天垂象于中孚，实惟翰音之是取。历晦明而喔喔，大能醒我梦魂；遇风雨而

雾坛凝紫，河宫湛碧。翠蕫翻飚，丹萤候魄。霜均雹散，连珠契璧。蕳盖笼霏，花衢坠液。（其十五）

年和政美，化极风调。灵台轸咏，考室兴谣。循图访典，去泰捐雕。道存南面，让屈东朝。（其十六）

望云裁构，笼霄建宇。方镜星离，图珰月聚。梓匠倾思，林衔授矩。画栱栖烟，文轩架雨。（其十七）

芝房叠翠，桂庑流丹。霞张万户，雾葺千乐。重扃驻燠，洞牖栖寒。神加有叙，觊入无端。（其十八）

帝图临御，皇僚萃止。电戟挥霜，云旌拒暑。紫宫可逼，黄街易履。凤砌腾文，麟庭抗礼。（其十九）

珠泥畅绩，银绳郁契。鹤岭云明，龙坛景惠。道超古今，功推下济。惟帝惟天，惟天惟帝。（其二十）

胶胶，最足增人情思。处宗窗下，乐兴纵谈；祖逖床前，时为起舞。肖其形以为帻，王朝有报晓之人；节其状以作冠，圣门称好勇之士。秦关早唱，庆公子之安全；齐境长鸣，知群黎之生聚。决疑则荐诸卜，颁赦则设于竿。附刘安之宅以上升，遂成仙种；从宋卿之窠而下视，常伴小儿。惟尔德禽，固非凡鸟。文顶武足，五德见推于田饶；雌霸雄王，二宝呈祥于嬴氏。迈种首云祝祝，化身更号朱朱。苍蝇恶得混其声，蟋蟀安能窃其号。即连飞之有势，何断尾之足虞？体介距金，邀荣已极；翼舒爪奋，赴斗奚辞？虽季郈①犹吾大夫，而坿②桀隐若敌国。两雄不堪并立，一啄何敢自妄？养成于栖息之时，发愤在呼号之际。望之若木，时亦趾举而志扬；应之如神，不觉尻高而首下。于村于店，见异己者即攻；为鹳为鹅，与同类者争胜。爱资枭勇，率遏鸥张。纵众寡各分，誓无毛之不拔；即强弱互异，信有喙之独长。昂首而来，绝胜鹤立；鼓翅以往，亦类鹏抟。搏击所施，可即用充公膳；翦降略尽，宁犹容彼盗啼。岂必命付庖厨，不啻魂飞汤火。羽书捷至，惊闻鹅鸭之声；血战功成，快睹鹰鹯之逐。于焉锡之鸡幛，甘为其口而不羞；行且树乃鸡碑，将味其肋而无弃。倘违鸡塞之令，立正鸡坊之刑。牝晨而索家者有诛，不复同于彘畜；雌伏而败类者必杀，定当割以牛刀。此檄。

概括来讲，先是用各种传说和典故称赞鸡这个物种，进而猛夸李贤的鸡如何如何厉害、如何如何勇猛，号召出战的鸡武士们拼尽全力把英王李显的鸡干死。

---

① 郈，音后。
② 坿，音时。

说实在的，这就是一个无聊文人卖弄学识和辞藻的无聊之作，纯属闹着玩的。但王勃决然想不到，他的这篇文章很快就被人呈递到了皇帝的面前。高宗看了，暴怒不已："歪才，歪才！二王斗鸡，王勃身为博士，不行谏诤，反作檄文，有意虚构，夸大事态，是交构之渐！"

我们不能怪高宗小题大做、上纲上线，实在是王勃这篇文章捅着他的腰眼儿了。他们李家，从他爹李世民那辈起，就是兄弟相争不已，他太忌讳这个了，太希望几个儿子能和睦相处了。所以，他看到的可不是斗鸡，他看到的是有人在挑唆、怂恿他的两个儿子相争，今日能檄英王鸡，明日就能檄英王命，这还了得?!

结果，王勃19年的成就一朝清空，被逐出了沛王府。

这是个坎坷，还不是一般的坎坷，当朝皇帝整你，你这辈子基本上没有翻身的机会了。

打这以后，王勃就开始走下坡路了。高宗二十二年（671年），他在虢州参军任上又摊上事了。王勃藏匿了一名犯罪的官奴，后来怕走漏风声，又把此人灭了口。他自以为做得神不知鬼不觉，殊不知有人盯他盯得很紧，把这事儿捅了出来。这一次王勃直接被判了死罪，好在赶上了大赦天下，没死成。但他父亲王福畤却遭连累，从雍州司功参军贬为交趾县令。大家看看地图就知道了，从关中直接踢到了越南河内，这是让人生不如死的处罚。

王勃可以接受自己不得志，但决不想连累父亲。他在《上百里昌言疏》中表达了对父亲无限的歉疚和深深的自责："今大人上延国谴，远宰边邑，出三江而浮五湖，越东瓯而渡南海。嗟乎！此勃之罪也，无所逃于天地之间矣！"

经此一难，王勃仕进的心思彻底死了。一年后，朝廷虽然恢复了他的官职，但他已经视仕途为畏途，没有接受。

高宗二十六年（675年）秋，王勃去交趾看望父亲。路过南昌时，专程拜谒了洪州都督阎伯舆。阎伯舆新修的滕王阁落成，正准备大宴宾客，就邀请大才子王勃参加。他之所以邀请王勃，其实还有一个不可告人的目的，想借王勃抬高女婿孟学士的才名，为女婿仕进打个基础。

宴会当日，阎伯舆邀请众文士为滕王阁作序。其他文人都知道他的心思，推辞不写。唯独王勃这个二愣子，接过纸笔"唰唰唰"就写了出来。阎伯舆心里老大不高兴了，因为他早已命女婿事先写了一篇序文，而且反复修改润色背诵，特意安排今日此时让女婿假装即时写出，好"一鸣惊人"。他想，好文章都是改出来的，你王勃再有才华，也不可能现场写出上上之作，我女婿都反复改好几遍了，肯定能压你一头。文才能盖得过王勃，还担心没官做吗？

然而，接过王勃的文章一看，他傻了眼，写得太好了，增一字不可，减一字亦不可，无可挑剔。女婿写的文章和人家相比，连一坨大便都不如。他太想口是心非了，但还是控制不住地由衷赞道："此真天才，当垂不朽！"

王勃即兴写的这篇文章就是他的代表作《滕王阁序》。

豫章故郡，洪都新府。星分翼轸，地接衡庐。襟三江而带五湖，控蛮荆而引瓯越。物华天宝，龙光射牛斗之墟；人杰地灵，徐孺下陈蕃之榻。雄州雾列，俊采星驰，台隍枕夷夏之交，宾主尽东南之美。都督阎公之雅望，棨戟遥临；宇文新州之懿范，襜帷暂驻。十旬休假，胜友如云；千里逢迎，高朋满座。腾蛟起凤，孟学士之词宗；紫电青霜，王将军之武库。家君作宰，路出名区；童子何知，躬逢胜饯。

时维九月，序属三秋。潦水尽而寒潭清，烟光凝而暮山紫。俨骖騑于上路，访风景于崇阿。临帝子之长洲，得天人之旧馆。

层峦耸翠，上出重霄；飞阁流丹，下临无地。鹤汀凫渚，穷岛屿之萦回；桂殿兰宫，即冈峦之体势。

披绣闼，俯雕甍。山原旷其盈视，川泽纡其骇瞩。闾阎扑地，钟鸣鼎食之家；舸舰迷津，青雀黄龙之舳。云销雨霁，彩彻区明。落霞与孤鹜齐飞，秋水共长天一色。渔舟唱晚，响穷彭蠡之滨；雁阵惊寒，声断衡阳之浦。

遥襟甫畅，逸兴遄飞。爽籁发而清风生，纤歌凝而白云遏。睢园绿竹，气凌彭泽之樽；邺水朱华，光照临川之笔。四美具，二难并。穷睇眄于中天，极娱游于暇日。天高地迥，觉宇宙之无穷；兴尽悲来，识盈虚之有数。望长安于日下，目吴会于云间。地势极而南溟深，天柱高而北辰远。关山难越，谁悲失路之人；萍水相逢，尽是他乡之客。怀帝阍而不见，奉宣室以何年。

嗟乎！时运不齐，命途多舛；冯唐易老，李广难封。屈贾谊于长沙，非无圣主；窜梁鸿于海曲，岂乏明时？所赖君子见机，达人知命。老当益壮，宁移白首之心？穷且益坚，不坠青云之志。酌贪泉而觉爽，处涸辙以犹欢。北海虽赊，扶摇可接；东隅已逝，桑榆非晚。孟尝高洁，空余报国之情；阮籍猖狂，岂效穷途之哭！

勃，三尺微命，一介书生。无路请缨，等终军之弱冠；有怀投笔，慕宗悫之长风。舍簪笏于百龄，奉晨昏于万里。非谢家之宝树，接孟氏之芳邻。他日趋庭，叨陪鲤对；今兹捧袂，喜托龙门。杨意不逢，抚凌云而自惜；钟期既遇，奏流水以何惭？

呜呼！胜地不常，盛筵难再；兰亭已矣，梓泽丘墟。临别赠言，幸承恩于伟饯；登高作赋，是所望于群公。敢竭鄙怀，恭疏短引；一言均赋，四韵俱成。请洒潘江，各倾陆海云尔。

滕王高阁临江渚，佩玉鸣鸾罢歌舞。画栋朝飞南浦云，珠帘暮卷西山雨。闲云潭影日悠悠，物换星移几度秋。阁中帝子今何在？槛外长江空自流。

有人专门统计过，王勃在这篇不到九百字的短文中，引用了36个人物典故，创设了47个成语。

第二年春，王勃抵达交趾。看到父亲生活窘迫，他内心的自责越发强烈。入夏后，王勃由北部湾渡海北归，风高浪急，不幸溺水，惊悸而死，年仅27岁。这里特别声明下，很多人以为王勃是溺水而亡，其实他是因溺水而亡。

当年冬，高宗看到了王勃的《滕王阁序》。当他读到"落霞与孤鹜齐飞，秋水共长天一色"一句时，再一次拍案叫绝："此乃千古绝唱，真天才也！"就问旁边的宦官，王勃现在何处，朕要召他入朝！宦官告诉他，王勃已经落水而亡。高宗喟然长叹："可惜！可惜！"

王勃的一生就是三篇文章：一篇《乾元殿颂》唤奇才，少年裘马，春风得意；一篇《檄英王鸡》变歪才，当红踏空，直坠深渊；一篇《滕王阁序》叹可惜，魂死南海，世间绝唱。

王勃的几个兄弟都从了政，而且官位都不低，他哥王勮甚至做到了凤阁舍人，弟弟王劼也官至谏议大夫。这不禁让人有些惶惑：才华到底是恩赐还是诅咒？

第十一章 再战青海

01. 第二次大非川之战

大非川之战后，唐廷实质上已经放弃了帮助吐谷浑复国的想法。高宗二十三年（672年）二月，朝廷干脆将吐谷浑余众内迁于灵州（今宁夏灵武西南），单独划置州县，以诺曷钵为刺史。诺曷钵的后代虽然世袭吐谷浑可汗、河源郡王的称号，其实就是大唐的一个州刺史了。

这时的吐蕃还没有觊觎大唐内地的念头，能得到青海已经很满足了，于是就在诺曷钵内迁灵州两个月后，遣大臣仲琮①入唐请和。

他们错判了高宗的态度。大非川之败是整个高宗朝外事武功的转捩点。此战之前，大唐要风得风、要雨得雨，想揍谁就揍谁，想怎么揍就怎么揍，想揍成什么样就揍成什么样，开疆拓土，一日千里。但大非川一败，满盘动摇，太宗时打下的青海丢了，安西四镇在西突厥和吐蕃的侵蚀下几度易手，岌岌可危，新罗人也趁机占领了大同江以南地区。凡此种种皆拜吐蕃所赐，你们说这口气高宗怎么能咽得下？他完全没有与吐蕃讲和的意思！

高宗问仲琮："你家赞普和他爷爷松赞干布相比如何呀？"

仲琮有留学大唐的经历，汉话说得很溜："勇果善断不逮也，然勤以治国，下无敢欺，令主也。且吐蕃居寒露之野，物产寡薄，乌海之

---

① 琮，音从。

阴，盛夏积雪，暑毼①冬裘，随水草以牧，寒则城处，施庐帐，器用不当中国万分一；但上下一力，议事自下，因人所利而行，是能久而强也。"论勇敢和决断，赞普比不上他爷爷。但如果论勤勉治国、英明聪睿，赞普绝对是一代明君圣主。我们吐蕃的先天条件其实并不好，自然环境恶劣，物产也很匮乏，夏天只能放牧，还得逐水草而迁徙，到了冬天就只能躲在城里或者帐篷里。但我们上下一心，做决策也是自下而上，完全按着民众的意思来，所以我们才会强大。

高宗一听他夸耀吐蕃强大，心头的怒火就蹿上来了："吐谷浑和你们吐蕃也是姻亲，素和贵背叛吐谷浑王，你们趁机侵占了吐谷浑的土地。朕派薛仁贵护送吐谷浑人归国，你们却在大非川伏击了我军。而且，你们还发兵袭扰凉州，这是何道理？"

有胜战为恃，仲琮底气足得很，不卑不亢地回道："臣奉命来献，它非所闻。"把高宗噎得鼻子不是鼻子脸不是脸的。

话都说到这份儿上了，和谈肯定没戏。

青海丢就丢了，反正是不毛之地，但广阔富饶的西域，高宗可是一点儿都不准备让给吐蕃人。

早在大非川之战后的第二年，他即加封阿史那都支为左骁卫大将军兼匐延都督，令其招抚十箭诸部落。但都支心怀鬼胎，借着大唐匐延都督的旗号，联合阿史那遮匐，拉拢、收拢十箭及其余部落，暗中为与唐廷的彻底决裂积蓄力量。

唐廷见招抚无望，改为武力征剿，于高宗二十四年击降弓月、疏勒。一年后，于阗王尉迟伏阇②雄竟然凭一己之力驱逐了吐蕃驻军，并在当年底入朝。唐廷在于阗设置毗沙都督府，以伏阇雄为毗沙都督。

---

① 毼，音和。
② 阇，音蛇。

吐蕃高层急了眼，于高宗二十六年（675年）初遣使求和，表示愿意与吐谷浑"复修邻好"。当初唐廷没底牌都不肯接受和平，何况现在呢！高宗当然不答应。以钦陵为首的吐蕃高层就不高兴了，既然不想和，那咱们就接着打！

高宗二十七年（676年）的伎伐浦之败后，唐廷在半岛战略收缩，将安东都护府和熊津都督府撤往辽东，暂停对新罗用兵。然后，天后就怂恿高宗二次封禅，但这次咱不去泰山了，搞个创新，换个山封，就去嵩山吧，离得近！可能是当年封禅泰山的感觉太美，现在的高宗对封禅这事儿很来劲，立即同意。不承想诏准的敕书墨迹还没干呢，就传来了吐蕃袭扰河西陇右的消息。高宗气坏了，蕞尔吐蕃，殊为可恶，中岳不去了，朕要灭了它！

随后，唐廷以契苾何力和工部尚书刘审礼为帅，调集十八万精锐进军青海。这一次高宗学乖了，起码兵力足够用了，他誓要报大非川之仇。

没想到大军还未开拔，高宗二十八年初，契苾何力没了。高宗无奈，只得将已经退居二线的刘仁轨拉了出来。

新罗战事结束后，刘仁轨转任尚书左仆射。

当时尚书省的两位长官，一个是他，还有一个是右仆射戴至德（戴胄的侄子）。尚书省权力大，管的事多，总有人打招呼打到他二位身上。这两人对来求办事的人路数截然不同。

刘仁轨慈眉善目，满嘴抹蜜，好好好，你这个确实是困难啊，我会想方设法帮你的。下来后，他也是能办则办。

戴至德则是坚持按原则办事，合法合规的就办，不合法不合规的坚决不办。

时间久了，坊间就流传起了段子，管刘仁轨叫解事仆射，管戴至德叫不解事仆射。有人劝戴至德，你别总那么死板，得罪人，学学人家刘仁轨。戴至德却说:"威福是君王的权柄,我们这些当臣子的怎么能窃取君主的权力呢?"

一次,有个老太太到尚书省里找刘仁轨办事,老眼昏花了,碰到戴至德还以为是刘仁轨,就把文牒拿给戴至德看。戴至德还没看完,老太太忽然认出他来了,老年人说话没顾忌:"我还以为是能办事儿的刘仆射呢,原来是不能办事儿的戴仆射呀,我的牒呢,拿来吧你!"这脸打得啪啪作响,换一般人早急眼了,但戴至德只是微微一笑,又把文牒还给了老太太。

戴至德厚道,不和刘仁轨争。但朝廷有个后起之秀,崛起的势头特别猛,却非要和刘仁轨较劲。

此人名叫李敬玄。他的曾孙就是写出"谁知盘中餐,粒粒皆辛苦"的悯农诗人李绅。能给李绅当爷爷的人,自然是有两把刷子的。李敬玄历任中书舍人、弘文馆学士、右肃机、检校太子右中护,在高宗十二年成为宰相,于高宗二十七年获封赵国公。和平年代,文臣能封个国公,李敬玄的能力和他在高宗心目中的位置可想而知。

李敬玄为什么和刘仁轨不对付呢?说到底就是文武矛盾。中国古代政治是典型的文官政治,不允许军人太靠近权力核心。刘仁轨异军突起,靠的又是军功,自然遭到了一众文官的排斥。我想,刘仁轨归国后之所以一再隐退,与此不无干系。另外,刘仁轨起自寒门,而李敬玄出自赵郡李氏,且前后三位妻子都是山东士族,这种身份上的差异进一步助长了李敬玄对刘仁轨的敌视和压制。

果然,刘仁轨到任洮①河道行军大总管后,每次上奏,李敬玄都会说三道四、各种阻挠。如是再三,刘仁轨急了眼,气令智昏,干出了他人生中唯一的败笔。

---

① 洮,音桃。

他表请高宗："西边镇守，非敬玄莫可。"各种理由说了一大通。反正高宗信了，找来李敬玄，非要他接替刘仁轨率军西征。李敬玄一听就知道刘仁轨在搞他，他哪里懂行军打仗啊，极力推辞。一来二去，高宗烦了："仁轨须朕，朕亦自往，卿安得辞！"哎呀，仁轨如果需要朕亲自前往，朕也肯定会去的，李爱卿你就不要推辞了！

这下李敬玄就不好再说什么了，只得硬着头皮接受。

二十九年（678年）正月，高宗连下三道敕书，吹响了向吐蕃复仇的号角：一是以李敬玄接替刘仁轨任洮河道大总管兼镇抚大使；二是命益州大都督府长史李孝逸（李神通之子）等发剑南、山南兵奔赴青海前线；三是在河南、河北招募猛士。

《举猛士诏》一下，果然引出了一个猛士。此人姓娄，名师德，河南新乡原阳人，早在20岁时即已考中进士，这在"三十老明经，五十少进士"①的唐代可是个相当了不起的成就。但仕途艰难，经过二十余年的摸爬滚打，到这一年已经49岁的他也不过只是一名监察御史而已。

虽然是个文官，但娄师德一直对军事很感兴趣，且有很深入的研究。听闻皇帝发布《举猛士诏》，他心底沉睡已久的热血沸腾了，身着文官的官服，却头戴武将用的红抹额，跑去应募。

高宗倍感振奋，汉有班超，唐有师德，当即任命娄师德为朝散大夫，随军出征。这是他在这场战役中做出的唯一一个正确决定。

入夏后，李敬玄率刘审礼、王孝杰、李谨行、契苾明（契苾何力的儿子）、韦待价（初唐名臣韦挺之子，诗人韦庄七世祖）、王杲、曹怀舜、黑齿常之、娄师德、张虔勖诸将，统十八万大军向青海进发。

---

① 唐代的进士科比明经科难得多，30岁考中明经已经算慢，但50岁考中进士还算快的。

这时吐蕃方面早已准备妥当，主帅正是当年在大非川大破薛仁贵、郭待封的钦陵。钦陵美滋滋地前来迎战。为什么是美滋滋的呢？如果刘仁轨挂帅，他还有几分忌惮，能让百济战事触底反弹、峰回路转的人，肯定不是易与之辈，但现在换成了不懂军事的文臣李敬玄，他悬着的心就放到肚子里了，大唐皇帝真是昏了头！

起初，唐军进展十分顺利。前锋张虔勖所部连破吐蕃两阵，吐军迅速退却。李敬玄大喜，命诸将追击。先锋刘审礼追得尤其快，脱离大部队，一路追击吐蕃军至大非川。

然后，钦陵就给李敬玄、刘审礼上了一课，课名叫作"如何在运动中捕捉战机"。其实，他之所以一再败退，全是为了诱敌深入。李敬玄果然上当。现在好了，唐军追得太猛，部队都跑散了，刘审礼的先锋部队一万人和李敬玄率领的十七万主力隔得老远。刘审礼也有些害怕了，就地在大非川安营扎寨，构筑工事，并修书李敬玄，催他快来。知道害怕就对了，但这份害怕遇到了钦陵，就来得太迟了。

钦陵果断抓住这个有利战机，以主力猛攻刘审礼。这时李敬玄的主力距离大非川已经不远了，但他听说钦陵举重兵攻打大非川的消息后，竟然害怕得直哆嗦。娄师德、黑齿常之一再催促他进兵，可他就是按兵不动。

结果，刘审礼所部寡不敌众，重蹈了薛仁贵的覆辙，全军覆没。刘审礼和副将王孝杰惨遭生擒。刘审礼时任工部尚书，是唐廷数得着的头面人物，居然成了唐蕃开战以来被俘的最高级别官员。

消息传来，李敬玄的心态彻底崩了，立即拔营撤退。十七万大军慌不择路，如鸟兽散，兵找不到将，将找不到兵，乱作一团。这时只要钦陵奋力追击，这十七万人马恐怕也得全军覆没。关键时刻，娄师德站了出来，协调诸将，努力收拢人马，才勉强稳住了局面。

十七万唐军逃至今青海西宁西南千户庄的承风岭，利用泥沟掩护固守。李敬玄茫然无措，全然不知下一步如何应对。当天夜里，吐蕃大将跋地设率军杀到。吐蕃军气势如虹，只待明日一战消灭唐军。危难关头，又有一人站出来扭转了局面。这个人就是百济降将黑齿常之。

平定百济后，黑齿常之蒙刘仁轨赏识，被引入军中。此次西征，他任左领军员外将军。黑齿常之见李敬玄无计可施，干脆自作主张，率五百死士夜袭吐蕃。跋地设自认为唐军已经胆寒，毫无防备，被打了一个措手不及，连夜后撤。

然后，李敬玄总算做了一个正确决定：逃，连夜逃！

乱成一锅粥的唐军一路丢盔弃甲，撤入鄯州（今青海海东乐都区一带）。钦陵知道唐军中有能人，没再继续进军。

02. 败战之问

唐蕃之间的第二次大会战——青海之战，再次以唐军的失败宣告结束。此战虽然名为青海之战，实际的战场仍在大非川，确切地讲，称为"第二次大非川之战"更为合适。大非川简直可以称作唐军的伤心川。从这以后，唐军唐将就患上了"恐钦症"，无人敢与钦陵交手。

战后，钦陵其实并没有罢手，而是北上去了西域，痛打西域唐军，又夺走了安西四镇。次年，西州都督崔知辩再次收复四镇。但总的来说，直到高宗去世，唐廷后期一直都在防守。一直到12年后，唐廷终于大起胆子又和吐蕃掰了一次腕子，而且不知是有意还是无意地避开了青海，地点定在了西域，对手还是钦陵，结果又输了。

后事暂且不表，且说当下。输了怎么办？只能谈判了。

高宗把这项任务交给了娄师德。娄师德与钦陵三弟赞婆会于赤岭（今青海日月山）。按照唐廷官宣的口径，娄师德"宣导上意，谕以祸福"，而赞婆为他的高谈阔论所折服，从此好几年都没有进犯唐境。其实这里面另有隐情，具体什么隐情呢，容我卖个关子，后文再说。

检讨第二次大非川之败，负主要责任的还是高宗。和第一次大非川之战一样，唐军之所以会输，并非将士不勇敢、装备不精良，而是因为用人不当。上一次高宗用错了副帅，选择了郭待封这个搅屎棍。这次他用错了主帅，还是临阵易帅，脑子一热用了李敬玄这个门外汉、软骨头。并且，两次错误的本质一模一样：选人用人时，没有考虑他们之间的恩怨。

然后，刘仁轨要负次要责任。身为宰辅，应以国家利益为重，怎么能因为个人私怨拿国运开玩笑呢?！即便李敬玄跟你有仇，可那十八万将士与你无冤无仇啊！你俩斗气，让国家蒙羞，丧权失地，害许多将士无谓牺牲。所以说，论气度，刘仁轨照李勣和苏定方差的不是一星半点儿。

这是刘仁轨人生中仅有的但却是天大的一个污点。现在看来，他就是一个个人利益至上的人。他在百济之所以那么顽强勇敢有担当，只不过是想借那场战事翻身而已。成功翻身后，他官至宰相，名利双收，马上就变成了一个保守的人，失去了血性，失去了担当，在朝骑墙折中和稀泥，出征临阵撂挑坑政敌。

当年李靖那么受太宗猜疑，西征吐谷浑时，太宗都没有明说，不过暗示了一下，李靖就主动请缨，而且还出色地完成了任务。反观刘仁轨，真是一个在天上一个在地下，判若云泥！

最后，李敬玄当然难辞其咎。他是不会打仗，可他手下如李谨行、黑齿常之等人皆是百战悍将，为什么不听听他们的意见？刘审礼被围，大胆去救便是，一半的可能是不会输，即便输了，也绝不会输得这么惨。再说，刘审礼败了就败了，慌什么？坐拥十七万精兵，你怕什么？何至于落荒而逃？说到底，还是胆子太小。主帅怯懦，无论对他个人还是全军而言，都是一场悲剧。

但高宗既没有检讨自己的责任，也没有怪罪刘仁轨，更没有惩处李敬玄。说到底，李敬玄终归是他的心腹，一来于心不忍，二来追究李敬玄就是打他自己的脸，只得隐忍不发。他就把李敬玄晾在鄯州。

李敬玄这个不长眼的，还不消停待着，屡屡以患病为由请求回朝。一来二去，高宗还真以为他有病，于三十一年（680年）八月同意他回朝。孰料李敬玄啥毛病也没有，回来的第二天就活蹦乱跳地到中书省上班了。高宗这个气啊，一道敕书将他贬为衡州刺史。从此，李敬玄的政治生命就终结了，两年后就病死了。

除了李敬玄，被俘的刘审礼也毁了，而且毁得很彻底，死了。

刘审礼的身份不一般，不只是工部尚书，还是皇亲国戚，他的父亲是贞观朝刑部尚书刘德威，他弟弟刘延景的女儿是高宗第八子相王李旦的王妃。他被俘后，刘家人急坏了，几个儿子更是绑着自己去见高宗，请求入吐蕃赎回父亲。高宗十分感动，就让刘审礼的次子刘易从前往吐蕃。

等到刘易从一路跋山涉水赶到逻些的时候，刘审礼已经伤重而亡了。刘易从"昼夜号哭不绝声"。吐蕃人也是爹生娘养的，被感动到了，就把刘审礼的遗体还给了他。刘易从光着脚丫子，硬是徒步把父亲的遗体从西藏背回了陕西，时人引为美谈。

有人倒霉，就有人走大运。青海之战毁了李敬玄、刘审礼两个人，但也成全了四个人。

头一个是在关键时刻夜袭跋地设、挽救了全军的黑齿常之。高宗擢升他为左武卫将军兼检校左羽林军、河源军副使，并赏赐黄金五百两、绢五百匹。河源军是唐廷为了防控吐蕃，于高宗二十八年（677

年）在青海设置的一个军镇，驻所在今西宁市东郊，辖军一万四千人、马六百五十匹，战略地位十分重要。高宗将如此重要的任务交给黑齿常之，足见对他的信任和赏识。

第二个是娄师德，稳定军心有功，和谈止战有功，晋升为殿中侍御史兼河源军司马，与黑齿常之一同镇守河源军，守护青海防线。

第三人是四人当中唯一一个与此战无关的人。此人姓魏，名真宰，字元忠。他也是四人中后来成就和贡献最大的一个，两度出任宰相，兼具政治和军事才能，是唐朝有名的贤相。

青海之败后，高宗要群臣上书剖析战败的原因。众臣说什么的都有，但谁都没说到点子上。不承想，寂寂无闻的太学生魏元忠却大胆上书，指出了大唐屡屡败于吐蕃的三个原因：第一，用人不当，用的都是一些不懂谋略的庸才，这摆明了是在挖苦薛仁贵、李敬玄。第二，赏罚不明，第一次大非川之战，那么大的败仗，如果当时就把薛仁贵、郭待封明正典刑，这次谁还敢不用力？第三，我们的马不行，朝廷不让百姓养马，应该解除马禁，允许民间买马饲养，这样将来我们的战马就有了来源。

高宗痛定思痛，还真听进去了，马上解除了马禁。魏元忠不久就被提拔为监察御史。

最后一个是被俘的王孝杰。王孝杰和刘审礼一同被俘，但是刘易从来接刘审礼时，吐蕃人并没有放王孝杰走。这就奇怪了，他既不是大官，也不是外戚，吐蕃人为什么扣着他不放呢？没办法，谁让赞普看到他第一眼就叫爹呢！

赤都芒赞都多大了，怎么会叫王孝杰爹呢？

青海之战前，无论唐朝，还是钦陵兄弟，都不知道芒松芒赞早在两年前就去世了。

这个局是芒松芒赞的妃子没庐·赤玛伦布下的。没庐妃是吐蕃史上著名的政治女强人，与大唐武后一西一东，交相辉映。芒松芒赞去世时，吐蕃正处于一个关键时刻，在内有羊同部①的叛乱，在外赞悉若、钦陵兄弟分别在西域和青海与唐廷对峙。钦陵军中有芒松芒赞的一个儿子，但没庐妃想让自己年幼的儿子杜松芒波杰②当赞普，既担心钦陵兄弟干涉，又担心唐廷趁乱来攻，就隐瞒了芒松芒赞去世的消息。她先是矫诏命赞悉若回师平叛，稳定了内部，然后才向钦陵兄弟公布了赞普的死讯。

青海之战后，赞普的人选摆上了台面。钦陵之所以没有继续进军，赤岭和谈之所以那么顺利，吐蕃人之所以没有趁机勒索，全都是因为这个原因。吐蕃内部绝大部分权贵慑于钦陵兄弟的威权，都提出立钦陵军中的那个王子当赞普。没庐妃很惶恐，已经做好了和钦陵兄弟掰腕子的准备。没想到钦陵兄弟顾全大局，为了避免内讧，防止唐廷乘虚而入，居然同意由杜松芒波杰继任赞普。他们兄弟若是有先知先觉的本事，肯定不会这么选择，因为后来灭了噶尔家族的正是这个杜松芒波杰。

王孝杰被俘后，便见到了年仅八岁的新赞普杜松芒波杰。可是这孩子一见面就管他叫爹。为啥呢？因为王孝杰和已故的芒松芒赞长得太像了。就因为这一声"爹"，王孝杰不仅生命无虞，还被吐蕃人好吃好喝地供起来，直到高宗三十年（679年）初才被放归唐朝。但在羁留吐蕃的这段时间里，王孝杰悉心了解、研究吐蕃军政内情，这为他后来成为吐蕃的克星奠定了坚实的基础。

放走王孝杰后不久，没庐妃才向唐廷通告了赞普更迭的情况。高

---

① 羊同即象雄，是吐蕃之前在西藏阿里地区雄霸一方的部落国家。
② 杜松芒波杰，《新唐书》和《资治通鉴》称器弩悉弄，现代史书称之为赤都松赞。

宗又气又喜，打算趁这个机会反击吐蕃，遥令秦州（今甘肃天水秦州区）右军总管裴行俭"乘间图之"。裴行俭回奏："钦陵为政，大臣辑睦，未可图也！"吐蕃钦陵当权，上下一心，此时与之动武是不明智的。

高宗听了很泄气，只得作罢。

第十二章

突厥克星裴行俭

01. 波斯王子

好不容易把东边的新罗和西边的吐蕃都稳住了，北边出事了！但这次闹事的可不是铁勒人，而是突厥人，包括已经降服多年的东突厥人和早已蠢蠢欲动的西突厥人。突厥人之所以造反，其实也是因为不堪忍受唐朝的压迫和征调，加之最近这几年唐朝两次惨败于吐蕃，他们觉得争取民族独立的机会来了。

从高宗三十年（679年）开始，两突厥就跟商量好了似的，以大唐为支点压跷跷板，你上去我下来，我上去你下来，轮着折腾。

不过没关系，因为高宗朝四大帅的最后一位即将闪亮登场。太宗贞观年间，苏定方特别欣赏一个年轻人，他对这个年轻人说："我原以为我用兵的谋略世上没有可传授的人，但现在我觉得你很合适。"于是就把自己的全部兵法心得传授给了这个年轻人。这个年轻人就是前文提到的裴行俭。

高宗六年（655年），时任长安令的裴行俭因为说了反对废王立武的话，遭到武后一党的打击，出贬安西。他在西域一待就是14年，头10年任西州都督府长史，后4年任安西大都护。14年间，裴行俭潜心研究西域的政治、外交、军事、历史、地理、民情、社情，成长为一名西域通。

高宗二十年（669年），他终于结束外放生涯，回朝任司文少卿，后又改任吏部侍郎，相当于组织部副部长，与李敬玄一同负责铨选[①]。裴行俭干得很不错，不仅创设了长名榜、铨注法等选官制度，还以善于识人闻名天下，朝野有口皆碑。

当时，"四杰"闻名海内，李敬玄很欣赏这四个人，说他们来日必定显达。裴行俭却不这么认为："士之致远，先器识，后文艺。如勃等，虽有才，而浮躁炫露，岂享爵禄者哉？炯颇沉默，可至令长，余皆不得其死。"一个文士在仕途上能走多远，首先取决于器量和见识，然后才看才华。四杰虽然很有才华，但都太过轻浮浅薄，依我看不是能当大官的人。杨炯性格稍微沉稳一些，应该能当到县令一级。其余三人能够善终就很不错啦！后来，王勃年纪轻轻因溺水而死，卢照邻不堪病痛折磨而自杀，骆宾王以谋反被诛，杨炯情况稍微好点儿，也不过官至县令而已，都不出裴行俭所料。

他反倒是高度认可李敬玄不那么看重的两个年轻人——王勃的哥哥王勮和咸阳尉苏味道，初次与两人见面就说："你们俩以后应该能当上宰相，我的儿子还小，就托付给二位了。"后来，王勮和苏味道果然都成为宰相。

高宗十分器重裴行俭。为了巩固关陇、抵御吐蕃，他在二十七年（676年）任命裴行俭为洮州道左二军总管，后又改任秦州右军总管。

在突厥人这波抗争浪潮中，最先起头的是西突厥人。高宗三十年六月，装了17年的阿史那都支决定不装了、摊牌了，悍然自称十箭可汗，并与吐蕃连兵攻打四镇。

高宗可不想丢了西域，当时就要发兵征讨。但裴行俭把他拦住了："吐蕃为寇，审礼覆没，干戈未息，岂可复出师西方？"我们刚在

[①] 铨选是唐宋至清选用官吏的制度。凡经考试、捐纳或原官起复的人，均须到吏部或者兵部听候铨选，铨选通过才能授予官职。吏部主选文官，兵部主选武官。

青海吃了败仗，刘审礼被俘，怎能再出师西方呢？

事实虽然如此，但高宗还是觉得很憋屈，难不成就这么算了？！裴行俭微微一笑，陛下莫急，臣有一计，可在不大动干戈的情况下，解决都支、遮匐二寇。高宗忙问计从何来。裴行俭说："今波斯王卒，其子为质在京师，宜遣使者送归国，道过二虏，以便宜取之，可不血刃而擒也。"如今波斯王卑路斯死了，他的儿子泥涅师正在长安。我建议实施假途灭虢之计，对外宣称要派使者护送泥涅师回波斯，途经西域时正好拿下都支、遮匐二人。

波斯王子是怎么回事呢？

这里的波斯虽然还叫波斯，但已经不是与希腊人对战的那个波斯了，那是波斯第一帝国，居鲁士、大流士、薛西斯都是那个波斯的。现在这个叫萨珊波斯，又叫波斯第二帝国，与波斯第一帝国隔了五百多年。萨珊波斯极盛时，西击拜占庭，东拼西突厥，领土涵盖了今伊朗、阿富汗、伊拉克、叙利亚、高加索地区、中亚西南部、土耳其部分地区、阿拉伯半岛海岸部分地区、波斯湾地区、巴基斯坦西南部，面积约560万平方公里，人口约1970万，不仅是中西亚地区的庞然大物，也是当时世界上数得着的几个大帝国之一。

但这已经是老皇历了，萨珊波斯早已步入下滑的快车道，现在非常虚弱，因为它受到了另一个新兴强国——阿拉伯帝国的强力挑战。隋炀帝大业六年（610年），在今西亚沙特阿拉伯麦加城近郊的光明山希拉山洞内，有一个人已经为了探求真理打坐了很久很久。九月的一个晚上，据他自己说，真主安拉派遣天使吉卜利勒向他传达了圣训，授命他为安拉在人间的使者，代表真主向世人传播真理。说到这里，大家也该明白了，这个人就是伊斯兰教的创始人——大名鼎鼎的穆罕默德。

隋末唐初，当东亚大地群雄争霸之际，穆罕默德正在西亚积极地传播这种新式宗教。太宗贞观四年（630年），他率军降服麦加城，在阿拉伯半岛上建立起了一个统一的阿拉伯伊斯兰国家。唐人根据该国的波斯语名称 Tay，音译为"大食"（很多人都把这个词读成了"大食"，其实正确的读音是"大义"）。两年后，穆罕默德去世，阿拉伯国家进入帝国时代，开始了惊人的扩张。他们扩张的一个重要方向，就是向东征服信奉琐罗亚斯德教（即拜火教，又称祆教）的"异教徒"波斯人。

波斯王伊嗣俟三世被收拾得够呛，曾先后于贞观十二年、十三年、二十一年、二十二年四次向友邦大唐求援。但唐朝对西亚并无利益诉求，因此太宗拒绝了伊嗣俟的请求。高宗二年（651年），内外交困的伊嗣俟被杀害于阿姆河附近木鹿城（今土库曼斯坦马雷市）的一座磨坊内。作为政治实体的萨珊波斯就此灭亡。

同年，阿拉伯帝国第三任哈里发奥斯曼遣使唐朝，两国正式建交。唐朝一贯奉行宗教宽容政策，允许伊斯兰教士进入大唐传教，还为他们修建了清真寺。这是伊斯兰教在中国传播的开端。

萨珊波斯虽亡，但波斯人的抵抗并没有停止。伊嗣俟的儿子卑路斯逃窜至吐火罗（大致区域为今天的阿富汗和巴基斯坦北部）地区，继续与阿拉伯人角力。

高宗九年（658年），当唐廷第一次征讨高句丽时，阿拉伯帝国变了天，倭马亚家族的叙利亚总督穆阿维叶即位为哈里发，以大马士革为首都，建立了倭马亚王朝。倭马亚王朝尚白，故唐人称之为"白衣大食"。同年，卑路斯遣使唐朝，再次求援。

这时，大食的急遽扩张已经引起了唐廷的注意，高宗的态度大为改观，派特使远赴西亚，在疾陵城（今伊朗扎博勒）设立了大唐波斯都督府，以卑路斯为都督，隶属安西大都护府，遏制大食东扩。

波斯都督府其实就是一个空壳子，自建立之初就不断遭到大食的打击。卑路斯苦撑了13年，实在撑不住了，于高宗二十六年（675年）逃亡长安。高宗加封卑路斯为右威卫将军，并专门为他在长安修建了一座拜火寺。两年后，卑路斯病死于长安，其子泥涅师袭位。

02. 假途灭虢

如今裴行俭就是要用护送泥涅师回波斯当幌子，顺道灭了都支和遮匐。

能在不兴师动众的情况下搞定西突厥，高宗喜出望外，忙问裴行俭需要多少人马。裴行俭的回答惊世骇俗："百人足矣！"

高宗咋舌不已，一百人，爱卿确定吗？裴行俭无比自信，确定一定以及肯定，并且他只点了一个人的将。高宗问是谁。裴行俭答道："王方翼。"

对，正是王皇后的远房兄弟王方翼，那个因不惧生死为朋友赵持满收尸而闻名海内的王方翼。为母亲服丧期满后，王方翼被破格提拔为肃州（今甘肃酒泉）刺史。

不就是要一个王方翼嘛，多大点儿要求?! 高宗当即诏命裴行俭为安抚大食使、王方翼为代理安西都护，书面上的任务是册立波斯王。

话分两头表，听闻唐使要护送波斯王子取道安西归国，都支和遮匐一度很紧张，这要是来个数万兵马，顺道把我们灭了也是很有可能的。但当他们确认来的不过是一个百人使团后，悬着的心基本就落回肚子里了。

七月，裴行俭、王方翼一行抵达西州城。裴行俭忽然抱怨起来，哎呀，天气太热了，这时赶路非热死人不可，算了算了，先不走了，等入秋天凉后再说。都支听了，多少有点儿不放心，怕裴行俭调动四镇军队打他，暗中勒兵严备，也不去拜会裴行俭。

过了几天，裴行俭又说了，安西有很多人才，如今朝廷正是用人之际，我要为朝廷招揽人才，于是发出了招揽英雄贤俊的告示，陆陆续续招募了一千多人。

又过了几天，他召集四镇诸胡酋长开会。都支当然没去，但他听说裴行俭在会上说了："当年我在西州时特别喜欢打猎。如今我还想体会一把，找找当年的感觉，你们愿意跟我打猎吗？"诸胡子弟有心巴结他，踊跃报名。裴行俭让手下一统计，算上先前招募的英才，已经有一万多人了。

足够了！

接下来的日子，裴行俭就是带队到处打猎、喝酒、吃肉、篝火、跳舞，玩得不亦乐乎。这个操作也没毛病，都支逐渐放下了戒备。

这天早上，手下又来请示裴行俭，今日去哪里游猎？裴行俭嘴角露出一丝不易察觉的笑容，跟我走就好了。上路后，大家惊觉节奏完全不同了。裴行俭带着他们一路向西狂奔，风驰电掣，少有停歇，遇到猎物也不打了，就是闷着头赶路。真是个奇怪的老头儿！

就这么一路赶，赶着赶着就赶到了离都支牙帐不远的地方。都支大惊失色，仓促无备，又不明就里，不敢轻举妄动，赶忙命人召集各部来援。

这时，裴行俭派人捎话来了，内容热情洋溢：都督大人，实在不好意思，我打猎打得尽了兴，没想到跑到你的地头上来了。你还好吗？你妈也还好吗？我想你了，来我这里坐坐，咱们大口吃肉大碗喝酒。

都支就很尴尬了，名义上他还是唐廷册封的都督，按理说当裴行俭驾临西州时，他就应该前往拜会，但他没有去。现在人家跑到他的地头上了，请他去帐中一叙，若是不去，一是情理上说不过，二是万一惹恼了唐使，挥军杀过来就不好了。他左思右想，觉得还是得去，先稳住此人再说。

但裴行俭根本就不给他斡旋的机会。都支刚一出现，就被拿下了。打了这么久的猎，你以为老裴头的猎物是豺狼虎豹吗？真正的猎物就是你。裴行俭逼令都支交出令箭，用令箭召都支属下各部酋长来帐中听命，将他们一网成擒，执送碎叶城。

随后，他拣选精骑，昼夜兼程向遮匐所部进发。行军途中，刚好遇到了遮匐的使者。这一次裴行俭换了打法，直接对来使挑明，十箭对朝廷阳奉阴违、图谋不轨，我已抓捕都支，是战是降，让遮匐自己选择。使者回报，遮匐大惊，十箭主力都在都支麾下，已经全部被搞定，他纵有通天彻地之能也无力回天了，只得投降。

从高宗十三年到三十年，持续了17年的顽疾，裴行俭用一两个月就解决了，中间一仗没打，一卒未亡，就生擒了西突厥的两个大boss。

十箭既已平定，泥涅师也就失去了利用价值，裴行俭让他独自返回波斯。泥涅师无奈，回到吐火罗继续与大食人死磕。但萨珊波斯大势已去，中宗景龙元年（707年），被大食人逼得无处藏身的泥涅师再次东逃入唐，不久后病死。

裴行俭留王方翼镇守安西，加筑碎叶城，自己带着都支和遮匐返回长安。高宗充分肯定了裴行俭的功勋："比以西服未宁，遣卿总兵讨逐，孤军深入，经途万里。卿权略有闻，诚节夙著，兵不血刃，而凶党殄灭。伐叛柔服，深副朕委。"在庆功宴上，他又对裴行俭说："卿有文武兼资，今授卿二职。"同时册拜裴行俭为礼部尚书兼检校右卫大将军。

一人身兼文武，裴行俭是唐朝第一人。

碎叶城因依傍素叶水（即今楚河[①]）而得名，位于今吉尔吉斯斯坦托克马克市阿克·贝希姆附近。裴行俭之所以让王方翼加筑碎叶城，是看中了此城的战略位置，想将碎叶城打造成帝国西境的桥头堡。王方翼"立四面十二门，皆屈曲作隐伏出没之状，五旬而毕"。新修的碎叶城不久就取代焉耆，成为四镇之一。西域诸胡"竞来观之，因献方物"。

03. 突厥反叛

西突厥平定还不足三月，风波又起。这次闹事的是单于都护府管下的东突厥人，已经臣服了三十年的东突厥人。

十月，东突厥阿史德部的两个酋长——阿史德温傅和阿史德奉职，拥立阿史那家族的阿史那泥熟匐为可汗，起兵反唐。单于都护府所辖二十四个突厥州群起响应，"众数十万"。到底是东突厥，就是比西突厥厉害，别看是第一次闹事，一出手就是王炸。

单于都护府位处漠南，是可以直接威胁内地的。二圣非常重视，立即派遣单于大都护府长史萧嗣业、右领军卫将军花大智、右千牛卫将军李景嘉率军讨伐。

[①] 楚河，西汉以前称塞河，唐代称素叶水，夹在咸海以东锡尔河与天山西北额尔齐斯河中间的一条河，位于今吉尔吉斯斯坦与哈萨克斯坦境内。

萧嗣业也算是唐军宿将了，久经沙场，屡立战功，当年西突厥可汗阿史那贺鲁就是被他生擒的，东征高句丽时他是其中一路总管，后来又参与了平定铁勒之役，作战经验不可谓不丰富。但经验丰富也有弊端，就是容易滋生骄娇二气。萧嗣业自以为东突厥人臣服了三十年，跋悍之气已经消磨殆尽，纵有数十万人马，也是徒有其表、不堪一击。

战事刚开始，东突厥人的确显得不堪一击，唐军连战连胜，全军上下都有轻敌之心。但突厥人很快改变了打法，不再与唐军正面硬碰，而是充分利用自己的机动性优势，专注于截击唐军的粮草。唐军粮草多次被劫，想撒火又找不到敌人，天天被牵着鼻子到处跑，士气很快就低迷了。萧嗣业浑然不觉，依旧挥军深入漠南，寻找敌军主力决战。

结果，转着转着，粮草彻底没了，萧嗣业重蹈了郑仁泰征讨铁勒时的覆辙，很多士兵因饥饿而死。终于，在一个北风劲吹、大雪纷飞的夜晚，温傅、奉职夜袭唐营。此时的萧嗣业已成惊弓之鸟，警报一响就慌了神，丢下众军仓皇撤退。主帅一动，唐军的战斗意志登时瓦解，全线溃败，"死者不可胜数"。花大智和李景嘉率领步兵且战且退，待到逃入云中城（今内蒙古呼和浩特托克托县古城乡）时，人马已所剩无几了。

虽然史书对此战的描述只有寥寥数字，但客观来看，这是一场不亚于大非川之战、青海之战的惨败。东突厥人第一次闹事，就给了唐军一个大大的下马威。

二圣震怒，将萧嗣业踢到桂林阳朔看溶洞去了，花大智和李景嘉也一并免官。随即又以左金吾卫将军曹怀舜、右武卫将军崔献分屯井陉和龙门，防御突厥人。温傅、奉职侦知，没有继续南下，却怂恿契丹和奚从河北方向袭扰唐境。

营州都督派手下的一名户曹迎战两番叛军。此人姓唐，名休璟，京兆始平（今陕西咸阳兴平）人。他幼年丧父，家道中落，但聪明好学、努力上进，先后拜名儒马嘉运、贾公彦为师，后来考中了明经，出任吴王府典签，后又改任营州户曹。

两番在突厥的煽诱下，不仅劫掠营州所辖各县，而且还与突厥一部谋划攻打营州。唐休璟率营州军前出应敌，在独护山①大破两番、突厥联军，"斩获甚众"，一下子扭转了形势。二圣很开心，马上将唐休璟调任丰州（今内蒙古巴彦淖尔五原县南）司马，专力防御突厥。

稳住阵脚后，唐廷就准备反攻了。十一月，二圣以定襄道行军大总管裴行俭统中军，检校丰州都督程务挺（程名振的儿子）统西军，幽州都督李文暕（襄邑恭王李神符之子）统东军，合三十余万人马，讨伐突厥叛军。

这是李唐开国以来一次性投入兵力最多的一次，史称"唐世出师之盛，未之有也"。显然，唐廷对突厥的反叛无比重视。如果把吐蕃人比作疥癣之疾，那突厥人就是肘腋之患，是必须即时根除的大祸患。

从一开始裴行俭就无比自信，他详细了解了萧嗣业等人的作战情况，对部将们说："萧嗣业的粮草辎重遭到突厥人的截击，士兵又冷又饿，所以才会失败。我看啊，突厥人肯定还会故技重施，咱们得给他们个下马威，挫一挫他们的锐气！"随即，他命人准备了三百辆假粮车，每辆车里埋伏五名装备陌刀、劲弩的士卒。运粮时，故意让老弱士兵拉着车跋涉，暗中却派精锐部队远远地跟在后面。

温傅和奉职果然又派精骑劫持唐军粮草。拉车的老弱士兵远远地看见突厥人来了，粮草车也不要了，丢下就跑。突厥人高兴坏了，纷纷下马搬取粮食。正在这时，埋伏在车内的唐军壮士纷纷跃出，猛烈

---

① 具体地址不详。

击之。护送粮车的唐军精锐也扑了上来,将突厥军"杀获殆尽"。

打这以后,突厥人再也不敢碰唐军的粮草了。

转年初,大军抵达单于都护府以北,当时已是日暮时分。将士们安营扎寨,连壕沟都挖好了。裴行俭却突然命令大军移营到高冈上。大家都累坏了,主帅您就别折腾我们了,咱不动了好不好?裴行俭不听,坚持要移营。

没办法,他是主帅,得听他的!

还真移对了,当天夜里忽然下了一场暴雨,"水深丈余",原先的营地都被洪水淹没了。诸将均视裴行俭为天人,还以为他有袁天纲一般的本领,可以未卜先知,纷纷赶来询问缘由。裴行俭只是微微一笑:"自今但从我命,不必问其所由知也。"

是裴行俭懂秘术吗?非也,他只是熟知天文地理,可以根据云彩的形状等蛛丝马迹,预判可能的气候变化罢了。这再次启示我们,为将者一定要拓展知识面,化万物为我所用,方能百战不殆。

跟上这样的牛人还愁打不了胜仗吗?三月,唐军在黑山(今内蒙古包头市大青山①)大破突厥主力,阿史德奉职被擒,可汗阿史那泥熟匐为其部下所杀,仅阿史德温傅逃脱,退保狼山(今内蒙古巴彦淖尔市杭锦后旗西北)。

裴行俭凯旋。

---

① 大青山位于阴山山脉中段,古称"黑山",蒙古语称"哈拉温那",意为众多的黑山头。明清以来将"黑山"称为"大青山"。

04. 三换太子

裴行俭平定突厥人叛乱后不久，唐廷内部爆发了一次剧烈的动荡：太子又双叒叕换人了，从老六李贤换成了老七李显。

李贤失宠的路径基本上和哥哥李弘重合，成年的太子想在政治上有所作为，偏偏强势的母亲只拿他当提线木偶，母子二人都想说了算，明争暗斗，嫌隙日生。

但李贤的本子又和李弘不一样。李弘起码知道他妈一定是他妈，但李贤却搞不清楚他妈到底是不是他妈。因为他长得很像大姨韩国夫人，所以宫中风传他是韩国夫人的儿子。这就很扯了！但李贤听到后，却对自己的出身产生了怀疑，对母亲的态度越发复杂了。

照我说，李贤纯属庸人自扰，他铁定是武后的孩子。一来外甥长得像大姨的情况并不少见，不能据此就说他是韩国夫人的儿子。二来以武后的性格，怎么会容忍非亲生骨肉占据储君之位呢？但李贤偏偏钻了牛角尖，他就盘算着，母后为什么不爱自己，为什么对自己百般挑剔，就是因为自己不是她的孩子。这个念头落地就生了根，像野草一样在他的心头滋长，很快就长成了一片草原。

那么，这个事武后知道吗？大概率她是知道的，她对后宫的掌控力我们是见识过的，后宫里的只言片语都逃不过她的耳朵，这么狗血的段子她肯定已经听到了。那么，她有没有向李贤解释呢？从后事的发展来看，应该是没有。至于原因，可能是当时母子二人的关系已经很僵了，她对这个愚蠢的儿子很不满、很生气。

本来就有矛盾，偏偏还有小人从中作梗。

这个小人名叫明崇俨，是继郭行真之后武后宠信的又一名术士。

此人出身世家大族，容貌俊秀，风姿神异，精通巫术、相术和医术，有点风流道士田禹治的意思。有个州刺史的女儿病重，无人可医。明崇俨毛遂自荐，只用一剂偏方就治愈了刺史的女儿，一时间名声大噪，都传到宫里去了。高宗召见，擢升他为冀王府文学。

也不知李贤怎么得罪他了，明崇俨死活看不上李贤，看不上就看不上吧，他还处心积虑地想让李贤丢掉太子之位。他不止一次地对武后说过这样的话，什么"太子不堪承继，英王（老三李显）貌类太宗"了、"相王（老四李旦）相最贵"了。言下之意，老三或者老四无论谁当皇帝，都比现在这个太子强。

在他的煽惑下，武后看李贤也是越来越不顺眼了，甚至让北门学士们编纂《少阳正范》和《孝子传》给太子看。顾名思义，《孝子传》就是讲历代孝子典型事迹的，而《少阳正范》讲的则是历朝历代优秀太子们的故事。拿这两本书给李贤看，这里面的意思不言而喻：好好学学，你这个不孝的儿子、不贤的太子！

相传，李贤有感于母子感情日渐疏离，满怀悲愤的心情，写下了那首脍炙人口的《黄台瓜辞》：

种瓜黄台下，瓜熟子离离。
一摘使瓜好，再摘令瓜稀。
三摘犹尚可，四摘抱蔓归。

我的亲娘，你确实是个旷古未有的女强人，但若把儿子们都杀了，你最后收获的只是空空的瓜蔓啊！

这首诗写得确实不错，与曹植的《七步诗》异曲同工，却没啥用。所不同的是，《七步诗》确定是曹植所写，而史学界对《黄台瓜辞》的作者是否为李贤存疑。因为这首诗在史书上首次亮相，系山人李泌劝谏唐肃宗时所说。而肃宗当时愕然回道："有这么一回事吗？朕怎么不知道啊？"皇家的事情，按说肃宗应该比李泌更清楚才对，他都不知道，这说不过去。所以，很多研究者认为《黄台瓜辞》是李泌为了达到政治目的而编造的。

扯远了，扯回来。

然后，高宗三十一年（680年）的一天，明崇俨忽然被人给刺死了，凶手不明。二圣指令专案组严查此事，查来查去也没查出个结果，只能不了了之。但武后还不甘心，虽然没有证据，但她认定幕后主使就是李贤。打狗还得看主人，你杀了明崇俨，摆明了是和为娘过不去，那就没什么好说的了。

高宗三十一年八月，她逮着了一个好机会。李贤和他大爷李承乾一样，也有龙阳之癖，好男色，十分迷恋一个叫赵道生的近侍。武后指使人把这事儿捅了出来。一时间，满城风雨，闹得沸沸扬扬。高宗震惊，派薛元超、裴炎两位宰相调查此案。

没想到一石激起了千层浪，原以为就是个生活作风问题，但当专案组在东宫搜出数百领皂甲后，就变成非常严重的政治问题了。你一个太子私藏这么多铠甲是几个意思啊？李贤就算浑身是嘴，也说不清了。紧接着，赵道生亲口承认明崇俨是他杀的，而且是李贤指使他这么干的。于是，在作风问题和政治问题之外，李贤的罪状又多了一个刑事案件。至此，他这个太子算是彻底完蛋了。

这就是武后的套路，轻易不出手，一旦出手，对手连哭的机会都没有。

高宗还想回护李贤。但武后不依不饶："李贤身为人子，却图谋不轨，为天地所不容！事关大义，我们必须大义灭亲，绝对不可以赦免他！"

当月二十二日，李贤被废为庶人，遭到软禁，其党羽或死或流。

次年①，他又被远徙到巴州（今四川巴中）安置。走的时候，妻儿仆从衣缕单薄，宗室中无一人送行，场景要多凄凉有多凄凉。他的七弟、已经晋升太子的李显瞅着不落忍，上书恳请父皇母后开恩，赐给了六哥一家一些春冬衣物。

这里面还有一个小故事。李贤的太子典膳丞高政是高士廉的孙子，和高宗也带点亲，所以高宗没有流放他，只是让他回家反省。天子开了大恩，本是高家的一件喜事儿，可高政刚进家门，就被他爹高真行、大伯高审行和堂兄高璿拦住了，他以为亲人们是来迎接他的。不承想三人忽然亮出了刀子，他爹第一个出手，一刀就抹了儿子的脖子，大伯一刀捅进了他的肚子，最后堂兄砍掉了他的头颅，还丢在了门前的路上。高家人用这种方式表明，他们大义灭亲，坚决与谋逆的反贼划清界限。高宗既震惊又愤怒，虎毒尚且不食子，你们这一家子都是些什么人，怎么下得去这种手？立即将高真行、高审行兄弟贬官外放。

好不容易鼓捣起这么大一个事，不趁机牵连上一些眼中钉、肉中刺，那不是武媚娘的风格！武后非说太宗第十四子、苏州刺史曹王李明和太宗第七子蒋王李恽的儿子——沂州刺史嗣蒋王李炜也是李贤一党。结果，李明降为零陵郡王，李炜被除名。黔州都督谢佑为了讨好武后，逼迫李明自杀。

不久后的一天晚上，谢佑遭到刺杀，首级不翼而飞。有司追查了好久也没结果，就成了一桩断头案。几年后，武则天大杀李唐宗室，李明的两个儿子零陵王李俊和黎国公李杰被杀。有司在抄没他们家里时，无意中发现了谢佑的头骨。原来，当年刺杀谢佑的幕后主使正是

---

① 《旧唐书》记载的时间是永淳二年（683年），《新唐书》的时间则为开耀元年（681年）。流放这事儿没道理会拖三年，我个人倾向于后者。

李明的两个儿子。谢佑的头骨被兄弟俩刷上漆，当成夜壶使用。不愧是太宗的子孙！

李贤一倒，就由他的七弟、时年25岁的英王李显继任为太子。

李忠换李弘，李弘换李贤，李贤换李显，终于，高宗成功地把自己最不争气的儿子扶上了太子宝座。顺便说一句，高宗有个纪录堪称唐皇之最，他的八个儿子里头有四个当过太子，三个是皇帝（孝敬皇帝李弘、中宗李显和睿宗李旦）。

李显出生于高宗七年（656年），初名李显，封周王。五岁时他妈他爸抽风，非将他改封为英王，还把他的名字改成了李哲。为了大家看着不乱，本书统一称呼为李显。可这位王爷呢，他其实是既不英，也不哲，更不显。高宗八个儿子中，智商、情商、能力最差的就是李显了。这真的是一个地主家的傻儿子！

李显有多弱呢？有事为证。他的王妃赵氏是高祖之女常乐公主与定州刺史赵瑰的女儿。因此，常乐公主和高宗既是姑侄，又是亲家，关系很好。武后看着来气，寻衅报复。高宗二十六年（675年），她以赵氏对自己不恭谨为由，将其废黜并关入内侍省女牢，每天只给食材，不给现成的饭食，还派人盯着牢房的烟囱。赵氏从小衣来伸手、饭来张口，哪会做饭啊?！观察了好几天，不见有炊烟冒出，打开牢门一看，赵氏已经饿死了，尸体都生蛆了。这还不解气，武后又将赵瑰贬官浙江丽水，并让常乐公主随夫外放，不许他们回京师长安朝见高宗。从始至终，李显没有为妻子、为岳父岳母说过一句话。

除了仁弱，李显还很贪玩，尤其喜欢斗鸡和打马球。毫不夸张地讲，这是一个毫无政治能力的人。但命运不管不顾地把他推到了历史的前台。这对他个人和大唐而言，都是一场悲剧。

05. 将星陨落

太子刚换完,东突厥人又起幺蛾子,阿史德温傅又拥立颉利的族侄阿史那伏念为可汗,继续反唐。

不行,还得打! 高宗三十二年(681年)正月,唐廷再度任命裴行俭为定襄道行军大总管,以曹怀舜、李文暕为副,将兵讨伐东突厥叛军。曹怀舜作为前军,先行上路。裴行俭所部暂时屯驻于代州之陉口。

裴行俭又有了野路子,派间谍潜入突厥,不断散播谣言,离间伏念和温傅的关系。伏念和温傅毫无感情基础,纯粹是为了政治需要才抱团取暖的,被谣言一顿搅和,很快就互相猜疑了。

有人对曹怀舜说,伏念和温傅在黑沙(今内蒙古呼和浩特东北)以北一带,左右不过二十余骑,建议他赶快率军前去擒拿匪首。曹怀舜急于立功,留老弱于瓠芦泊①(在今内蒙古鄂尔多斯市境内),率轻锐倍道兼行,赶往黑沙。然而等到了以后,他发现连个鬼影子都没有,只得悻悻然撤退。途中,他遭到了伏念和温傅的轮番袭击,且战且退。终于,又是一个北风天,处在下风头的唐军被吹得眼睛都睁不开。伏念趁机挥军猛攻。唐军大败,死者不可胜数。曹怀舜给了伏念一大笔财宝,才得以安然撤回国内。二圣震怒,将他流放岭南。

东突厥人两次起兵,两次大败唐军,废掉了萧嗣业和曹怀舜两员大将。

这时裴行俭已经找到了破敌的办法,他探明阿史那伏念是以轻骑

---

① 瓠芦泊,与新罗国瓠芦河是两回事。

袭击曹怀舜部的，其妻子儿女还有粮草辎重都放在金牙山①。所以，他分遣何迦密、程务挺二将间道奔袭金牙山。等阿史那伏念打完曹怀舜、回到金牙山，才发现老巢早被裴行俭给抄了，老婆孩子、粮草辎重全都没了。

裴行俭果然厉害！伏念萌生了把温傅绑送唐军以赎罪的念头，但转念一想，唐军离着还远呢，短时间内也赶不过来，便收兵退往别处。

他以为的仅仅是他以为的。谁说唐军还离着远呢？裴行俭早已安排刘敬同、程务挺的军队追了上来。这下伏念尴尬了，跑又跑不掉，打又打不过，干脆，用温傅换个平安吧，就把温傅绑了，来投裴行俭。

可汗都投降了，还打个啥呀？东突厥人的叛乱很快就被平定了。阿史那伏念恳请裴行俭向二圣求情，免他一死。裴行俭答应了。

戡平突厥之乱，二圣当然很开心，重赏裴行俭。但在如何处置突厥战俘的问题上，他们并没听从裴行俭的意见。

别看裴行俭风头正盛，他也有政敌，而且是一个强劲的对手。巧了，这个人还是他们裴家门的人，正是之前因审理李贤谋逆案而立有大功的裴炎。

裴炎年轻时就读于弘文馆，学习极其刻苦。当时朝廷已经相中他了，有意征他出来做官。没想到裴炎不干，说征召不好，人家还以为我是靠背景上位的，我就要参加科考，名正言顺地入仕。后来，他果然考中了科举。李贤被废案前夕，他就已经是宰相了。

因为使李贤坐实了谋逆之罪，裴炎受到了天后的青睐。借着要为李显选配老师的机会，武后趁机将一贯反对她的侍中郝处俊推荐为太子少保，转手将侍中之位给了裴炎。现在的裴炎是大唐朝红得发紫的人物。

---

① 具体地址不详。

虽说一笔写不出两个"裴"字，但裴炎嫉妒裴行俭的功劳，裴行俭文武双全，如果他一再立功，只怕将来会压自己一头。因此，裴炎就开始打压裴行俭。武后也支持裴炎打压裴行俭，因为裴行俭是高宗发掘的人才，且早年就反对过她，这种人是不可能为她所用的，功劳越大，权力越大，反而阻碍最大。所以，武后和裴炎联手向高宗进言，要求杀掉伏念等人。

最终，高宗决定将阿史那伏念、阿史德温傅等54名突厥战俘斩于长安。

裴行俭无力阻止，喟然长叹："杀了伏念，只怕以后突厥人就不会投降了！"从此心灰意冷，称疾不出。

阿史那伏念刚死，高宗三十三年（682年）二月，西突厥酋长阿史那车薄率十箭部落反唐。东突厥闹了两次，虽然没成功，但动静很大，西突厥如果不闹的话，面子上有点儿挂不住。

只要是突厥人，都归裴行俭管。高宗于四月任命裴行俭为金牙道行军大总管，统率阎怀旦等三总管，分路讨伐西突厥。然而，大军尚未开拔，裴行俭猝然离世，享年64岁。

高宗朝四大帅——李苏刘裴，李勣、苏定方、刘仁轨、裴行俭，裴行俭的综合能力最强，文能安邦，武能定国。他的一生完全可以用"突厥人的克星"来概括，甭管东突厥还是西突厥，碰到裴行俭只有两个字：失败。裴行俭曾将他的兵法心得总结成46条经验诀窍，后被武则天安排武承嗣上门将其取走，秘藏于宫中，不幸遗失。

裴行俭还是四大帅中气度最恢宏的一个。

他曾经让一名部下去取犀牛角和麝香，结果却被那人不慎弄丢了。高宗赏赐裴行俭名马和良鞍，礼部令史在送给他时因马跑得太快，不仅马摔伤了，鞍也破了。这两人都畏罪逃走了。裴行俭却派人将他们召回，安抚道："尔曹皆误耳，何相轻之甚邪！"哎呀，多大点儿事，你们也太小看我裴某人了！

击破阿史那都支时，裴行俭缴获了一个直径两尺有余的大玛瑙盘，让军吏王休烈拿给将士们看。王休烈也是个笨家伙，不小心摔了一跤，直接把这个价值连城的玛瑙盘摔了个稀碎。他吓坏了，一个劲儿地叩头求饶，把头都磕破了。岂料，裴行俭却笑着说道："尔非故为，何至于是！"你又不是故意的，犯不着这样！

说实话，王休烈手上这一哆嗦，换别人他可能在长安的三套别墅就没有了。这事儿搁谁身上也坐不住，即便面儿上能装得住，心里也是暗恨不休，非得寻衅报复不可。但裴行俭没有，私下里他也未为难王休烈。高宗将阿史那都支的财物都赏赐给裴行俭，可他居然一点都没留，全都送给了亲人、故交和部将。

可能是因为当过吏部侍郎的缘故吧，裴行俭特别喜欢发掘、培养人才。他引用的一批将领，如程务挺、张虔勖、王方翼、刘敬同、李多祚、黑齿常之……后来都成为唐军中的骨干。

很多人以为裴行俭是军事家、政治家，却不知他还是一位擅长草书和隶书的书法大家。高宗曾经赏赐裴行俭一百卷白绢，命他书写《昭明文选》。书成后，高宗称叹再三，又赏赐裴行俭五百段帛。裴行俭曾经对人说过："褚遂良非精笔佳墨，未尝辄书，不择笔墨而妍捷者，唯余与虞世南耳。"如果没有精美的笔和墨，褚遂良就不会写。不选择笔墨的好坏而能写得机灵敏捷的，只有我和虞世南而已。

阎怀旦等人正要整军西征，王方翼的捷报便传来了。阿史那车薄引叛军围攻弓月城（今新疆伊犁霍城县西北），安西副都护王方翼率军援救，先是在伊犁河大破叛军，斩首一千余级，继而又在今吉尔吉斯斯坦伊塞克湖地区击溃西突厥十万大军，车薄不知所终。王方翼都没靠朝廷，单靠自己就把车薄灭了。

可是，一战成名的王方翼仅仅被擢升为夏州（今陕西榆林横山区）都督。虽然他立下了大功,虽然他受到了高宗的接见,虽然高宗亲自查看他的伤口,但就因为他姓王,是王皇后的亲属,高宗顾忌武后,想用他而不敢用。

第十二章　天皇没了

01. 文成公主病殁

当两突厥闹事的时候，一贯擅长趁火打劫的吐蕃人也没闲着。

高宗三十一年（680年）七月，吐蕃军居然破天荒地主动进攻河源军。其实这也好解释，青海已经被他们占得差不多了，还想再占点儿就只能先打垮河源军。吐蕃这次出击，也是对河源军战力的一次试探。没想到这一试还真扎着手了，河源军副使黑齿常之可不是善茬，一举挫败了吐蕃人。高宗很开心，将黑齿常之由副使提拔为正使。

升任正使的黑齿常之得以施展手脚，办了两件大事，将河源防线经营得固若金汤。

第一件，在河源一线修筑烽戍七十余所。烽戍兼具烽火台和小城堡的功用。这七十多所烽戍星罗棋布，一戍烽烟起，他戍接踵响应，大大拓展了唐军的预警范围和快速反应能力。

第二件，开始在河源地区屯田。河源距离内地太过遥远，军粮保障很成问题，不仅"转输险远"，耗费人力物力，而且常常断顿。将士们不怕吐蕃人，但真是怕饿肚子。黑齿常之很早就发现了这个问题，上任伊始就带着将士们开始屯田。经过几年努力，河源军将士开垦屯田五千余顷，每年可收百余万石粮食，靠自己解决了吃饭问题，不仅给朝廷减轻了负担，而且间接提升了河源防线的安全系数。

黑齿常之是一名被严重低估的番将。他对唐朝国防的贡献很大，在河源防线坚守七年，吐蕃数次侵扰，均不能越雷池一步。事实上，黑齿常之给河源军打的底子，唐朝一直吃到了玄宗天宝年间。如果不是因为安史之乱而被迫放弃河源防线，吐蕃人根本进不来。

并且，黑齿常之的品质非常好，从不摆长官架子，对部属体恤有加。一次，他的坐骑不慎被一个士兵弄伤，副使牛师奖要对该士兵处以鞭刑。黑齿常之马上阻止道："怎么能因为我的马受伤，就处罚国家的战士呢？"他也不贪财，缴获的财物以及所得的赏赐全部分给了部下。这是一个既有人格魅力又有军事能力的帅才。

吐蕃人鬼精鬼精的，一看河源方向讨不到便宜，就转向了剑南。这一转转好了，转来了一个大便宜，他们一举攻克了剑南重镇安戎城。

在吐蕃人侵蚀的西域、青海、剑南三个方向，唐廷皆有部署。但因为西域和青海的战略地位更重要，且吐蕃人入侵最频繁，所以唐廷对这两个地区的防务更加重视一些。至于剑南的防务，主要依托修建于今阿坝地区的两座要塞，一座是位于今马尔康市东南、汶川县西南岷江畔的安戎城，一座是位于今理县东北的维州城。这两座城池刚好卡在了吐蕃、西南蛮和唐剑南道三股势力的中间。

因为吐蕃人一直没有向南进军，剑南军思想十分麻痹。结果，吐蕃人偏偏在他们最松懈的时候来了，以生羌为先导，一举攻克了安戎城。剑南军也试图收复安戎城，但丢了容易，想收回来就难了。吐蕃人掌控安戎城达六十余年。攻占安戎城，对吐蕃的战略意义十分重大，以此城为依托，吐蕃人向东可攻掠剑南，向南可以吞并西南诸蛮。

当时，西南蛮中最强大的要数活动于今云南大理地区的西洱诸蛮了，这里的"洱"就是指云南大理的洱海。西洱诸蛮并不统一，最大的部落有六个，自称为"诏"，并称"六诏"，分别是在今巍山县北及漾濞县地的蒙嶲①诏、宾川县地的越析诏、洱源县地的浪穹诏、洱源县邓川镇的邆赕②诏、洱源县青索村的施浪诏和巍山县地的蒙舍诏。因蒙舍诏位于最南端,也被唐人称作"南诏"。

早在安戎城破以前,吐蕃人就已经臣服了其余五诏。唯有南诏王细奴逻不肯屈服。不屈服吐蕃怎么办?就得找大哥。谁是理想的大哥?只能是大唐!高宗四年(653年),细奴逻遣使长安,称臣纳贡,被高宗册封为巍州(今云南大理巍山县)刺史。现在安戎城丢了,吐蕃人对五诏的控制更加便利,也直接威胁着南诏的安全。

安戎城丢失三个月后,高宗三十一年(680年)十月,文成公主病逝于吐蕃,年仅56岁。

她和松赞干布的婚姻维持了九年,并未生育子女。在松赞干布去世以后,这个可怜的女人又在吐蕃孤独地生活了整整三十年。文成公主去世后,吐蕃方面以很高的规格为她举办了葬礼,高宗也遣使至逻些吊唁。总的来说,文成公主在吐蕃民间的影响比较大。吐蕃民众视她为绿度母的化身,尊崇有加,到处为她立庙设祠,以志纪念。至今,拉萨布达拉宫中仍保存着吐蕃人为纪念她而造的塑像。

但实事求是地说,文成公主对吐蕃的影响仅限于经济和文化层面,对吐蕃政治的影响力几乎为零,根本无力左右吐蕃大政方针。她入藏和亲时,唐蕃两国一家亲,一团和气。待到她去世前,两国两次大打出手,在西域、青海、剑南刀兵相见,她的娘家被夫家连连痛扁,而她一点儿办法都没有。

在剑南占了大便宜后,吐蕃人又准备去青海对付河源军了。

有人问了,他们为什么不去西域了?别忘了,此时的西域前有裴

---

① 嶲,音西。
② 邆赕,音滕胆。

行俭、后有王方翼,西突厥被收拾得没脾气了,安西四镇固若金汤。吐蕃人又不是傻子,这个节骨眼儿上去西域是自讨苦吃!

吐蕃河源方向的负责人是钦陵的三弟赞婆。他不甘心为黑齿常之所制,依样画葫芦,也率所部三万人在今青海海南州共和县西南的良非川屯田。黑齿常之具表上奏,请求出击。原因很简单,吐蕃人如果也屯田,他们就在青海待住了。高宗诏准出击。

高宗三十二年(681年)五月二十一日,黑齿常之率河源军夜袭良非川。自第二次大非川之战后,这是唐军头一次主动出击,因此赞婆毫无防备。是役,唐军大获全胜,斩首两千余级,缴获羊马数万,赞婆单骑而逃。黑齿常之将吐蕃屯在良非川的粮仓付之一炬,随后引军回撤。

钦陵一看这情形,觉得不能再打了,不如和亲吧,又遣使长安提亲,而且点名道姓要迎娶高宗和武后的女儿太平公主。

高宗只有四个女儿,萧淑妃和武后各占了一半。萧淑妃的两个女儿大家已经了解了。武后的两个女儿,第一个是当年夭折的安定公主,第二个就是太平公主。高宗和武后都很宠爱太平公主,当然舍不得将掌上明珠远嫁绝域,但又担心因此激怒钦陵,怎么办呢?

有办法! 太平公主八岁时,姥姥荣国夫人杨牡丹去世,为了替姥姥祈福,公主自愿出家为女道士,"太平"就是她的道号。不过,她只是号称出家,事实上仍旧住在宫里。现在高宗要拒绝吐蕃人,立刻指示有司在京城建造太平观,让公主正式出了家。

钦陵大为不满,于高宗三十三年(682年)七月入寇剑南,当年冬又派兵攻打河源军。娄师德率军与吐蕃人战于今青海西宁湟源县南的白水涧,八战八捷,大破吐蕃军。自唐蕃开战迄今,这是唐朝第一次取得胜利。高宗大为振奋,擢升娄师德为比部员外郎、左骁卫郎将、河源军经略副使。娄师德推辞,说他不能同时身兼文武两种职务。高宗却说："卿有文武材，勿辞也！"娄师德成为继裴行俭之后，唐朝第二个同时兼领文武职务的官员。

至此，通观三个主要战略方向，唐蕃在青海打成平手，吐蕃虽然侵蚀了西南蛮，但也失去了对西域的控制，整体上打成了平手。双方也打累了，暂时消停了五六年。

终高宗之世，吐蕃人走下高原，取得了惊人的扩张成果，"尽据羊同、党项及诸羌之地，东接凉、松、茂、巂等州，南邻天竺，西陷龟兹、疏勒等四镇，北抵突厥，地方万余里"，不仅成了唐朝最为强大、最为持久的外敌，而且一跃成为当时亚洲除大唐、大食外的第三极。

02. 册立皇太孙

和吐蕃的关系也就这样了，我打不赢你，但你也进不来。

唯一让高宗闹心的是东突厥人。裴行俭生前的担忧果然变成了现实，唐廷处死阿史那伏念的举动让突厥人意识到，战也是死，降也是死，横竖都是死，不如豁出去拼命。裴行俭刚死，又冒出一个阿史那家族成员，名叫骨咄禄，率17人北走塞外，拉起了反唐的队伍。阿史那家族的人很多，但阿史那骨咄禄和弟弟阿史那璨却是当中出类拔萃的杰出人物，能力素质远超泥熟匐、伏念一流，这就比较麻烦了。

到高宗三十三年（682年）初，骨咄禄兄弟仅靠七百人就打下了今内蒙古呼和浩特市北的黑沙城，一面收拢汇聚突厥反唐分子，一面抄掠铁勒诸部牛羊，队伍迅速扩充至五千人。骨咄禄自称可汗，于黑沙城设南牙，于郁督军山设北牙，又竖起了突厥汗国的狼头纛。史学界通常认为，这是后突厥汗国（也叫突厥第二汗国）的创立之始。

老天爷似乎有意促成突厥复国，又给勇敢的骨咄禄派去了一位智囊。此人出自东突厥阿史德部，名元珍，本是单于都护府的一名部落官，是全二十四州突厥人中屈指可数的"中国通"之一，不仅精通汉语，而且对中国的政治、文化、军事、历史十分了解。骨咄禄起兵后不久，阿史德元珍犯事下狱，他谎称要戴罪立功说降骨咄禄，骗取了都护府长史王本立的信任。王本立派他去郁督军山劝降，岂料他一到就投降了，还被骨咄禄推为谋主。阿史德元珍之于骨咄禄，好比禄东赞之于松赞干布，他的加盟让阿史那骨咄禄、阿史那瓌兄弟如虎添翼。

在阿史德元珍的带领下，突厥军队居然一举打到了李唐龙兴之地——太原，并兵围云州（今山西大同）。万般无奈之下，高宗想起了老将薛仁贵。

伎伐浦之战败给新罗之后，薛仁贵被流放广西象州，后来碰上天下大赦才得以还家。高宗气他不争气，晾了他四五年，直到去年才召见他说："往九成宫遭水，无卿已为鱼矣。卿又北伐九姓，东击高丽，汉北、辽东咸遵声教者，并卿之力也。卿虽有过，岂可相忘？有人云卿乌海城下自不击贼，致使失利，朕所恨者，唯此事耳。今西边不静，瓜、沙路绝，卿岂可高枕乡邑，不为朕指挥耶？"当年九成宫遭水灾，如果没有你，朕恐怕已经成为鱼食了。你北伐铁勒，东讨高句丽，威名远播海外。当然了，你是犯过一些错误，但朕怎么可能忘了你呢？朕唯一恨你的，就是你在大非川打了败仗。现在吐蕃人又开始作妖了，西域风起云涌，你不能歇着了，得出来替朕分分忧了！

高宗这番话，别说薛仁贵了，我这个隔了一千多年的人听着都感动。谈话结束后，高宗即起用薛仁贵为瓜州（今甘肃酒泉瓜州县）长史，不久又升任右领军卫将军，检校代州都督。

当此关键时刻，二圣就派薛仁贵率军去解云州之围。

两军阵前，阿史德元珍出阵询问，唐军主帅是谁？薛仁贵出列答道，薛仁贵！阿史德元珍当然知道薛仁贵是何等人物，但他不信，因为据他了解，薛仁贵被流放多年，只怕早已死在了边陲，所以回道："我听说薛仁贵被流放象州，已经死了很久，你为什么骗我？"薛仁贵呵呵一笑，摘下头盔，露出了面孔，我就站在你面前，你看我有几分像从前？突厥将领中有认得薛仁贵的，知道这可是个狠茬儿，相顾失色，赶紧下马列拜。薛仁贵趁势挥军出击，大破突厥军，斩杀过万，俘虏三万，缴获驼马牛羊三万余头，一举解除了云州之围。

自东讨高句丽之后，薛仁贵的戎马生涯就急转直下，先是高宗二十一年在大非川败于吐蕃，六年后又在伎伐浦败于新罗，两度被除名流放，早年积攒下的军功和威名全都扫了地，一度很是抬不起头来。现在，这位68岁的老将军终于用一场像样的胜利洗刷了耻辱，他用实实在在的成绩证明了：薛仁贵终究还是薛仁贵！

转年二月，老将军便去世了。高宗大为悲恸，下诏追封薛仁贵为左骁卫大将军、幽州都督，并由朝廷提供车马，护送其灵柩回故乡龙门（今山西运城河津市）安葬。

薛仁贵刚死，三月，阿史那骨咄禄、阿史德元珍再攻单于都护府，杀司马张行师。五月，又进犯蔚州（今河北张家口蔚县），杀刺史李思俭，生擒丰州都督崔智辩。

消息传来，朝野震动。宰相们均主张放弃丰州，将当地百姓内迁至灵州、夏州一带。二圣也准备就这么干了。正在这时，丰州司马唐休璟的表奏到了，坚决反对放弃丰州。二圣，尤其是武后，对唐休璟十分欣赏，当初正是此人在独护山大破突厥、两番两军，才稳住了东北边陲，便采纳唐休璟的建议，保留了丰州。

和，和不了；战，战不赢；只能守了！看来，与突厥的关系也就这样了。

高宗不甘心，很不甘心，但上天已经不给他时间了。

病入膏肓的高宗和父亲李世民如出一辙，也对继承人很不放心。

知子莫若父，别看高宗软，他还看不上李显呢，李显之软可想而知。下一代不托底，怎么办？太宗想到的办法是搞封建制，给诸王、太子编教科书；高宗想到的办法则是册立皇太孙。

高宗三十三年正月，太子妃韦氏给李显生了一个嫡长子，取名李重照。李重照尽管比他大哥李重福小两岁①，但却是李显的嫡长子、高宗的嫡长孙。高宗高兴坏了，看这个孩子哪儿哪儿都好，哪儿哪儿都比他爸强，干脆在李重照满月时将其册封为皇太孙。为了庆贺这件盛事，高宗还宣布大赦天下，改年号为"永淳"。

说白了，这就是看大号练废了，开始练小号了。

在整个中国历史上，皇太孙的数量屈指可数，比较著名的有明建文帝朱允炆。但李重照这个太孙可不一般，这倒不是因为他是唐朝唯一的太孙，而是因为他创了两个纪录：第一，绝大多数太孙都是在太子已经去世的情况下立的，唯独李重照当太孙时，他爹不仅在世，而且健康得很。第二，李重照刚满月就是太孙了，他是历史上年纪最小的太孙。

高宗想，纵然儿子一般，但我孙子优秀啊，有孙子兜底，江山社稷肯定丢不了。想出了这个办法，他很是自得，儿啊，将来你不用犯难了，你太爷爷、你爷爷还有你爹我，因为立储问题都快愁死了，爹如今都给你安排好了，你真是一个有福气的孩子！

现在我们知道了，高宗和他爹一样，在这方面有很严重的幼稚病，

---

① 两唐书说李重福是中宗的次子，这是错误的。因为这两本书自身都记载李重福死于景云元年（710年），时年31岁。依此倒推，李重福当生于永隆元年（680年），比生于开耀二年（682年）的李重润大两岁，是中宗的庶长子。

他们忽视了人性的弱点和历史的规律,太子都不牢靠,何况太孙呢?

他还想为李重照开府置僚属,并就此问题咨询了吏部郎中王方庆。王方庆十分委婉地说:"晋及齐皆尝立太孙,其太子官属即为太孙官属,未闻太子在东宫而更立太孙者也。"高宗不太高兴:"自我作古,可乎?"王方庆知道领导决心很大,转而顺着他说道:"三王不相袭礼,何为不可!"事后,王方庆即奏请为李重照开府置僚属。但高宗想了想,觉得好像的确说不过去,最终还是放弃了。

册封完太孙,高宗想起了最后的心愿:封禅嵩山。

03. 高宗驾崩

我们知道,高宗本来对封禅是没啥兴趣的。但去了趟泰山后,他变了,觉得这事儿很有趣,就萌生了把五岳都封个遍的想法。他前后三次昭告天下要封禅嵩山。第一次是在高宗二十七年二月,因为吐蕃人的入侵,取消了。第二次是在高宗三十年七月,因为阿史那泥熟匐之乱,又取消了。这一次是最后一次了,三十四年(683年)七月,高宗下敕,朕十月要去封嵩山了。

这一次吐蕃人和突厥人都很配合,没有搞事情,可高宗自己把自己搅和了。十月,封禅队伍如期抵达嵩山脚下,但病入膏肓的高宗已经很虚弱很虚弱了,这山他根本上不去,望山兴叹一番就原路返回了。十一月,他宣布取消封禅,待明年正月再去。

从嵩山回来后,高宗头痛欲裂,眼睛已经完全失明了。御医秦鸣鹤检查后,建议针灸头部。

秦鸣鹤籍贯不详，一些历史研究者认为他是大秦人。唐人口中的大秦，其实就是指东罗马拜占庭帝国，当时又叫"拂菻①"。拜占庭帝国共历经12个朝代93位皇帝，是欧洲历史上最悠久的君主制国家。从东汉起，古代中国与拜占庭之间一直存在着交流，但这种交流仅限于外交和商业层面，并没有更深层次的政治目的。但李唐开国后，拜占庭的使者就来得很频繁了，见诸史书的一共有七次。此外，大量的拜占庭人来到大唐学习或者工作。如果秦鸣鹤是拜占庭人，大概就是这一时期来的中国。

拜占庭官方为什么频繁与大唐接触呢？因为他们面临着和萨珊波斯相同的强大敌人——阿拉伯帝国，也就是大食。早在第一任哈里发艾布·伯克尔当政期间②，大食人就向拜占庭控制下的叙利亚地区发动了扩张战争。到第二任哈里发欧麦尔·伊本·哈塔卜③落幕前，大食人不仅攻占了拜占庭南部各省，还拿下了大马士革和耶路撒冷。拜占庭皇帝希拉克略哀叹："叙利亚，如此美好的锦绣河山，还是归于敌人了！"拜占庭接触唐朝，是因为萨珊波斯已经灭亡了，希望唐朝能和他们建立同盟，一起对付阿拉伯人。

但唐朝的态度是：建交可以，通商也可以，但一起收拾大食人就算了。为什么算了呢？因为新崛起的吐蕃挡在了大食和大唐的中间，唐朝并没有感受到大食的压力，犯不着和拜占庭结盟，去对付毫无威胁的大食。

针灸这种治疗方式在如今看来很寻常，但在当时可是很罕见的，尤其是在天子的脑袋上插针，闹着玩儿呢?！武后听后大发雷霆："敢

---

① 菻，音凛。
② 632—634年，相当于太宗贞观六年到贞观八年。
③ 634—644年，相当于太宗贞观八年到贞观十八年。

在天子头上扎针，该斩！"秦鸣鹤吓得磕头求饶。

高宗疼得已经不行了，只要是办法，他都想试试，就说："就让他试试吧，万一管用呢！"然后，秦鸣鹤就针灸了。没想到不一会儿的工夫，高宗忽然说："我的眼睛好像能看见了！"武后也很开心，用手摸着脑门儿说："这可真是上天赐福啊！"并亲自背了一百匹彩绢赐给秦鸣鹤。

然而，这不过是回光返照而已。回到洛阳后，高宗的眼睛又看不见了，任秦鸣鹤怎么扎都不管用了。为了讨个吉利，十二月初四，高宗又改元"弘道"，大赦天下。但当天晚上他就不行了，把裴炎喊来匆匆交代了几句就驾崩了，年仅56岁。

我们来看看高宗最后的遗诏：

> 朕闻皇极者天下之至公，神器者域中之大宝，自非乾坤幽赞，历数在躬，则凤邸不易而临，龙图难可辄御。所以荣河绿错，彰得一之符；温洛丹书，著通三之表。缅稽前古，其道同归。朕之圣祖神宗，降星虹而禀枢电；乘时抚运，逢涣沸而属山鸣。濡足横流，振苍生之已溺；援手四岳，救赤县之将焚。重称九寰，止麟斗而清日月；再安八极，息龙战而荡风波。自彼迄今，六十六载。黎元无烽柝之警，区宇忝耕凿之欢。育子长孙，击壤鼓腹，遐迩交泰，谁之力欤？

> 朕以眇身，嗣膺鸿绪，钦若穹昊，肃雍清庙，顾诶明命，载迪彝伦。嘉与贤士大夫，励精为政，勖已想蛟冰之惧，为善慕鸡鸣之勤。幸戎夏乂安，中外禔福，亘月窟以罩正朔，匝日域而混车书。端拱无虞，垂衣有截，其天意也，岂人事乎。每导俗匡时，既宏之以礼让；恤刑薄罚，复跻之於仁寿。闻九农之或爽，则亏膳以共其忧；见一物之有违，则撤乐以同其戚。斯亦备诸耳

目，非假一二言也。忧勤之至，庶有感於明灵；亭育之怀，谓无负於黔庶。就言薄德，遘疾弥留。往属先圣初崩，遂以哀毁染疾，久婴风瘵，疚与年侵。近者以来，忽焉大渐，翌日之瘳难冀，赐年之福罕邀。但存亡者人之晦明，生死者物之朝夕。常情所滞，唯圣能通，脱屣万方，无足多恨。皇太子哲，握哀履已，敦敏徇齐，早著天人之范，夙表皇帝之器。凡百王公卿佐，各竭乃诚，敬保元子，克隆大业，光我七百之基，副兹亿兆之愿。既终之后，七日便殡。天下至大，宗社至重，执契承祧，不可暂旷。皇太子可於枢前即皇帝位，其服纪轻重，宜依汉制。以日易月，於事为宜。园陵制度，务从节俭。军国大事有不决者，兼取天后进止。诸王各加封一百户，公主加五十户。内外文武，九品已上各加一阶，三品已下赐爵一级。就徽以来入军年五十者，并放出军。天下百姓年五十者，皆免课役，废万全、芳桂等官。

我给大家概括下核心内容，就两条：第一，"皇太子可于枢前即皇帝位"，这是为了防止别有用心的人搞事情；第二，"军国大事有不决者，兼取天后进止"，显然，在高宗的语境里，"别有用心的人"并不包括老婆武媚娘。

谁都防，就是不防老婆，可最后偷塔的偏偏是老婆！

04. 日月下的星辰

提起高宗，从古至今，人们普遍认为他很软弱，性格软弱，身体软弱。并且，因为夹在太宗李世民和女皇武则天这两个极其出类拔萃的人物之间，他的存在感显得比较弱。很少有人用独立的、完整的视野去单独看待他，大多数人都把他当作李世民和武则天之间的折子戏。

有道是：折子戏不过是全剧的几分之一，通常不会上演开始和结局。正是多了一种残缺不全的魅力，才没有那么多含恨不如意。

这当然是不公允的。因为，就在位时间而言，高宗其实是唐朝诸帝中第二长的，仅次于孙子玄宗李隆基，达到了34年。整个唐朝289年，他占比超过了1/9，存在感想低都不可能。而且，高宗无论文治还是武功，成绩单都很漂亮，不仅本人的存在感很强，也让唐朝在世界上刷出了一个大大的存在感。

先说内政方面，高宗其实很会用人，除了早期受舅舅钳制的那几年，后来绝大部分的文武重臣都是他自己发掘和提拔起来的。并且，他用人不拘一格，不分出身，不看年龄。比如韦思谦曾经受过褚遂良的迫害，杜正伦被太宗长期冷落，刘仁轨出身寒门，苏定方一大把年纪，如果高宗泥于常规，这些人根本没有出头机会。

太宗对文武比较苛刻，晚年时杀了一串人。而高宗对大臣们总体很宽容，王文度矫诏都没死；薛仁贵屡次大败，高宗还是一再用他，让他安度晚年；李敬玄兵败青海，高宗也不过是晾了他一段时间而已；即便面对飞扬跋扈的李义府，高宗也是在忍无可忍的情况下才发飙出手的。做小弟的能跟上这样的大哥，那是福气！就上面这些人，如果搁在太宗时代，估计不是被杀，就是远流岭表了。

高宗在位期间，唐朝各项事业都是蒸蒸日上。特别是人口，高宗三年（652年）时全国户数380万，经过他们两口子的努力，到武则天神龙元年（705年），短短50余年间几乎翻了一倍，达到了615万户。一个唐朝人如果生活在他当政的时代，还是比较幸福的。

再说外事方面，高宗的成绩单是所有唐朝皇帝中最漂亮的，甚至于超过了父亲太宗和孙子玄宗。击灭东突厥余孽车鼻、阿史那泥熟匐、阿史那伏念，连破西突厥阿史那贺鲁、阿史那都支、阿史那车薄三轮反叛，使所有突厥人尽为封内之臣。太宗心心念念的高句丽，高宗两次用兵把它灭了，还顺手灭了百济、揍了倭国。虽说后来新罗窃取了部分胜利果实，吐蕃崛起了，突厥也复国了，但唐朝版图在高宗手中达到最大也是不争的事实。

彼时的大唐疆域，东起半岛大同江，西至咸海，北包贝加尔湖，南抵越南横山①，端的是气象万千、莘莘大端。唐朝的声威随之播及西北边陲和东方遐邦，既为中原的稳定繁荣奠定了基础，同时也促进了各民族的经济文化交流和彼此融合，对现今中国版图的形成做出了巨大贡献。

赫赫有名的大唐六大都护府，高宗时代设了四个，分别是安东都护府、瀚海都护府（即后来的安北都护府）、单于都护府和安南都护府②，安西都护府在他手上升格为大都护府。

很多外国宗教，如伊斯兰教、祆教（拜火教）都是他在位时期传入中国的，他还大力弘扬了太宗时代传入的景教。至于佛教就更别提了，高宗还是太子时，就为母亲长孙皇后修建了大慈恩寺。高宗十年，他还举办了首次迎奉佛骨仪式。

当然，高宗性格软、身体弱也是不争的事实。他性格要是不软，也不至于前期被舅舅控制，后期被老婆控制；身体要是不软，武后也没机会把持朝政。

但是，高宗对这两个人的依赖是情有可原的。长孙无忌是他的亲

---

① 横山山脉位于北纬18°一线，是越南分隔北部和中部的山脉，也是河静省和广平省的界山。
② 唐高宗调露元年（679年），以交州都督府改置安南都护府。

舅舅，一手把他扶上了皇帝宝座。于情于理，他都没道理不信任、不重用舅舅，更何况长孙无忌的确很有能力。高宗和其他女人有的只是利益勾兑和夫妻名分，但他和武媚娘，至少在他看来却是自由恋爱。并且，他认为媚娘对他的爱是经过困难挫折检验的，这是别的女人所没有的。这也就能解释他为什么对武媚娘一再容忍、高度信任，因为那可是他唯一爱过的女人。作为一个丈夫，不信任、不倚重自己的老婆，那你们说该信谁？

《资治通鉴》载，自武后与高宗并称二圣后，"上每视事，则后垂帘于后，政无大小皆与闻之。天下大权，悉归中宫，黜陟、生杀，决于其口，天子拱手而已"。这肯定是夸张了。其实直到去世前，高宗对政事还是有决定权的，只要他坚持，武后一定会妥协。之所以很多时候不坚持了，一是已经习惯于依赖老婆，二是即便有分歧也无关宏旨。再说了，谁能想到中国会出个女皇啊？

就此而言，高宗才是唐朝最痴情的皇帝，他爱武媚娘爱得深沉而专一。武媚娘其实比杨贵妃幸福多了，因为她的男人爱她胜过爱江山。只可惜高宗的痴情都错付了，因为自称"看朱成碧思纷纷"的武媚娘其实并不爱他。

八月十日，太子李显护送高宗灵柩回到长安，入葬乾陵，谥号天皇大帝。

太宗昭陵的特点是六骏浮雕和十四位番邦君长石刻像。高宗是个病秧子，不爱骑马，所以没有六骏图，但他墓前的石刻像达到了惊人的六十一尊，人称"六十一宾王像"，都是西亚各国的特使、侨居长安的外国国王以及一些番邦的重要大臣。岁月扰攘，风雨侵蚀，现在能够辨认出身份的石像只有"木俱罕国王斯陀勒""盛于阗王尉迟璥""吐火罗王子持羯达犍""默啜使移力贪汗达干""播仙城主何伏帝延"等七尊。

另外，乾陵还打破了帝王陵前不立石碑的惯例，在朱雀门外立起了一道巨大的石碑，石碑上是武后撰文、李显手书的《述圣记》，浓墨重彩地记述了高宗的丰功伟绩。

如果用一个字概括李治的一生，我想就是他当年意欲赐给武媚娘的妃号：宸。日月之下的星辰，日是他的父亲李世民，月是他的妻子武媚娘，日月的光芒太过耀眼，遮掩了他的光华。

埋葬了亡夫，武后把《高宗实录》调了出来，删改定稿。外人不解此中滋味。武后自己却很清楚，埋葬了高宗，封存了实录，意味着她要和过去彻底说再见了。从今往后，她不再是谁的媚娘，她就是她自己，她要扼住命运的咽喉，攀上这片土地上所有女人都未曾达到过的巅峰……

第十四章 临朝称制

01. 罢黜李显

十二月初七，裴炎上奏，说太子尚未即位，目前不宜以皇帝的身份宣敕，过渡期间还是按太后的意思办吧！这个提议很合理，谁也不会、也不敢说个"不"字。四天后，李显即位，成为大唐的第四位皇帝。天后武媚娘同步晋升皇太后，她又创下了一个新的纪录：大唐开国以来第一个活着的皇太后。

李显都成皇帝了，那他和他妈究竟谁说了算呢？对于这个问题，群臣百官的态度是很清晰的：咱也不敢说，咱也不敢问，反正离新年就剩十来天了，答案如何，明年正月见！

转年正月初一，答案来了，新皇李显一口气发布了几道敕令。第一道，改元"嗣圣"，寓意继承二圣开创的事业。第二道，册立太子妃韦氏为皇后。这些都是常规操作。关键是接下来的几道敕令可是一个比一个雷人，将国丈韦玄贞由普州参军擢升为豫州刺史，左散骑常侍韦弘敏同中书门下三品，跻身宰相。

隋唐之际，京兆地区有两个大家族，一个是杜氏，一个是韦氏，都居住在长安城南。民间有俗语："城南韦杜，去天尺五。"意思是说，这两家住得离皇帝很近。因为离权力核心近，又是大家族，有唐一代这两大家族涌现的牛人多如牛毛。

杜氏家族这边有杜如晦、杜楚客、杜淹、杜佑、杜黄裳、杜悰、杜元颖、杜审权、杜牧、杜让能等。但韦氏家族要更牛气一些,《旧唐书》载:"议者云自唐已来,氏族之盛,无逾于韦氏。"光是宰相韦家就出了17位,有武则天的宰相韦巨源、韦弘敏、韦方质、韦待价、韦思谦、韦承庆、韦嗣立、韦安石,唐中宗的宰相韦温,唐玄宗的宰相韦见素,唐宪宗的宰相韦执谊、韦贯之,唐文宗的宰相韦处厚,唐宣宗的宰相韦琮,唐懿宗的宰相韦保衡,唐僖宗的宰相韦昭度,唐昭宗的宰相韦贻范。另外,大诗人韦应物、韦庄,大画家韦偃,以及中唐名将南康王韦皋也是这个家族的。韦氏家族的女性中也涌现出了太宗韦贵妃、太宗韦昭容、中宗韦皇后、肃宗韦妃、德宗韦贤妃、穆宗韦贵妃等代表。

  李显的皇后韦氏就出自京兆韦氏。我们知道,他最初的王妃是他姑奶奶常乐公主的女儿赵氏,在高宗二十六年被武后搞死了。然后,出身名门、人又漂亮的韦氏就成了李显的新王妃,武后还给韦氏赐名韦香儿。韦氏是一个很厉害的女人,但厉害得分对谁,碰到武后这个婆婆就算她倒霉了。

  韦氏虽然是望族,但在当时政治地位还不高,出的大官还不多。韦氏的父亲韦玄贞不过就是个小小的参军。唐朝的参军最高不过七品,最低才从九品下。韦玄贞任职的普州,辖境相当于今四川省安岳、遂宁、乐至三县及重庆市潼南区部分地区,在当时是个小州,估计他这个参军充其量也就是个八品。那么,唐朝的刺史是几品呢?最高的从三品下,最低的也得是从五品下。豫州在东都洛阳所在的河南道,肯定是个大州,其刺史最低也得是四品。另外,参军是州县小吏,而刺史却是一州主官,属地方大员。所以,韦玄贞由普州参军擢升为豫州刺史,相当于从一个小州的小吏直接提拔为大州州长,连升了三级都不止,绝对是火箭式提拔了。

  再说韦弘敏,大家是不是在前文中都没有听过此人?是就对了,他的确是一个寂寂无闻的中层官员，而且所任的左散骑常侍不过就是个散官，两唐书甚至都没有他的传记。在高宗朝的历史中，也从未见过他有什么建树，甚至连个像模像样的谏言都没有提出过。这样的人不是存在感很低，而是压根儿就没有存在感。

他怎么忽然就成了宰相呢？原因很简单，他也是京兆韦氏的人。但他是西眷房，韦后是东眷房，出了五十服都不止，已经远得不能再远了。韦后之所以让韦弘敏当宰相，可能的原因有两个：一个是拉拢韦家人，壮大家族势力；另一个，韦弘敏很有可能在帮助她成为李显王妃的过程中发挥过关键作用。

但李显对韦玄贞和韦弘敏的火箭式提拔，却在朝中引起了轩然大波。虽然是封建王朝，但也是法制社会，朝廷任用官吏也是有章可循的，纵然是皇亲国戚也不能随意晋升，何况还是这么大幅度的晋升！韦玄贞和韦弘敏几乎是在一夜之间走完了别人十年都未必能走完的路。是他们有大本事、大才具吗？当然不是，还不是因为他们都姓韦？有一种说法，说李显重用韦氏是为了培植自己的力量，对付母后。这肯定是胡扯，他没那个脑瓜子！

对关系户的厌恶是人的本能，群臣百官都在嘀咕，百官之首的宰相裴炎尤其坐不住了。裴炎是河东裴氏在朝中的代表，他现在的政治地位极高，几乎相当于高宗即位之初长孙无忌的地位。裴炎早就认定，他是新朝内外建设的主导者和设计师，将来那可是要名垂青史、直追房杜的。万万没想到，新朝伊始就杀出了一个韦家。这是不把我老裴放在眼里啊！新朝的政治建设要把我老裴踢到一边儿吗？那可不行！

这事儿肯定不对，要怪谁呢？当然要怪韦家，但归根到底还是要怪新皇帝本人。到底是年轻，李显太幼稚了！真要重用外戚，那也得循序渐进地慢慢来。皇帝也不能乱来，一上来就要一步到位，一下子就把自己置于风口浪尖了。裴炎对李显很是不满，要不是我替你扳倒你六哥，哪有你的今天？

李显的政治能力基本为零，他对皇权的理解非常简单粗暴，他认为皇权就是不受约束的绝对权力，随心随性，想怎样怎样，爱干吗干吗。但事实并非如此，皇帝也不是想怎么干就可以怎么干的。看看历史吧，举凡胡作非为的皇帝，没一个有好下场。

其实，李显只要看一看他爹当政时的那些政治风云，再了解一下两个哥哥都是怎么被废的，他就能明白了。但李显根本就没关注和研究过，他不只现在不开窍，而是一辈子都不开窍。铁树都能开花，就他不开窍。

不过，这也正常，李家已经连着出了李渊、李世民、李治三代人杰，按概率学也该出个庸才了。毕竟祖坟也需要休息，一直冒青烟遭不住啊！

裴炎很生气，但还是忍了。算了，毕竟是皇帝，又是刚即位，多少给点儿面子。

但很快李显又一次挑战了裴炎的底线，他居然想让岳父成为三品侍中，还打算加封奶娘的儿子为五品官。裴炎苦熬了多少年才得来一个宰相，韦玄贞不到一个月就要走完他几十年才走完的路，这事儿搁谁身上都受不了，太刺激了！再说了，宰相拢共就那么几个人，韦家一下子上来两个，并且韦玄贞将要执掌的门下省管封驳，正好卡着裴炎执掌的中书省的喉咙，你让裴炎以后怎么办？

裴炎很生气，不再沉默了，挺身而出，据理力争。这事不怨裴炎，搁谁谁都会急，就没这么干的！裴炎可能不觉得李显蠢，他认为李显是有意针对自己，其实李显就是单纯很蠢而已。

面对执拗的裴炎，他居然说了一句特别不成熟的话："我以天下与韦玄贞，何不可？而惜侍中邪！"天下都是老子的，老子就算把天下让给我老丈人，你也管不着，更何况只是一个小小的侍中呢？！

这是一句让他后悔终生的话。

裴炎做了最后的努力，但李显的回复显然是在啪啪打他的脸。裴炎明白了，李显小儿根本就没把他这个元老放在眼里，如果让这小子坐稳了皇位，完全不会有自己什么事，这是于私；于公，让这么不成熟的人当皇帝，对江山社稷、黎庶黔首也是一场灾难。

裴炎胆子够大，合计一番，就生出了废立之心。

这可不是一般的事，大唐开国至今，有过废太子，还没有过废皇帝呢！裴炎想，办这个事情肯定要得到太后的同意和支持。先帝临终前将李显托付给他，这是尽人皆知的事情。如今先帝尸骨未寒，他就变了卦，要把先帝托的孤给拉下来。如果没有太后的支持，这妥妥的是谋逆啊！

裴炎和太后的关系很好，他是太后提拔起来的人，但这事还是不好张口。怎么说呢？太后，你儿子不行，我想废了他，你支持我吧！万一太后不同意，那他的处境就危险了。但裴炎是典型的三敢，敢想，敢说，敢干。李显的资质是八兄弟里最差的，这一点朝廷百官都知道，而且二圣私下里也不止一次对裴炎说过，李四要比李三强。所以，出于维护江山社稷的正义目的，用成器的老四取代不成器的老三，这就说得过去了。将来事成之后，他有拥立之功，还是新朝首辅。

于是，裴炎怀着万分忐忑的心情，向太后陈述了自己的想法和理由。不承想，出乎意料的顺利，太后很爽快地同意了。裴炎对太后的敬仰就更深了，觉得太后很明事理、不徇私情，真心为大唐江山社稷着想。太后一点头，他就有底气了，马上开始找帮手。武将方面找了禁军指挥官程务挺和张虔勖；文臣方面找了曾经给李旦当过司马的北门学士刘祎之。

接下来的事情就容易办了。

二月初六早朝，李显和母后坐朝，发现百官都来了，唯独不见首辅裴炎。正在纳闷之际，就听殿外人声汹涌。不一会儿，裴炎带头，后面跟着刘祎之，还有戎装在身的程务挺、张虔勖，以及一队羽林卫。李显大惊，望向母后，却发现母后冷若冰霜，根本就不拿正眼看他。裴炎当场宣读了太后的命令，废皇帝为庐陵王，并命人将他扶下大殿，其实就是拖出去。

李显当然不服，问："我有什么罪？"

裴炎还未张嘴，太后已经回道："你想把天下给韦玄贞，还说没有罪?!"

自去年十二月十一日登基，到是年二月初六被废，李显这个皇帝仅当了55天。

02. 扶植李旦

第二天，李显的八弟、雍州牧、豫王李旦即被推上了皇帝宝座，豫王妃刘氏晋升皇后，他们的长子——年仅六岁的永平郡王李成器被册封为太子，同时改嗣圣元年为文明元年，大赦天下。虽然废立皇帝这事儿不太文明，但名号必须文明。一天之内连皇帝带皇后、太子全都定了，瞅瞅这办事效率！

李旦其实是一个存在感很低的人，兄弟八个，数他性格最为佛系，压根儿对权力不感兴趣。人家感兴趣的是书法和训诂①，而且精通音律，各种乐器都玩得很溜。在他的带动和熏陶下，他的子女们全

---

① 训诂学，是中国研究古汉语词义的学科。

都是文艺青年、音乐达人。一家人凑在一块儿，都能组织一场音乐会了。前面有七个哥哥，李旦甚至连当太子的想法都没有过。但老天爷真会玩人，行啊，我不让你当太子，我让你直接当皇帝，而且一次还不够，要两次才最好！

在这一天前，李旦过的是无忧无虑、快快乐乐的日子。但从这一天起，他过去所有的快乐与安逸都过去了，接下来的人生危机四伏、云谲波诡。这说明了一个道理：人生的情绪是守恒的，早年开心太多，往后老天爷一定会找补回来。

由于摊上了武则天这么个妈，所以李显、李旦哥儿俩也都是各种纪录的开创者。比如，李显是唐朝第一个被废的皇帝，第一个两次登基的皇帝。李旦也有纪录，他是唐朝第一个未经太子，由亲王直接晋级的皇帝。顺便说一句，这还不算完，后来李旦第二次当皇帝的时候，同样没经过太子这道程序。

李显被废，很多人都开心，但最开心的还是裴炎，江山易主，唯有老裴的地位固若金汤。但裴炎很快就高兴不起来了，太后居然不让皇帝问政，甚至上朝时都不让皇帝坐正殿，这大大出乎了他的预料。裴炎不禁暗自嘀咕，太后这是想干吗，难道想成为前汉吕后一样的人物吗？

裴炎并不知道，废掉李显，太后才是最高兴的人，因为她得到的实惠最大最多。李弘的倔强、李贤的疏离、李显的愚蠢，都不是她想要的，聪明的不能要，不听话的不能要，她要既软弱又听话的。正愁腿疼没地儿坐呢，裴炎就递来了一个小马扎，武太后的心里别提有多得劲了。裴炎想让太后给他打辅助，实际上是他给人家打了辅助。太后到底想要什么呢？她想要的远远超过了裴炎的脑洞。

初八，高宗生前指定的隔代继承人——皇太孙李重照也被废为庶人，废后韦氏的父母兄弟全部流放远州，两位妹妹逃窜获免，韦氏家族热了不到两个月就凉了。

同日，武太后诏命刘仁轨专知西京长安留守事。高宗三十四年（683年）八月，高宗去嵩山前，留李显庶长子唐昌王李重福留守西京长安，并委任刘仁轨做李重福的副手。打那以后，刘仁轨就一直在长安待着。废旧立新这么大的动作，武太后指望刘仁轨为她稳定关中，所以才有了上述任命。她还修书勉励刘仁轨："当年汉高祖让萧何坐镇关中，我让你坐镇西京也是这个意思。"刘仁轨推辞了，他也觉得武太后可能要走吕后的路线，用吕后家族败亡的故事上书劝谏，"吕氏见嗤于后代，禄产贻祸于汉朝"，暗示武太后不要重蹈吕氏的覆辙。

他是老臣，虽然说话不好听，武太后也不好发作，再说关中还要指着人家坐镇呢，便专程派侄子、秘书监武承嗣前往慰问，并捎话说："今以皇帝谅暗不言，眇身且代亲政；远劳劝戒，复辞衰疾。又云'吕氏见嗤于后代，禄产贻祸于汉朝'，引喻良深，愧慰交集。公忠贞之操，终始不渝，劲直之风，古今罕比。初闻此语，能不罔然；静而思之，是为龟镜。况公先朝旧德，遐迩具瞻，愿以匡救为怀，无以暮年致请。"当今皇帝正在为先帝守丧，还不能说话，所以我暂时代他亲政。刘爱卿大老远地写信来劝诫我，还以年老体衰为由推辞职务。你说"吕氏被后代所讥笑，吕禄和吕产为祸汉朝"，你的隐喻很深刻啊，让我既惭愧又倍感欣慰。爱卿的忠贞与刚直古今罕有。你是为天下人所景仰的股肱老臣了，大唐社稷需要你继续出力，你就不要再推辞了！

十二日，李旦亲率王公以下大臣面请武太后，要为她上尊号①。对比李显，李旦聪明得不是一星半点儿，看看人家，主动为母后上尊

---

① 尊号是指古代尊崇皇帝、皇后的称号。皇帝的称号有四种：尊号（徽号）、谥号、庙号、年号。

号，我是妈妈奴，妈说咋办就咋办。

武太后很高兴，还是旦儿上道，既然如此，那为娘就不客气了，高高兴兴地接受了尊号。三天后，她又标新立异，命已经晋升礼部尚书的武承嗣册拜李旦为嗣皇帝。这就很过分了，李旦已经是皇帝，凭什么还要太后重新册封？再说了，武承嗣算个什么东西，他有什么资格册封李旦？但武太后的意图也很明显，就是要告诉天下人：没错，这江山是皇帝的，但我是大于皇帝的存在。

同日，她开始在紫宸殿施惨紫帐办公，并吓死人地自称为"朕"。打从这一刻起，武媚娘进入了她人生的一个新阶段——临朝称制阶段。紫宸殿中虽然有龙椅，但龙椅是空的，龙椅后面却多了一道淡紫色的纱帐，纱帐后面坐着的这个女人才是大唐帝国的实际主宰。

这老娘们儿改年号上瘾，从她临朝称制到称帝（684—690年），短短七年间改了四次年号，文明改光宅，光宅改垂拱，垂拱改永昌，永昌改载初。为了标定先后关系，便于大家理解，我还是使用"北溟纪年"，将其临朝称制阶段的年份改成临朝×年[①]。

03. 雷霆举措

凤栖紫宸，天地变色。

[①] 临朝元年＝文明元年、光宅元年（684年），临朝二年＝垂拱元年（685年），临朝三年＝垂拱二年（686年），临朝四年＝垂拱三年（687年），临朝五年＝垂拱四年（688年），临朝六年＝永昌元年、载初元年（689年），临朝七年＝载初二年、武周天授元年（690年）。

裴炎这才意识到自己被太后利用了，但他还认为太后是铁了心要走吕后的老路！他万万想不到，他搞的这一出竟然打开了中国历史的潘多拉魔盒，魔盒里面装着的是自盘古开天辟地以来神州大地上第一个也是唯一一个女皇帝。吕后算个啥？武媚娘压根儿就没把她当回事，她要成为超越吕后的存在。

裴炎很后悔，如果太后成了第二个吕后，那他可就是大唐的罪人了，还直追房杜呢，不列入《奸臣传》就不错了。他想，我该做点什么呢？他还在思考，武太后已经在行动了，而且节奏紧锣密鼓、十分周密。显然，她早就把后面的每一步都想到了。

第一步，处置高宗诸子。

高宗八子，长子燕王李忠、次子悼王李孝、五子孝敬皇帝李弘皆已去世，除了老八新皇帝李旦，还剩老三泽王李上金、老四许王李素节、老六废太子李贤和老七废帝李显四人。李显这块儿已经无须担心了，主要就是李上金、李素节、李贤三人，特别是李贤。

二月初九，武太后即派左金吾将军丘神勣（丘行恭之子）赶赴四川巴中，名为"以备外虞"，实际上是防着李贤做文章，或者有人利用他做文章。

三月初，丘神勣抵达巴中当日，即逼迫29岁[①]的李贤自杀。

李贤在巴中时，时常登临城北的一座山眺望长安的方向，渴求母亲能够接他回去。但东北望长安，可怜无数山，母亲倒是派人来了，却不是接他的，而是来要他的命的。后人为了纪念李贤，将该山命名为望王山。巴中南龛坡还建有一座太子坟。

随后，武太后装模作样地为李贤大办丧事。丘神勣杀了前太子，

---

① 《旧唐书》载为32岁，《新唐书》载为34岁，换算下来比李弘都大，当为谬误。

判他个族诛没问题吧？但武太后只是将他贬官外放，不久又召回朝中，依旧任左金吾将军。

武太后大张旗鼓为李贤发丧，是因为母子情深吗？非也，几个儿子当中，她最不喜欢的就是李贤。她之所以这么做，是要告诉天下人：李贤已经死了，那些想借李贤做文章的人，你们可以死心了。

第二年，武太后诏令恢复李贤雍王爵位。李贤的棺椁一直停放在巴州，直到后来李显复辟后，才被迎回长安，以亲王身份陪葬乾陵。睿宗即位后，追认哥哥李贤为皇太子，赐谥号"章怀"，与太子妃房氏合葬于章怀太子墓。

逼死李贤后，武太后又将李上金从湖北迁徙到江苏，李素节从湖南迁徙到山西，软禁监视起来。

四月十二日，废帝李显一家抵达流放地——房州，即今湖北十堰房县。刚刚待了四天，又被发往十堰丹江口，软禁于当年李泰的故宅。一年后，李显一家又被迁回房州。房州，房州，以"纵横千里、山林四塞、其固高陵、如有房屋"得名，到处都是重重叠叠的高山和密林，简直就是天然的牢笼。在李显以前，房遗爱、李显的大哥李忠都曾在这里被圈禁。小子，你就在这里好好待着吧！

第二步，罢黜李显的宰相们。一朝天子一朝臣，原先的那些宰相基本是不能再用了。左仆射刘仁轨和中书令裴炎是老臣，还需要他们装点门面，暂时得留着。侍中刘景先被罢相。韦弘敏最惨，不仅相位被褫夺，本人也被外放山西临汾，他因姓氏获益，也因姓氏倒霉，只当了十个月的宰相就凉凉了，从此不再见于史书。老话说，享无妄之福，必遭无妄之灾，不是没有道理的。他们的位置由谁来接替呢？当然得是李旦的人，太常卿、检校豫王府长史王德真升任侍中，中书侍郎、检校豫王府司马刘祎之升任同中书门下三品。

对于以上动作，大家都是可以理解的。但紧接着，武太后大肆提拔重用武家人，侄子侄孙辈的武懿宗、武攸宜、武攸暨、武攸宁、武攸宜、武攸归、武攸望、武攸止、武攸绪、武重规、武载德、武嗣宗等陆续受到重用。其中，位居高位的有两个，都是武太后的亲侄子，一个是提任兵部尚书的武三思，另一个是拜相的武承嗣。这下群臣不干了，果然是第二个吕氏家族，意见很大。没办法，武太后只得将武承嗣罢为礼部尚书，以厌人望。

第三步，开展政治改革。

一是改东都为神都，改东都紫微城为太初宫。从此，唐帝国由两京制恢复为一京制，但长安不再是帝国首都，只是帝国西京，新的首都是洛阳。"太初"翻译成现代汉语，就是新起点的意思。

二是将年号由"文明"改为"光宅"，"光宅"意为"光大所居"，即"建都"之意。唐朝289年间，只有两个年份一年当中用了三个年号。684年就是其中一个，"嗣圣"改"文明"，"文明"改"光宅"，足见这一年政局之动荡。

三是将旗色由红色改为金色。

四是改服色。古代不同于今日。今天的我们想穿什么颜色都可以，某女星穿着龙袍在戛纳走红毯，都没人说个啥。但在古代这是不可想象的，什么阶层穿什么颜色的衣服，这是王八的屁股——规定（龟腚）。乱穿别的阶层的颜色，那可是要掉脑袋的！

太宗时代规定，三品以上穿紫衣，四品和五品穿红色（一个深红，一个浅红），六品和七品穿绿色（一个深绿，一个浅绿），八品穿青色，九品以下就不管了。高宗时代就更健全了：三品以上穿紫衣，扎金玉带，佩金鱼袋[①]；四品和五品穿红色，扎金带，配银鱼袋；六品

[①] 唐高宗永徽二年（651年）始，赐五品以上官员鱼袋，饰以金银，内装鱼符，出入宫廷时须经检查，以防止作伪。鱼袋制度是唐朝首创，相当于官员身份证。

和七品穿绿色，扎银带；八品和九品穿青色（一个深蓝，一个浅蓝），扎鍮①石带或黄铜带；士这个阶层只能穿黄色，扎铜铁带；农、工、商阶层连黄色都不能穿。

所以，在唐代，你是什么阶层，从你衣服的颜色就能看得出来。紫色、红色、绿色、青色，这四种色一看就是当官的。尤其紫色，除了皇帝的金色外，就是这个国家最尊贵的颜色了。连黄色都不能穿，那你就是这个社会最底层的人了。一看配着鱼袋，那都是中高级领导干部。老公穿什么颜色，老婆就能穿什么颜色。老公是绿色，那身为老婆的你也只能绿给你老公看了。你要是个平民阶层的女人，爱美，想穿红戴绿，那也成，我得提前借你二亩地埋九族。

这次，武太后在这方面的改革力度是最小的，只是规定八品和九品不作区分了，都穿深青色。

五是改革政府机构和官职的名称。三省六部一台的名称全改，主要官员的名称全改，尚书省改文昌台，左仆射改左相，右仆射改右相，吏、户、礼、兵、刑、工六部尚书分别改为天官尚书、地官尚书、春官尚书、夏官尚书、秋官尚书、冬官尚书，侍郎名称对应；门下省改鸾台，侍中改为纳言；中书省改凤阁，中书令改为内史；御史台改肃政台。

以上改革举措都是可变可不变的，武太后之所以要变，就是为了彰显新气象。但新气象应该是新皇帝给的，不应该是老太后给的。

---

① 鍮，音偷。

04. 扬州兵变

　　武太后一看这些动作搞得都挺顺利，也没人唠叨，那行，再搞个大动作。武承嗣奏请为武氏祖先立七庙，并追封七代祖为王。奏疏一上，朝廷可就炸了锅了！

　　在古代社会，礼法问题可是顶顶重要的大事。所谓设七庙，就是可以供奉七代祖先。现代人无所谓，你想供几代祖先就供几代祖先，只要有地方摆得下。但在古代可不行，只有皇帝才可以立七庙，诸侯王立五庙，士大夫立三庙，普通人没有庙，自己回家放块牌子就好了。武太后要给武家立七庙，属于僭越，是妥妥的悖逆之举。你们家什么身份，居然要立七庙，你家想干啥?!

　　正是通过这个事，裴炎、刘仁轨等人的脑洞才被彻底打开，他们终于看出了太后的底牌：她才不要当什么吕后第二，她要当前所未有的女皇帝。一个娘们儿居然要当皇帝，她疯了吗?

　　裴炎急了："太后母临天下，当示至公，不可私于所亲。独不见吕氏之败乎！"这话就说得很重了，吕家是怎么完蛋的，您不知道吗?

　　武太后回复："吕后是把权力留给生人，我这是追尊死人，不是一回事儿！"她也好意思说得出口，是谁刚把堂侄、堂孙封了一圈的?

　　裴炎据理力争："事当防微杜渐，不可长耳。"

　　武太后虽然嘴上没有松口，但行动中还是打了折扣的，最终决定只立五庙，在故乡山西吕梁文水建五代祠堂。唐廷下诏，追尊武太后的五代祖武克己为鲁靖公，高祖武居常为太尉、北平恭肃王，曾祖武俭为太尉、金城义康王，祖武华为太尉、太原安成王，考武士彟为太师、魏定王。武士彟出身寒微，他的祖先可能就是土里刨食的庄稼汉，如今却成了大唐朝的王。

虽然做了妥协，但武太后之心已是路人皆知。事到如今，已经不是一个庙两个庙的问题了，她现在能立五个，将来就能立七个。

同时，这件事情也让武太后意识到，朝中忠于李唐皇室的人还不少，该收拾的得收拾了，要不然他们还看不清形势呢！在诸武的鼓动下，忠于李唐的宗室和朝臣不断被贬官外放，搞得朝廷鸡犬不宁、人人自危。

在被贬的人群中，有几个年轻官员就坐不住了。这几人分别是眉州刺史李敬业、李敬业的弟弟盩厔令李敬猷、盩厔尉魏思温、给事中唐之奇、詹事司直杜求仁和前长安主簿骆宾王。

六人中，身份最尊贵的要数李敬业、李敬猷兄弟。他们的爷爷就是一代名将、英国公李勣。李敬业是李勣的长孙，所以承袭了李勣英国公的爵位。魏思温之前是监察御史，因为反对太后干政而被贬官盩厔尉。唐之奇是贞观朝益州大都督府长史唐皎之子，曾经是李贤的僚属，受李贤牵连被贬官。杜求仁是杜正伦的亲侄子。骆宾王身份最差，但他在今天可是知名度最高的一个。

骆宾王，字观光，听着平平无奇，其实大有学问。他的名和字来源于《易经》中的观卦："观国之光，利用宾于王。"按籍贯，他是浙江义乌人。想不到吧，现在生产小商品的地方却出了这么一个大诗人？更想不到吧，东莞还出了个袁崇焕呢！

虽然"初唐四杰"中在今天知名度最高的是骆宾王，但在他们那个时代，人们普遍认为骆宾王是四杰的最后一名。其实，骆宾王之所以排最末，并非文才不如王勃、杨炯、卢照邻，而是因为他的出身最差。

王勃出自太原王氏，杨炯出自弘农杨氏，卢照邻出自范阳卢氏，一水儿的名门之后。骆宾王呢，义乌骆氏，你们听过吗？反正我没听过。谁要拿《鸡毛飞上天》里的骆玉珠说事，那就纯属抬杠了。王勃、杨炯、卢照邻有流量又有资源，所以很容易就做成了大 IP。骆宾王的父亲不过是一个县令，何况死得又早，以致骆宾王在贫困落拓中度过了童年和少年。

高宗永徽年间，骆宾王成了高祖李渊第十六子道王李元庆的门客。李元庆是个草包，叫骆宾王展示才能：听说你会写酸诗文，来呀，写几句给本王看看。文人本来就受不了这个，况且骆宾王的自尊心又很强，辞不奉命。就他这种性格想要发迹，说句实在话，在任何时代都很难！

果然，骆宾王的仕途长期偃蹇不遂，在京城最好的时候也不过是个东台详正学士而已。但就连区区一个学士他都保不住，不久因事被谪，发往西域军中效力，在边疆待了很多年。贬谪结束后，骆宾王又去了云南，做了姚州道（今云南楚雄姚安县）大总管李义军的幕僚。

高宗二十九年（678 年），他的才华总算引起了朝廷的关注，先后调任京兆武功主簿、长安主簿，很快又入朝为侍御史，不仅回了京，而且也算一级干部了。但好景不长，因为反对武后干政，骆宾王又被迫害下狱。在狱中，他写下了自白诗《在狱咏蝉》：

> 西陆蝉声唱，南冠客思侵。
> 那堪玄鬓影，来对白头吟。
> 露重飞难进，风多响易沉。
> 无人信高洁，谁为表予心。

深秋季节里，西墙外的寒蝉却声声叫个不停，令我这囚徒心中涌起阵阵悲伤。我虽不到四十岁，但已是满头白发，哪里经得起那如妇人黑发般的蝉儿哀鸣的侵袭呢？秋露浓重，蝉儿纵使展开双翼也难以高飞。秋风瑟瑟,轻而易举就将它的鸣叫淹没。没人相信我的高洁,谁能替我表达内心的冤屈呢?

第二年,骆宾王遇赦得释。但他仍不改初衷,依旧坚定反对武家干政。两年后,朝廷调他出任浙江台州临海县丞,其实就是把他踢走。骆宾王索性弃官不做,还写了《赠从弟司库员外絿①》明志:

少年识事浅,不知交道难。
一言芬若桂,四海臭如兰。
宝剑思存楚,金锤许报韩。
虚心徒有托,循迹谅无端。
太息关山险,吁嗟岁月阑。
忘机殊会俗,守拙异怀安。
阮籍空长啸,刘琨独未欢。
十步庭芳敛,三秋陇月团。
槐疏非尽意,松晚夜凌寒。
悲调弦中急,穷愁醉里宽。
莫将流水引,空向俗人弹。

因为都反对武太后当政,这六个人陆续被贬官外放。他们平素就有来往,被贬之后肯定通了信,万般愤慨之下,同仇敌忾,做了一个掉脑袋的决定:兴义兵,重新拥立庐陵王李显为帝。至于举兵地点,就定在扬州。

此外,他们在朝中还有一个同谋——监察御史薛仲璋。此人的立场的确值得玩味,因为他并未贬官,他就是想反武氏。薛仲璋还有一

---

① 絿,音求。

个身份,宰相裴炎的外甥。外甥和李敬业等人的谋划,裴炎知不知道呢?虽然并无实据,但我认为他大概率是知道的,但他没有告发,他就是想看武氏倒台。

我们姑且将这七人称为葫芦兄弟吧,他们斗争的对象就是蛇精武太后。

具体的策划是由七人中最足智多谋的魏思温设计的。

第一步,薛仲璋申请出使扬州。这是名正言顺的,因为监察御史就是负责监察地方的,薛仲璋想下去调研,这很正常。

第二步,安排一个托儿——雍州人韦超跑到薛仲璋处告状,就说"扬州长史陈敬之谋反",再由薛仲璋逮捕陈敬之,控制扬州,诈称朝廷新任命的扬州司马不日即到。

第三步,由李敬业假扮新任司马,到扬州后即宣布奉太后密旨,征调扬州兵马讨伐南蛮冯子猷,顺势控制军权。

这个策划确实很不错,而且每一步都很顺利。七人聚集扬州,顺利地控制了政权和兵权。随后,李敬业宣布恢复使用中宗的年号"嗣圣",他自称匡复府上将,领扬州大都督,并让骆宾王起草了讨伐武氏的檄文,昭告天下,宣布起兵。

骆宾王那是何等人物,文章圣手!挥笔写就了中国历史上水平最高、知名度最大的檄文——《讨武曌檄》。

> 伪临朝武氏者,性非和顺,地实寒微。昔充太宗下陈,曾以更衣入侍。洎乎晚节,秽乱春宫。潜隐先帝之私,阴图后庭之嬖①。入门见嫉,蛾眉不肯让人;掩袖工谗,狐媚偏能惑主。践元

---

① 嬖,音必。

后于翚①翟，陷吾君于聚麀②。加以虺③蜴为心，豺狼成性，近狎邪僻，残害忠良，杀姊屠兄，弑君鸩母。人神之所同嫉，天地之所不容。犹复包藏祸心，窥窃神器。君之爱子，幽之于别宫；贼之宗盟，委之以重任。呜呼！霍子孟之不作，朱虚侯之已亡。燕啄皇孙，知汉祚之将尽；龙漦④帝后，识夏庭之遽衰。

敬业皇唐旧臣，公侯冢子。奉先君之成业，荷本朝之厚恩。宋微子之兴悲，良有以也；袁君山之流涕，岂徒然哉！是用气愤风云，志安社稷。因天下之失望，顺宇内之推心，爰⑤举义旗，誓清妖孽。南连百越，北尽三河，铁骑成群，玉轴相接。海陵红粟，仓储之积靡穷；江浦黄旗，匡复之功何远？班声动而北风起，剑气冲而南斗平。喑呜则山岳崩颓，叱咤则风云变色。以此制敌，何敌不摧；以此攻城，何城不克！

公等或居汉位，或协周亲，或膺重寄于话言，或受顾命于宣室。言犹在耳，忠岂忘心？一抔之土未干，六尺之孤安在？倘能转祸为福，送往事居，共立勤王之勋，无废旧君之命，凡诸爵赏，同指山河。若其眷恋穷城，徘徊歧路，坐昧先机之兆，必贻后至之诛。

试看今日之域中，竟是谁家之天下！移檄州郡，咸使闻知。

那个把持朝政的娘们儿可不是一个好货，她出身卑贱，当初不过是太宗的侍妾，后来违背纲常，诱惑了先帝高宗。她是一个狐媚淫

---

① 翚，音灰。
② 麀，音幽。
③ 虺，音灰。
④ 漦，音驰。
⑤ 爰，音元。

荡的妖艳贱货，迷惑了先帝，居然当上了皇后。她心如蛇蝎，凶残成性，亲近奸佞，残害忠良，杀戮兄姊，谋杀君王，毒死国母。这种人为世人所痛恨，为天地所不容。她还包藏祸心，图谋夺取帝位。皇帝被她废了，她的亲属党羽窃据了要职。现在我们已经很清楚了，她还要窃据大唐国祚，残害李唐子孙。我李敬业是大唐的忠臣，世受国恩。为了保卫大唐江山，我高举正义的旗帜，兴起义兵讨伐这个娘们儿。我的实力非常雄厚，南至偏远的百越，北到中原的三河，铁骑成群，战车相连，粮库里的粮食多得都快发酵了。有这样的实力做支撑，我必将所向无前、摧枯拉朽。各位都是李唐的臣子，不能忘却为人臣子的责任。先帝的坟土尚未干透，我们的幼主却不知被贬到哪里去了！希望大家能踊跃地支持我们，咱们携手并肩，一起匡扶皇室。支持我们的都会封妻荫子，反之将会遭到我们严厉的惩罚。来呀，一起搞事情吧，让世人们看一看，今天的世界到底是谁的天下？！

怎么样，是不是很棒？毫不夸张地讲，骆宾王用文辞优美的骈文，把武媚娘扒得底裤都不剩了。虽然他写出了中国儿童的启蒙唐诗《咏鹅》，但当时真正让他名满天下的却是这道檄文。

其实，李敬业最终失败从这时就已经能看出端倪。为什么呢？因为他的很多安排都是错误的。

比如，他打的旗号就不对，拥护李显那就等同于反对李旦。李旦也是先帝的儿子，你反对他，那就是叛乱。当然，李敬业可能是这么想的，李显是先帝指定的接班人，而李旦是武太后的傀儡。虽然事实如此，但他推尊李显的举动，显然是把所有支持李旦的人都推到了对立面，不仅武太后会对付他，李旦的人，如刘祎之，也会不遗余力地对付他。聪明的办法应该是打出清君侧的旗号，只反武氏，不反当今圣上。

这个错误情有可原，毕竟他想一步到位，但接下来的错误之低级实在是匪夷所思。既然都推尊李显了，那你就坚定地推尊李显，可他又推出了一个李贤。扬州城中有个人长得特别像李贤，所以李敬业就忽悠大家："前太子李贤没有死，他逃亡了，现在就在扬州城里，他命令我们起兵匡扶大唐社稷。"

这就很扯淡了！首先，朝廷已经公然为李贤发丧了，你现在又推出个李贤，可信度很低。这里也能看出武太后当初公然为李贤发丧是多么有先见之明了。其次，即便这个李贤是真的，那么问题来了，你李敬业到底支持谁，李贤还是李显？最后，那个年代没有互联网，也没有报纸杂志，认识李贤的估计也就只有中央的官员和地方的少数大员了，其余人根本不知道他长啥样。就这样的策划水平还想成事，无异于痴人说梦。

但是，毕竟事发突然，且人心对武氏不满，所以起事之初还是很顺利的。檄文一出，十来天内就聚集了十余万人，其中相当一部分是被胁迫的囚徒和工匠。楚州司马李崇福也举兵响应李敬业。这样，李敬业手下就有了两州之兵。

05. 裴炎之死

消息传到洛阳，武太后很快就看到了骆宾王的檄文。看着她紧锁的眉头，大臣们以为她肯定要发飙骂娘了。不承想武太后却问了一句："谁所为？"这文章谁写的？

有人说是骆宾王。武太后悠悠说道："宰相之过也。人有如此才，而使之流落不偶乎！"这是宰相的过失，这么一个人才居然让他沦落成了反贼?!

一般人以为,她的这句话是单纯称赞骆宾王的才华。其实,骆宾王在她眼里算哪棵葱啊!她真正意有所指的是裴炎。因为反对立七庙的事情,她对裴炎已经很不满了。现在裴炎的外甥又是扬州叛乱的主谋之一,她对裴炎的怀疑就越发强烈了。薛仲璋是不是受你指使?你是不是已经和李敬业约好了里应外合?程务挺是你的人,他和唐之奇、杜求仁是朋友,你知道的吧?

当然,这一切都只是怀疑,当务之急还是平叛。

武太后先是追削了李敬业的官爵和国姓,刨了李家的祖坟。李勣的老骨头被挖了出来,先鞭尸再挫骨扬灰。以至于当考古学家发掘李勣墓时,都找不到这位名将的尸骨。可叹李勣奋斗了一辈子,千小心万小心,就想保住家族的荣华富贵,到头还是一场空。他从徐世勣奋斗到李世勣,又从李世勣奋斗到李勣,一生兜兜转转,最终还是回到了原点徐世勣。

然后,朝廷以左玉铃卫大将军李孝逸为扬州道大总管,率大军三十万征讨徐敬业。李孝逸存在感很低,为什么要抬出他呢?因为他是宗室淮安王李神通的第八子,正牌的皇叔。用一个正牌皇叔讨伐冒牌太子,以顺讨逆,以真克假。当然,李孝逸毕竟是李唐宗室,武太后对他也不是很放心,所以又派了一位心腹做监军。这名心腹便是当年唐蕃青海之战后上书高宗引起重视的魏元忠。

此外,武太后很是担心李唐宗室响应徐敬业。高宗诸子已经处置完毕,但高祖二十二子中健在的还有四个,老十一韩王李元嘉、老十四霍王李元轨、老十八舒王李元名和老十九鲁王李灵夔。太宗十四子中健在的还有两个,老八越王李贞和老十纪王李慎。这六个王在宗室中地位最高、名望最重,是一定要防备的。他们的儿子,还有已经去世的诸王的儿子,有的是郡王,有的是国公,大部分都在州刺史的岗位上，掌握着一州实权，且遍布全国各地。这些人若是群起响应徐敬业就很棘手了。武太后就和宰相们商量，想找借口把六王先干掉。

结果可想而知，裴炎带头反对，甚至连武太后视为自己人的刘祎之和韦思谦都不说话。韦思谦就是当年弹劾褚遂良的那个铁胆韦。可惜当年的铁胆韦已经死了，现在的韦思谦不过是匍匐在武太后脚下的可怜虫而已，他和两个儿子韦承庆、韦嗣立都采取了合作态度。这回刘祎之为啥不说话呢？很简单，太后已经在歪路上走得太远了，这一步他不能跟了。

别人只是表态反对或是不说话，唯有裴炎一再反对。武太后更不高兴了。其实，裴炎是最不该说话的，他现在正处于风口浪尖的危险境地，但他知道自己的处境，他这么做是为了弥补铸成的弥天大错，即便身死族灭，他也在所不惜。裴炎的胆子不可谓不大，连皇帝都敢废立，但胆子再大，他也不能接受江山易主、改朝换代，更何况服侍的还是一个女人！

武太后明白，这个她一手培植起来的人，这个替她冲击裴行俭、刘仁轨，并扳倒李贤的人，要和她分道扬镳了。她强压着怒火，问裴炎如何平定扬州叛乱。

裴炎已经豁出去了，直言道："皇帝年纪已经不小了，可您还不让他亲政，所以那些反贼才有了借口。如果太后还政于皇帝，叛乱完全可以不讨自平。"

此言一出，朝堂的空气都停滞了，满朝文武噤若寒蝉，偌大的朝堂落针可闻。

很快，武太后的党羽监察御史崔詧[①]就站了出来："裴炎是先帝指定的顾命大臣，权倾朝野，他如果不是想谋反，何必要让太后还政呢？"

[①] 詧，音察。

这话一出，裴炎的宰相就当到头了。武太后当即命人将裴炎拿下，并指令左肃政台（即御史台）大夫骞味道和侍御史鱼承晔调查审问。

面对讯问，裴炎非常淡定，辞气不屈。有人劝他服软，或许还能活命。可裴炎却说："唉，宰相下狱哪里还有活路呢？"这个人不管怎么弄权，他的底色始终是忠诚。他是李家的臣子，他不会忠于某个皇帝，但他忠于李家天下。

文武大臣为裴炎说好话的不在少数。刘景先、胡元范、郭待举三大宰相带头说："裴炎是社稷之臣，又是元老，于国家有大功劳，而且他侍奉先帝勤勉有加，人所共知。臣等担保裴炎绝不是谋反的人！"武太后是这么说的："裴炎确实是谋反了，只不过爱卿你们不知道而已！"刘景先和胡元范硬杠："如果说裴炎是反贼，那么我们也是反贼了？"武太后只得说："裴炎肯定是谋反了，但朕知道你们不会谋反。"

几天后，刘景先和胡元范就下狱陪裴炎斗地主去了，郭待举罢相，贬官外放。

武老太太的嘴，哄人的鬼。

武太后还想探探刘仁轨的口风，派郎将姜嗣宗去长安见刘仁轨。姜嗣宗对刘仁轨说："大人，嗣宗其实早就发现裴炎有谋反的迹象了。"刘仁轨听了，淡淡地问道："哦，你已经察觉了？"姜嗣宗赶紧说："是啊！"刘仁轨就笑眯眯地说："仁轨有事要上奏，你能替我捎一道密奏给太后吗？"姜嗣宗受宠若惊，屁颠屁颠地带着刘仁轨的密奏回到洛阳。武太后打开一看，里面有一句话："嗣宗知裴炎反不言。"姜嗣宗明明知道裴炎谋反，却一直噤口不言。

随后，姜嗣宗就被武太后命人绞死在了洛阳都亭驿。刘仁轨虽然和裴炎不和，但也认为裴炎是个有骨气的人，他用这种方式为裴炎出了一口气。

不久，裴炎被杀。刘景先、胡元范被贬官外放。

因办裴炎案有功的骞味道、李景谌、崔詧等人不久即升任宰相。李景谌和崔詧直接从五品官成为宰相，创下了大唐最低职事官拜相的纪录。做宰相从来没有比现在更容易，但也从来没有比现在更危险。李景谌当年十月即被罢相。转年，崔詧和骞味道罢相。五年后，两人先后被杀。

《红楼梦》说得好："因嫌纱帽小，致使锁枷扛；昨怜破袄寒，今嫌紫蟒长。乱烘烘你方唱罢我登场，反认他乡是故乡。甚荒唐，到头来都是为他人作嫁衣裳！"

06. 徐敬业兵败

徐敬业在扬州振臂一呼，从者十万，许多倒武支持者都对他寄予厚望，指望他铲除武家、匡复社稷。然而，徐敬业终究还是让大家失望了，除继承了"徐"这个姓和一顶英国公的空帽子外，他没有从他爷爷身上遗传到任何一点才具。

接下来，他犯了一个又一个低级错误。

在关键的进军方向上，他就错了。魏思温主张西进攻打洛阳。为什么呢？因为匡复是这次起兵的法理基础，兵起了，却没有去匡复，那就是造反啊！但薛仲璋比较保守，主张先打地盘、巩固势力，然后再北伐。显然，他的建议相对安全，因为西进的结果不好说，有可能胜，也有可能败。

徐敬业最终采纳了薛仲璋的意见，留唐之奇守扬州，徐敬猷领兵五千人攻打安徽和县，尉迟昭攻打江苏盱眙，他则率主力南渡长江攻打润州（治今江苏镇江）。

这就犯了战略短视的错误。说到底，还是不敢冒险。可是他都敢造反了，这么大的险都冒了，还怕什么？再说了，与强大的敌人周旋，一定要运动起来。可他非要坐地据守，这就给了武太后调兵遣将、聚而歼之的时间。其实，倒武支持者遍布天下，如果徐敬业举兵向西，一路上必定会收获更多的支持者，未必会输。可惜，他终究还是短视了。本来就弱小，还缩在一个地方等着人家来打。再说了，他也的确失去了人心，人家都以为他徐敬业要匡复社稷，谁知道你们却先给自己打地盘，要割地称王。

三个进军方向，徐敬猷和尉迟昭这两路都不顺利，都遭到了激烈的抵抗，未能达到预期目的。只有徐敬业这路比较顺利，一出手就拿下了润州。这倒不是因为润州刺史李思文是他的亲叔叔。相反，李思文进行了激烈的抵抗，但最终被徐敬业攻克。魏思温请求将李思文斩首祭旗。徐敬业没同意，毕竟是亲叔叔，只是说："叔叔你依附武党，应该改姓为武。"随即将李思文囚禁起来。

至此，徐敬业实际占有了扬、楚、润三州之地，因此他发起的这场兵变在当时又被称为扬楚润三州之乱。

得知朝廷派李孝逸前来征讨，徐敬业立即返回扬州，屯兵高邮境内的下阿溪，并命徐敬猷屯兵江苏淮安淮阴，部将韦超和尉迟昭屯兵盱眙县南的都梁山，布成掎角之势，抵抗官军。因此，这场战争的主战场实际上在今天的江苏淮安地区。

很快，李孝逸大军抵达淮水西岸，派先锋部队渡过淮水进攻徐敬猷，但初战失利，只得退回。李孝逸本身并没有什么才能，只不过空有个皇叔身份而已，闻讯大惧，按兵不动。监军魏元忠劝他："天下安危，在此一举。如果大军逗留不进，人们就会感到失望。万一朝廷对您也不满意，另择他人为帅，只怕您就要被治罪了！"李孝逸被说动了，鼓起勇气，麾军渡江。

接下来怎么办，先打哪个，是徐敬猷，还是韦超、尉迟昭？李孝逸召集将佐商讨作战方案。多数将领主张两个都不管，徐敬猷那边好说，关键是韦超、尉迟昭据守要地都梁山，这个地方太险要了，易守难攻，不如分兵防守，主力直捣扬州。支度使、广府司马薛克构主张先破都梁山之敌，当年李靖大破辅公祏主力就在此山，只要啃下这块硬骨头，徐敬业一伙儿就胆寒瓦解了。魏元忠则请求先进击徐敬猷。为啥呢？因为徐敬猷是个烂赌鬼，嗜赌如命，不谙军事，而且兵力单薄，取他易如反掌。

李孝逸最后中和了薛克构和魏元忠的建议，于十月二十四日先攻都梁山，大破叛军，尉迟昭当场被杀，韦超连夜逃走。都梁山一破，李孝逸的腰杆儿也硬了，继续东进进攻淮阴，再败徐敬猷，乘胜进逼下阿溪。

魏元忠所料不错，武太后果然嫌弃李孝逸磨磨蹭蹭不得力，于十一月初四任命河源军使黑齿常之为江南道大总管，讨伐叛军。

消息传到前线，李孝逸急了，加速进军。十三日，官军先锋部队苏孝祥部五千人抵达下阿溪，以小舟乘夜渡过溪水，向叛军发起进攻。徐敬业还是很能打的，大破官军，打死了苏孝祥。

随后，李孝逸主力抵达下阿溪北。由于叛军占据有利地势，官军多次出战均遭失利。李孝逸这时又尿了，打算撤退。魏元忠再次劝说他坚定平叛决心和信心，并建议顺风纵火，进行决战。

徐敬业千算万算，就是没想到李孝逸这个草包还会火攻。他的队伍原本就是七拼八凑起来的，其中相当一部分还是被胁迫的工匠和奴隶，战斗意志薄弱，战斗力也一般。官军纵火，位处下风头的叛军被烟熏火烤得眼睛都睁不开。官军趁势猛攻，叛军大败，被斩首达七千余级，溺死者不可胜数。

兵败如山倒，徐敬业轻骑逃入扬州，带上妻子儿女就向润州逃去，准备乘船东入大海，逃向新罗。李孝逸派兵穷追不舍。十八日，徐敬业一行行至今江苏泰州地界时，其部将王那相反水，斩下徐氏兄弟首级，向官军投降。余党唐之奇、魏思温、杜求仁、薛仲璋等也陆续被擒杀。

后人可惜骆宾王的才华，给他安排了一个下落不明的结局。这显然是不可能的，骆宾王痛骂武太后，武太后又怎么可能容他活在世上，他肯定是被杀了。

李孝逸进据扬州。至此，扬、楚、润三州全部平定。

徐敬业之所以会失败，除决策失误外，本身实力也的确不济。唐朝实行府兵制，绝大部分军府都在关中和河南，扬、润、楚三州并没有多少精兵。徐敬业凑起来的十几万人马，大部分是被胁迫的工人和奴隶，没什么战斗意志和战斗能力。他这一伙子人，除了他能打以外，其余的都不行，没有能用的大将。

关于徐敬业发起的这场兵变的定性，如果是褒义的话，应该叫靖难之役；中性的话，可以叫扬州兵变；贬义的话，就是扬州叛乱。我个人以为，徐敬业其实做了对的事情，他可能是李勣的不肖子孙，但却是唐室忠臣。如果大臣们都学他爷爷明哲保身、只顾自家，那李家王朝还有希望吗？

徐敬业兵败身死，还连累了"四杰"之一的杨炯。

杨炯的出身也非常好，弘农杨氏，和隋朝杨家系出同源。

这也是个神童，幼年时就显露出了过人的才华，10岁时应弟子举及第，11岁便进入国立弘文馆工作。和王勃一样，一出手就是王炸，而且炸的时间比王勃还早。

他在弘文馆一待就是16年，从一个11岁的小孩子待成了27岁的青年。刚进弘文馆时他就是一个半大孩子，对仕途没有任何概念。

但长大后，他年轻的心就开始躁动了，曾写了《青苔赋》和《幽兰赋》，表达自己渴望仕进却怀才不遇的心情。但躁动归躁动，抒情归抒情，都没用！

高宗二十七年（676年），27岁的杨炯通过制举，被补为秘书省校书郎。据《新唐书·百官志》记载：秘书省有"校书郎十人，正九品上，正字四人，正九品下，掌雠校典籍，刊正文章"。心怀经国理想的杨炯，年近三十才获得一个"雠校典籍"的九品小官，当然很不满。

万万没想到，杨炯在校书郎的岗位上一干又是五年。都三十多岁了，居然还是个九品小官，饱受刺激之下，杨炯的言行越发激愤，每次看到朝廷文武，都要怒骂一句："麒麟楦。"麒麟楦是唐人对演戏时扮作麒麟的驴子的称呼。旁人问他："你为什么说这些大人是麒麟楦呢？"杨炯说："这些没德行没学识的家伙披着朱紫色的朝服，和毛驴披着麒麟皮有什么区别？"

但有时候发发狂可能还真管点用。第二年，经中书侍郎薛元超推荐，杨炯终于成为崇文馆学士。学士可比校书郎强多了。转年，他又被提拔为太子李显的詹事司直，正七品上，充弘文馆学士，掌太子东宫庶务。

能给太子当属官，绝对是受重用了。可问题是这太子不牢靠啊！李显即皇帝位，当时杨炯还是很高兴的，主子称皇帝了，还怕将来没发展吗？孰料李显只当了55天的皇帝，就被武太后给废了！杨炯虽然因为职务低微未受牵连，但仕途的事，就洗洗睡吧！

杨炯的堂兄杨神让追随徐敬业起兵，在叛乱平定后被杀。杨炯受到株连，结束了在长安26年的安定生活，于临朝三年被贬为梓州（今四川绵阳三台县）司法参军。

为了能够东山再起，杨炯向武太后进献了不少献媚的文章。四年后,女皇终于注意到他了,召他回京,和宋之问"分直习艺馆",掌管教习官人书算之类的工作。

如意元年(692年)七月十五日,女皇武则天宣布宫中提供一批盂兰盆,设斋分送各佛寺。"盂兰"是梵语,译为"倒悬",盆是盛放供品的容器。佛法认为,布施盂兰盆可以解救亡亲的倒悬之苦。杨炯趁机献上《盂兰盆赋》,称颂女皇"周命惟新",并提出了"任贤相、惇风俗、远佞人、措刑狱、省游宴……捐珠玑、宝菽粟,罢官之无事,恤人之不足"的政治主张。

这个马屁拍得还是管用的,当年冬天他就获得了盈川(在今浙江衢州盈川村)县令的职务。虽然只是个小小的县令,但已是四杰中官职中最高的了。

但历代史学家对杨县令为政的评价呈两级对立。一说杨炯为政残酷,《旧唐书》就记载了:"炯至官,为政残酷,人吏动不如意,辄榜挞之。又所居府舍,多进士亭台,皆书榜额,为之美名,大为远近所笑。"另一种说法截然相反,说杨炯到任后勤政爱民,当地给他建祠塑像,并贴了这样一副对联:"当年遗手泽,盈川城外五棵青松;世代感贤令,泼水江旁千秋俎豆。"

依我之见,说杨炯为政残酷肯定是诽谤,因为他执政的时间还不到一年,第二年就死在了任上,年仅43岁。因为他死时的官职是盈川县令,所以后世称他为"杨盈川"。

交代完杨才子,我们再把镜头切回徐敬业家族。他弟弟徐敬真虽然并未参与,但也被长流远州,后来又因擅自逃回内地而被杀。整个徐氏家族,只残留了李(徐)思文这一支。

武太后对李思文的忠诚还是很赞赏的,亲自接见并说:"徐敬业让你改姓武氏,朕觉得挺好,从今往后你就姓武吧!"李思文美滋滋地当上了武思文。但他也没能蹦跶几天,七年后有人诬告他曾和徐敬业同谋。当时已经是皇帝的武则天大怒,将李思文流放岭南,依旧恢复本姓徐氏。

除了被杀的,其余的徐氏子孙能跑的都跑了。往哪儿跑呢?往周边少数民族那儿跑。《唐会要》第97卷记载了这样一件事,说是德宗贞元十七年(801年),吐蕃军攻克麟州时俘虏了好多汉人。走到半路,有个叫徐舍人的吐蕃将领把几千汉人俘虏召集起来,对和尚延素说:"我英公之五代孙也。武后时,吾高祖建义不成,子孙流播异域,虽代居禄位典兵,然思本之心不忘,顾宗族大,无由自拨耳。今听汝归。"大师你不要害怕!我本是汉人,乃英国公李勣的五世孙。当年武太后大杀李唐宗室,我的祖先徐敬业起兵靖难,失败被杀。他的子孙流落吐蕃,到我这儿已经是第五代了。虽然我们已经变成吐蕃人了,而且小日子过得还不错,但我从不敢忘本。说罢,这个叫徐舍人的就把这些被俘汉人全部释放了。

如果此事属实,不知九泉之下的李勣作何感想?当年为了家族基业能够长久,他支持高宗易后,还主持了封后大典,对武后极尽讨好之能事。可武后却几乎杀光了他的子孙,以致他的后代只能流落异域、投靠蛮夷。这真是一个绝大的黑色幽默!

后来中宗复辟,区别对待,不给徐敬业平反,却追复李勣所有官爵,并重新建起坟茔。

李孝逸名义上是首功,回朝后升任镇军大将军,封吴国公,但他也没有好下场。武承嗣忌惮他"声望甚重",诬告他图谋不轨。三年后,李孝逸被减死除名,死于流放途中。

其实,戡平战乱魏元忠才是首功,被一路提拔至洛阳令,后来成长为一代名臣。

为了庆祝平叛,转年正月初一,武太后大赦天下,改元"垂拱"。"垂拱"啥意思呢?就是垂衣拱手,比喻毫不费力。你们搞的这些动静在我眼里都不算啥，我垂衣拱手就摆平了。

还没出正月，高宗时代最后一位重臣刘仁轨也死了，享年84岁。晚年的刘仁轨虽然有些明哲保身，但总体上人品还不错，"每见贫贱时故人，不改布衣之旧"，算是富贵不脱本色了。当年他刚入仕时，术士袁天纲给他相面说："君终当位邻台辅，年将九十。"如今果然应验。

刘仁轨一没，武太后已经无人可以阻挡了。

几天后，她又以程务挺与裴炎、徐敬业同谋为由，杀了这位名将。夏州都督王方翼和程务挺是好朋友，又是王皇后一族，也被牵连，死于流放海南途中。高宗时代的名将至此也死得差不多了。尤其程务挺，号称裴行俭之后的突厥克星。骨咄禄听说程务挺死了，不仅高兴得"宴饮相庆"，还给程务挺立了祠堂，每次出师南侵前都要跑到祠堂里祈祷一番。程大将军，我们这次出兵是帮你报仇的，你可要保佑我们呀！

武太后下一步要干吗？这还用问，自然是拿掉眼前那碍眼的紫帐，走上龙椅，当那皇帝去也！

附录

附录一　唐朝十四代二十一帝（含武则天）概况

庙号	姓名	生卒	登基年龄	在位	主要宰相	死因	年号	陵寝
高祖	李渊	566—635	53岁	618—626	裴寂、刘文静、萧瑀	寿终	武德	献陵
太宗	李世民	599—649	28岁	626—649	萧瑀、陈叔达、李靖、封德彝、长孙无忌、杜如晦、房玄龄、岑文本、魏征、刘洎、马周、褚遂良、王珪、李勣	丹药中毒	贞观	昭陵
高宗	李治	628—683	22岁	649—683	长孙无忌、褚遂良、李勣、柳奭、韩瑗、来济、李义府、许敬宗、上官仪、刘仁轨、李敬玄、裴炎	病死	14个：永徽、显庆、龙朔、麟德、乾封、总章、咸亨、上元、仪凤、调露、永隆、开耀、永淳、弘道	乾陵

续表

庙号	姓名	生卒	登基年龄	在位	主要宰相	死因	年号	陵寝
	武 曌	624—705	67岁	690—704	刘仁轨、姚崇、裴炎、武承嗣、傅游艺、狄仁杰、李昭德、娄师德、王孝杰、杨再思、宗楚客、武三思、吉顼、张柬之、魏元忠、刘祎之	寿终	14个：天授、如意、长寿、延载、证圣、天册万岁、万岁登封、万岁通天、神功、圣历、久视、大足、长安、神龙	乾陵
中宗	李 显	656—710	29岁	684年1—2月 705—710	武三思、崔玄暐、杨再思、张柬之、桓彦范、敬晖、魏元忠、韦巨源、宗楚客、纪处讷、韦嗣立、崔湜、郑愔	被弑	3个：嗣圣、神龙、景龙	定陵
睿宗	李 旦	662—716	23岁	684—690 710—712	张仁愿、韦嗣立、韦安石、唐休璟、崔湜、刘幽求、姚崇、宋璟、郭元振、张说、窦怀贞	病死	8个：文明、光宅、垂拱、永昌、载初、景云、太极、延和	桥陵

续表

庙号	姓名	生卒	登基年龄	在位	主要宰相	死因	年号	陵寝
玄宗	李隆基	685—762	28岁	712—756	刘幽求、韦安石、崔湜、窦怀贞、张说、姚崇、卢怀慎、源乾曜、宋璟、苏颋、张嘉贞、张九龄、李林甫、李适之、杨国忠	绝食而死	3个：先天、开元、天宝	泰陵
肃宗	李亨	711—762	46岁	756—762	韦见素、张镐、第五琦、元载、房琯	病重吓死	3个：至德、乾元、上元	建陵
代宗	李豫	726—779	37岁	762—779	元载、李辅国、刘晏、王缙、杜鸿渐	病死	4个：宝应、广德、永泰、大历	元陵
德宗	李适	742—805	38岁	779—805	杨炎、卢杞、马燧、李晟、张延赏、李泌、陆贽、张镒、浑瑊	病死	3个：建中、兴元、贞元	崇陵
顺宗	李诵	761—806	45岁	805	杜佑、韦执谊、杜黄裳	病死	永贞	丰陵
宪宗	李纯	778—820	28岁	805—820	韦执谊、杜佑、杜黄裳、武元衡、李吉甫、李绛、皇甫镈、令狐楚、李逢吉、裴度	被弑	元和	景陵
穆宗	李恒	795—824	26岁	820—824	裴度、令狐楚、段文昌、崔植、元稹、杜元颖、王播、李逢吉、牛僧孺、皇甫镈	丹药中毒	长庆	光陵
敬宗	李湛	809—827	16岁	824—827	李逢吉、牛僧孺、裴度	被弑	宝历	庄陵

续表

庙号	姓名	生卒	登基年龄	在位	主要宰相	死因	年号	陵寝
文宗	李昂	809—840	18岁	826—840	韦处厚、杨嗣复、李珏、李宗闵、段文昌、宋申锡、李德裕、李固言、郑覃、王涯、李训、贾𫗧、舒元舆、李石、陈夷行、李逢吉、王播、牛僧孺	病死	2个：太和、开成	章陵
武宗	李炎	814—846	27岁	840—846	李固言、李石、杨嗣复、牛僧孺、李德裕、陈夷行、李绅、李让夷、杜悰、李回、郑肃、李珏	丹药中毒	会昌	端陵
宣宗	李忱	810—859	37岁	846—859	白敏中、韦琮、马植、魏谟、崔慎由、夏侯孜、令狐绹	丹药中毒	大中	贞陵
懿宗	李漼	833—873	27岁	859—873	白敏中、夏侯孜、杜悰、徐商、路岩、于琮、韦保衡	病死	咸通	简陵
僖宗	李儇	862—888	12岁	873—888	郑畋、卢携、王铎、韦昭度、杜让能	病死	5个：乾符、广明、中和、光启、文德	靖陵
昭宗	李晔	867—904	22岁	888—904	韦昭度、孔纬、杜让能、张濬、崔昭纬、崔胤、李磎	被弑	7个：龙纪、大顺、景福、乾宁、光化、天复、天祐	和陵
哀帝	李柷	892—908	13岁	904—907	柳璨	被弑	沿用天祐	温陵

1. 寿命前三甲：武则天82岁，玄宗78岁，高祖70岁。寿命后三名：哀帝17岁，敬宗19岁，僖宗27岁。

2. 登基年龄前三甲：武则天67岁，高祖53岁，肃宗46岁。后三名：僖宗12岁，哀帝13岁，敬宗16岁。

3. 死因分布：寿终2人（高祖李渊、武则天），丹药中毒4人（太宗、穆宗、武宗、宣宗），病死8人（高宗、睿宗、代宗、德宗、顺宗、文宗、懿宗、僖宗），被弑5人（中宗、宪宗、敬宗、昭宗、哀帝），绝食而死1人（玄宗），病重吓死1人（肃宗）。

4. 年号数量前五名：高宗14个，武则天14个，睿宗8个，昭宗7个，僖宗5个。"上元"是唯一被使用两次的年号，高宗和肃宗都用过。武则天使用了三个四字年号：天册万岁、万岁登封和万岁通天。

5. 几个唯一：睿宗、玄宗、肃宗、顺宗、懿宗、僖宗6个庙号是中国历史的唯一。唐高宗是中国历史上唯一的天皇。武则天是中国唯一的天后、唯一的女皇。德宗是唐朝唯一一个被图形凌烟阁的皇帝。穆宗是中国唯一一个有三个皇后、三个儿皇帝的皇帝。

附录二　唐朝世系表

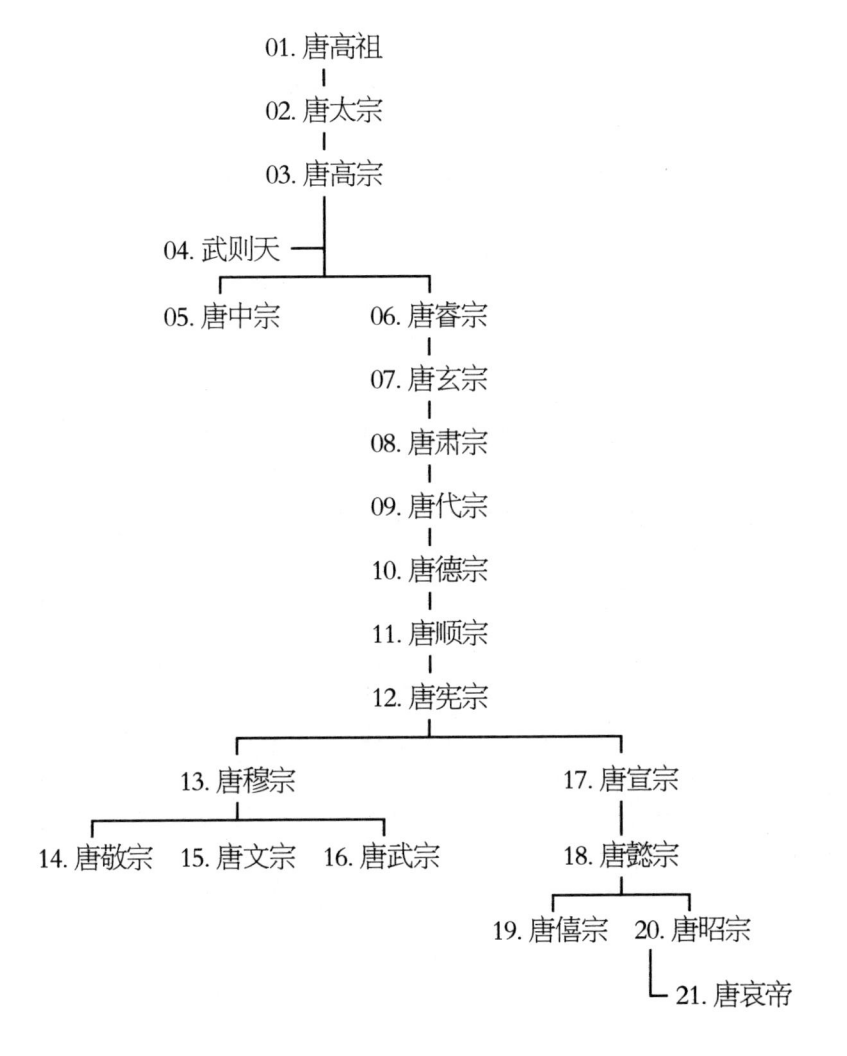

```
                01. 唐高祖
                     │
                02. 唐太宗
                     │
                03. 唐高宗
                     │
         04. 武则天 ──┤
                     │
    05. 唐中宗    06. 唐睿宗
                     │
                07. 唐玄宗
                     │
                08. 唐肃宗
                     │
                09. 唐代宗
                     │
                10. 唐德宗
                     │
                11. 唐顺宗
                     │
                12. 唐宪宗
                 ┌───┴────────┐
           13. 唐穆宗      17. 唐宣宗
          ┌────┼────┐          │
    14.唐敬宗 15.唐文宗 16.唐武宗  18. 唐懿宗
                            ┌───┴────┐
                      19. 唐僖宗  20. 唐昭宗
                                    │
                                21. 唐哀帝
```

附录三 六大强敌世系表

1. 东突厥（唐时期）世系表

序号	主政者	在位	同期唐帝	姓氏
01	始毕可汗	609—619	高祖	
02	处罗可汗	619—620	高祖	阿史那氏
03	颉利可汗	620—630	高祖、太宗	

2. 西突厥（唐时期）世系表

序号	主政者	在位	同期唐帝	姓氏
01	统叶护可汗	617—630	高祖、太宗	
02	莫贺咄可汗	630	太宗	
03	肆叶护可汗	630—632	太宗	
04	奚利邲咄陆可汗	632—634	太宗	
05	沙钵罗咥利失可汗	634—639	太宗	阿史那氏
06	乙毗沙钵罗叶护可汗	639—641	太宗	
07	乙毗咄陆可汗	638—653	太宗、高宗	
08	乙毗射匮可汗	642—653	太宗、高宗	
09	沙钵罗可汗	650—658	高宗	

3. 后突厥世系表

序号	主政者	在位	同期唐帝	姓氏
01	骨咄禄可汗	682—691	高宗、中宗、睿宗、则天	阿史那氏
02	默啜可汗	691—716	则天、中宗、睿宗、玄宗	
03	拓西可汗	716	玄宗	
04	毗伽可汗	716—734	玄宗	
05	伊然可汗	734	玄宗	
06	登利可汗	734—741	玄宗	
07	骨咄叶护可汗	741—742	玄宗	
08	乌苏米施可汗	742—744	玄宗	
09	白眉可汗	744—745	玄宗	

4. 吐蕃世系表

序号	主政者	在位	同期唐帝	姓氏
01	松赞干布	629—650	太宗、高宗	悉勃野氏
02	芒松芒赞	650—676	高宗	
03	赤都松赞	676—704	高宗、中宗、睿宗、则天	
04	赤德祖赞	704—755	则天、中宗、睿宗、玄宗	
05	赤松德赞	755—797	肃宗、代宗、德宗	
06	牟尼赞普	797—798	德宗	
07	牟如赞普	798（约20天）	德宗	
08	赤德松赞	798—815	德宗、顺宗、宪宗	
09	彝泰赞普	815—838	宪宗、穆宗、敬宗、文宗	
10	达玛	838—842	文宗、武宗	

5. 回纥（回鹘）世系表

序号	主政者	姓名	在位	同期唐帝	姓氏
01	怀仁可汗	骨力裴罗	744—747	玄宗	药罗葛氏
02	英武可汗	磨延啜	747—759	玄宗、肃宗	
03	牟羽可汗	移地健	759—780	肃宗、代宗、德宗	
04	武义成功可汗	顿莫贺达干	780—789	德宗	
05	忠贞可汗	多逻斯	789—790	德宗	
06	奉诚可汗	阿啜	790—795	德宗	
07	怀信可汗	骨咄禄	795—805	德宗、顺宗	跃跌氏
08	滕里野合俱录毗伽可汗		805—808	顺宗、宪宗	
09	保义可汗		808—821	宪宗、穆宗	
10	崇德可汗		821—824	穆宗	
11	昭礼可汗	曷萨特勒	824—832	敬宗、文宗	
12	彰信可汗		832—839	文宗	
13	不详	阖馺特勒	839—840	武宗	
14	乌介可汗	曷萨弟	841—846	武宗	
15	遏捻可汗		846—848	武宗、宣宗	
16	怀建可汗	庞特勒	848—？	宣宗	

6. 南诏世系表

序号	主政者	在位	同期唐帝	姓氏
01	皮罗阁	728—748	玄宗	蒙氏
02	阁罗凤	748—778	玄宗、肃宗、代宗	
03	异牟寻	778—808	代宗、德宗、顺宗、宪宗	
04	寻阁劝	808—809	宪宗	
05	劝龙晟	809—816	宪宗	
06	劝利晟	816—824	宪宗、穆宗	
07	劝丰祐	824—859	穆宗、敬宗、文宗、武宗、宣宗	
08	世 隆	859—877	宣宗、懿宗、僖宗	
09	隆 舜	877—897	僖宗、昭宗	
10	舜化贞	897—902	昭宗	

参考文献

1. （唐）魏徵. 隋书 [M]. 中华书局,1973.
2. （唐）张鷟. 朝野佥载 [M]. 上海古籍出版社,2012.
3. （唐）段成式. 酉阳杂俎 [M]. 上海古籍出版社,2012.
4. （唐）裴庭裕. 明皇杂录 [M]. 中华书局,1994.
5. （唐）温大雅. 大唐创业起居注笺证 [M]. 中华书局,2022.
6. （唐）李林甫等. 唐六典 [M]. 中华书局,2014.
7. （唐）刘肃. 大唐新语 [M]. 中华书局,1984.
8. （唐）吴兢. 贞观政要译注 [M]. 上海古籍出版社,2016.
9. （唐）玄奘. 大唐西域记译注 [M]. 中华书局,2019.
10. （唐）杜佑. 通典 [M]. 中华书局,2016.
11. （唐）杜环. 经行记笺注 [M]. 中华书局,2000.
12. （唐）李肇. 唐国史补校注 [M]. 中华书局,2021.
13. （唐）刘知几. 史通 [M]. 上海古籍出版社,2015.
14. （唐）苏鹗. 杜阳杂编 [M]. 商务印书馆,1979.
15. （唐）樊绰. 蛮书校注 [M]. 中华书局,2018.
16. （宋）欧阳修、宋祁等. 新唐书 [M]. 中华书局,1975.
17. （宋）司马光等. 资治通鉴 [M]. 中华书局,1956.
18. （宋）司马光. 资治通鉴考异 [M]. 上海人民出版社,2022.
19. （宋）李昉. 太平广记 [M]. 中华书局,2013.
20. （宋）王溥. 唐会要 [M]. 中华书局,2017.

21.（宋）王谠. 唐语林校证 [M]. 中华书局,2018.

22.（宋）王钦若等. 册府元龟 [M]. 中华书局,2020.

23.（宋）宋敏求. 唐大诏令集龟 [M]. 中华书局,2008.

24.（宋）计有功. 唐诗纪事 [M]. 上海古籍出版社,2013.

25.（宋）乐史. 太平寰宇记 [M]. 中华书局,2007.

26.（五代）孙光宪. 北梦琐言 [M]. 中华书局,2002.

27.（五代）王仁裕. 开元天宝遗事十种 [M]. 上海古籍出版社,2012.

28.（后晋）刘昫等. 旧唐书 [M]. 中华书局,1975.

29.（元）辛文房. 唐才子传 [M]. 中州古籍出版社,2021.

30.（明）熊大木. 唐书志传通俗演义 [M]. 中国文史出版社,2003.

31.（明）王夫之. 读通鉴论 [M]. 中华书局,2013.

32.（清）董诰,阮元,徐松等. 全唐文 [M]. 中华书局,1983.

33.（清）彭定求. 全唐诗 [M]. 中华书局,2018.

34.（清）王夫之. 读通鉴论 [M]. 中华书局,2013.

35.（清）王鸣盛. 十七史商榷 [M]. 上海古籍出版社,2016.

36.（清）赵翼. 廿二史劄记校证 [M]. 中华书局,2016.

37.（清）吴廷燮. 唐方镇年表 [M]. 中华书局,2003.

38.（清）顾祖禹. 读史方舆纪要 [M]. 中华书局,2020.

39.（清）徐松. 唐两京城坊考 [M]. 中华书局,2019.

40. 蔡东藩. 唐史演义 [M]. 中央编译出版社,2008.

41. 陈寅恪. 唐代政治史述论稿 [M]. 上海古籍出版社,2020.

42. 范文澜. 中国通史简编（上、下册）[M]. 商务印书馆,2010.

43. 岑仲勉. 隋唐史 [M]. 上海古籍出版社,2020.

44. 吕思勉. 隋唐五代史 [M]. 中华书局,2020.

45. 钱穆. 中国历代政治得失（新版）[M]. 生活. 读书. 新知三联书店,2020.

46. 张国刚 . 唐代藩镇研究增订版 [M]. 中国人民大学出版社 ,2010.

47. 王尧 . 敦煌本吐蕃历史文书 [M]. 中国藏学出版社 ,2012.

48. 王仲荦 . 隋唐五代史 [M]. 上海人民出版社 ,2021.

49. 李锦绣 . 唐代财政史稿 [M]. 北京大学出版社 ,2001.

50. 索南坚赞 . 西藏王统记吐蕃王朝世系明鉴 [M]. 西藏人民出版社 ,1985.

51. [英] 崔瑞德 . 剑桥中国隋唐史 [M]. 中国社会科学出版社 ,1990.

52. [美] 斯塔夫里阿诺斯 . 全球通史：从史前史到 21 世纪 [M]. 北京大学出版社 ,2006.

53. [日] 筑山治三郎 . 唐代政治制度研究 [M]. 创元社 ,1967.

54. [日] 圆仁 . 入唐求法巡礼行记校注 [M]. 中华书局 ,2019.

图书在版编目（ＣＩＰ）数据

显微镜下的全唐史.第三部,日月星辰/北溟玉著.-- 北京：中国文史出版社,2024.6
ISBN 978-7-5205-4644-7

Ⅰ.①显… Ⅱ.①北… Ⅲ.①中国历史—唐代—通俗读物 Ⅳ.① K242.09

中国国家版本馆 CIP 数据核字 (2024) 第 073065 号

责任编辑：梁玉梅

出版发行：	中国文史出版社
社　　址：	北京市海淀区西八里庄路 69 号院　邮编：100142
电　　话：	010-81136606　81136602　81136603（发行部）
传　　真：	010-81136655
印　　装：	北京科信印刷有限公司
经　　销：	全国新华书店
开　　本：	700mm×980mm　1/16
印　　张：	19.5
字　　数：	243 千字
版　　次：	2024 年 10 月北京第 1 版
印　　次：	2024 年 10 月第 1 次印刷
定　　价：	56.00 元

文史版图书，版权所有，侵权必究。
文史版图书，印装错误可与发行部联系退换。